भारत-स्वीडन संबंध
(INDIA-SWEDEN RELATION)

लेखक के बारे में

डॉ. जितेन्द्र कुमार पाण्डेय, संप्रति सहायक प्रोफेसर मोतीलाल नेहरू महाविद्यालय, दिल्ली विश्वविद्यालय, दिल्ली। आपने राजनीति विज्ञान विभाग, काशी हिन्दू विश्वविद्यालय वाराणसी से 2007 में पीएच.डी. की उपाधि प्राप्त की। आपका शोध शीर्षक "भारत-स्वीडन संबंध 1985 से वर्तमान समय तक" रहा है। लेखक ने राजनीति विज्ञान और लोकप्रशासन विषय से विश्वविद्यालय अनुदान आयोग की राष्ट्रीय पात्रता परीक्षा (NET) उत्तीर्ण की है।

लेखक ने अनेक सामाजिक संगोष्ठियों, कार्यशालाओं तथा परिचर्चाओं में योगदान दिया है तथा अनेक पत्र-पत्रिकाओं में इनके लेख प्रकाशित हुए हैं। इस समय लेखक जवाहरलाल नेहरू विश्वविद्यालय, नई दिल्ली, में भारत-यूरोपीय संघ : प्रगति में भागीदार विषय पर पोस्ट डॉक्टरल रिसर्च में अध्ययनरत हैं।

भारत-स्वीडन संबंध
(1985–2010)
India-Sweden Relation
(1985–2010)

डॉ. जितेन्द्र कुमार पाण्डेय

CONCEPT PUBLISHING COMPANY PVT. LTD.
NEW DELHI-110 059

The publication was financially supported by the ICSSR. The responsibility for the facts stated, opinions expressed or conclusions reached is entirely that of the author and the ICSSR accepts no responsibility of them.

The work was evaluated by Prof. Alok Pant, University of Allahabad, Allahabad on behalf of ICSSR.

ISBN-13: 978-81-8069-726-5

First Published 2011

Published and Printed by

Concept Publishing Company Pvt. Ltd.
Regd. Office:
A/15-16, Commercial Block, Mohan Garden
New Delhi-110059 (India)
Phones: 25351460, 25351794
Fax: 091-11-25357109
Email: publishing@conceptpub.com
Website: www.conceptpub.com

Editorial Office:
H-13, Bali Nagar, New Delhi-110 015, India.

Cataloging in Publication Data--*Courtesy:* D.K. Agencies (P) Ltd. <docinfo@dkagencies.com>

Pāṇḍeya, Jitendra Kumāra.
Bhārata-Sviḍana sambandha (1985-2010) = India-Sweden relation (1985-2010)/ Jitendra Kumāra Pāṇḍeya.
p. cm.
In Hindi.
Revision of the author's thesis (Ph. D.)--Kashi Hindu University, 2007.
Includes bibliographical references and index.
ISBN 9788180697265

1. India--Foreign relations--Sweden. 2. Sweden--Foreign relations--India. I. Title.

DDC 327.540485 22

JAWAHARLAL NEHRU UNIVERSITY
School of International Studies
New Delhi-110067

Prof. SHASHIKANT JHA
Director
Europe Area Studies Programme
Centre for European Studies

प्राक्कथन

भारत और यूरोप के बीच अनोखा संबंध है जो एक ही समय में बहुत प्राचीन होने के साथ-साथ जीवंत और पूर्णतः आधुनिक भी है। दोनों पक्षों के बीच मैत्रीपूर्ण एवं शांतिपूर्ण संबंधों की एक दीर्घकालीन परम्परा रही है। यूरोप के साथ भारत के व्यापारिक संबंध प्राचीन यूनानियों के जमाने एवं सिकन्दर महान के भारत आगमन से ही जारी है। मध्यकाल में भी रोमन साम्राज्य के साथ भारत का व्यापारिक संबंध था, हालांकि उपनिवेशवाद के आगमन के पूर्व भारत और यूरोप के संबंध बहुत ही सीमित थे। यूरोपीय समाज में भारत के बारे में अनेकों प्रकार की किंवदंतियाँ और दंतकथाएँ प्रचलित थीं; जैसे भारत को सपेरों, जादूगरों और साधु-संन्यासियों का देश समझा जाता था, किन्तु इसके साथ-साथ यह भी माना जाता था कि भारत विपुल संपदाओं का देश है। सैकड़ों वर्षों तक 'सिल्क मार्ग' से या फिर अरब व्यापारियों के माध्यम से भारत से अनेक प्रकार के मसालें, रत्न, जवाहरात और रेशमी वस्त्र यूरोप को निर्यात किए जाते थे। इनकी खपत यूरोप के उच्च और उच्च-मध्य वर्ग के बीच होती थी, यही कारण था कि एक लम्बे अर्से तक भूमध्य सागर के किनारे वाले नगर जैसे—वेनिस और जेनोवा भारत से आयातित सामान के आधार पर यूरोप के बड़े व्यापारिक केन्द्र बने रहे।

भारतीय वैभव की इसी जिज्ञासा ने अटलांटिक महासागर में अवस्थित पश्चिमी यूरोप के देशों में भारत से प्रत्यक्ष सम्पर्क एवं व्यापार करने की प्रबल इच्छा के साथ-साथ समुद्री मार्ग को खोजने की प्रेरणा दी। कोलम्बस द्वारा

1492 ई. में अमेरिका की खोज के पीछे भारतीय खोज का ही अभियान था, जो कि भटककर उसे दूसरे महाद्वीप की ओर ले गया। परन्तु मात्र उसके छह वर्ष बाद 1498 ई. में इस भूल का परिमार्जन करते हुए पुर्तगाली नाविक वास्कोडिगामा ने भारत के लिए समुद्री मार्ग की खोज की। यह एक प्रस्थान बिन्दु था, जहाँ से हम यूरोपीय देशों का भारत के साथ प्रत्यक्ष व्यापार संबंध और तदुपरान्त उपनिवेशवाद की शुरूआत मान सकते हैं। फिर तो यूरोपीय व्यापारिक कम्पनियों में भारत आने की होड़ सी लग गई, पहले पुर्तगाली, फिर डच, अंग्रेज और अंत में फ्रांसीसी आए। समुद्र मार्ग पर वर्चस्व की लड़ाई में अंग्रेजों ने भारत से करीब-करीब सभी कम्पनियों को बाहर कर दिया, और यह सर्वविदित है कि उनका प्रारम्भ में व्यापारिक और कालान्तर में प्रशासनिक नियंत्रण कायम हुआ।

लम्बे समय तक अंग्रेजी शासन के कारण महाद्वीपीय यूरोपीय देशों के साथ भारत के सम्पर्क सीमित होते गए। मात्र कुछ ही ऐसे देश थे, जहाँ भारत की आजादी की लड़ाई के दौरान हमारे देश के क्रांतिकारियों एवं विचारकों ने शरण लिया जैसे जर्मनी और फ्रांस इनके अतिरिक्त अन्य देशों के साथ संबंध सीमित ही रहे।

स्वतन्त्रता प्राप्ति के बाद एक बार पुनः यूरोपीय देशों के साथ भारतीय संबंधों को विस्तृत करने की संभावना बढ़ी किन्तु शीतयुद्धकालीन अन्तर्राष्ट्रीय परिस्थितियों ने इस प्रक्रिया को बाधित किया। तत्कालीन अन्तर्राष्ट्रीय राजनीति की बाध्यताओं ने जहाँ धीरे-धीरे भारत को गुटनिरपेक्ष आन्दोलन तथा भूतपूर्व सोवियत संघ के नेतृत्व के समाजवादी खेमे के अधिक निकट ला दिया, वहीं राजनीतिक तथा आर्थिक दृष्टियों से भारत पश्चिमी यूरोप के देशों से दूर होता चला गया। इस प्रक्रिया को और सशक्त करने में भारत की तथाकथित अनुदार आर्थिक नीतियों ने भी महत्वपूर्ण भूमिका निभाई।

1980-90 के दशक में पूर्वी यूरोप में साम्यवाद के पतन, सोवियत संघ के विघटन एवं शीतयुद्ध के अन्त के बाद अन्तर्राष्ट्रीय राजनीति में आमूल परिवर्तन हुए जिसके कारण अन्तर्राष्ट्रीय संबंधों के मुख्य कारकों में भी निर्णायक परिवर्तन आए और इसका केन्द्र बिन्दु आर्थिक, व्यापारिक, निवेश, समग्र सुरक्षा एवं मानवीय विकास जैसे मुद्दे हो गए हैं। इन परिवर्तनों एवं चुनौतियों का

प्रतीत होता है कि स्वीडन का उद्देश्य न केवल आर्थिक, राजनीतिक और राजनयिक संबंध स्थापित करना है वरन् समाज, संस्कृति एवं लोगों के बीच रचनात्मक संबंध भी विकसित करना है।

भारत और स्वीडन के संबंधों का एक महत्वपूर्ण पहलू यह भी है कि यूरोपीय संघ भारत का सबसे बड़ा व्यापारिक भागीदार है, जबकि स्वीडन यूरोपीय संघ का महत्वपूर्ण सदस्य है जिसके माध्यम से भारत, यूरोपीय बाजार में अपनी पहुँच बढ़ा सकता है। आज स्वीडन, यूरोप के अन्य राष्ट्रों जैसे फ्रांस, जर्मनी, ब्रिटेन के साथ भारत का रणनीतिक साझेदार है। एक तरफ जहाँ भारत, विश्व राजनीति में स्वीडिश आग्रहों जैसे–"न्यायपूर्ण विश्व संभव है" और "हरित विश्व कायम करना है", का समर्थन करता है तो वहीं दूसरी तरफ स्वीडन, भारत को परमाणु आपूर्तिकर्ता समूह में सहयोग, सुरक्षा परिषद की स्थायी सदस्यता हेतु उसके प्रयासों एवं आतंकवाद से लड़ने हेतु साझे तंत्र के विकास में अपना समर्थन प्रदान करता है। इसमें संदेह नहीं है कि दुनिया को सचमुच बहुधुव्रीय बनाने में दोनों साझेदार सक्रिय और रचनात्मक भूमिका निभा सकते हैं।

भारत और स्वीडन संबंध पर प्रस्तुत यह पुस्तक डॉ. जितेन्द्र कुमार पाण्डेय के शोध–प्रबंध का संशोधित एवं परिमार्जित संस्करण है। इन्होंने विषय का गंभीर एवं गहन अध्ययन किया है तथा विचारों और घटनाओं का क्रमवार विश्लेषण करने के साथ महत्वपूर्ण सूचनाओं को इकट्ठा करते हुए नवीन तथ्यों को उद्‌घाटित किया है। डॉ. पाण्डेय ने भारत–स्वीडन संबंधों का ऐतिहासिक अवलोकन करते हुए इसे समसामयिक घटनाओं और विकासक्रमों से अन्तर्संबंधित पारस्परिक संबंधों का गहन अध्ययन किया है। विषय–वस्तु को सरलता से प्रस्तुत करने हेतु उसे विभिन्न पाठों में अभिव्यक्त किया है जिसके अन्तर्गत राजनीतिक, आर्थिक, व्यापारिक, सामाजिक, सांस्कृतिक संबंधों एवं वैज्ञानिक तकनीकी सहयोगों के साथ विकासात्मक कार्यक्रमों का सूक्ष्म विश्लेषण किया है। इसकी प्रस्तुति सहज और भाषा प्रांजल है।

इस प्रकार के विषयों पर शोध कार्य करने की अनेक चुनौतियाँ होती हैं क्योंकि विश्वविद्यालयों एवं शोध संस्थानों में साहित्य सामग्रियों का नितान्त

अभाव होता है। डॉ. पाण्डेय ने कई वर्षों के अथक प्रयास से इस पुस्तक को तैयार किया है। हिन्दी भाषा में ही नहीं अंग्रेजी भाषा में भी इस प्रकार का अध्ययन अक्सर देखने को नहीं मिलता है। मुझे आशा ही नहीं पूर्ण विश्वास है कि यह पुस्तक इस क्षेत्र में अध्ययन सामग्री के अभाव को प्रमुखता से पूरा करेगी तथा छात्रों एवं अध्यापकों के विद्वत समाज में समादृत होगी। डॉ. पाण्डेय इसके लिए धन्यवाद के पात्र हैं।

(डॉ. शशिकांत झा)
प्रोफेसर
यूरोपीय अध्ययन केन्द्र
अन्तर्राष्ट्रीय अध्ययन संस्थान
जवाहरलाल नेहरू विश्वविद्यालय

दिनांक : 15 अगस्त 2010

प्रस्तावना

सामान्यत: हम अन्तर्राष्ट्रीय सम्बन्धों का अर्थ स्वतन्त्र एवं सम्प्रभु राष्ट्रों के मध्य राजनीतिक, आर्थिक, कूटनीतिक, सांस्कृतिक तथा व्यावहारिक सम्बन्धों के संचालन से लेते हैं, परन्तु आज जिस परिवेश में लगभग 200 के आस-पास सम्प्रभु राष्ट्र-राज्य परस्पर अन्त:क्रिया कर रहे हैं, उसमें दो राष्ट्रों के सम्बन्धों को समझना एवं उसका आकलन करना आसान नहीं है। वर्तमान अन्तर्राष्ट्रीय राजनीति में हो रहे नित्य नए परिवर्तनों, विज्ञान एवं सूचना-प्रौद्योगिकी क्रांति के फलस्वरूप राष्ट्रों के सम्बन्ध परस्पर निर्भर होते जा रहे हैं, जिससे भू-आर्थिक तत्वों की प्रधानता में अभिवृद्धि होती जा रही है। इसलिए इस बदलते परिवेश में किन्हीं दो राष्ट्रों के आपसी सम्बन्धों को समझने के लिए उनके सभी आयामों को गहरायी से समझने की आवश्यकता है क्योंकि किन्हीं दो देशों के आपसी सम्बन्ध न केवल उन दो देशों को प्रभावित कर रहे हैं, बल्कि वे अन्य देशों के अन्तर्राष्ट्रीय सम्बन्धों को भी प्रत्यक्ष एवं अप्रत्यक्ष रूप से प्रभावित कर रहे हैं। आज अन्तर्राष्ट्रीय सम्बन्धों का स्वरूप इस बात पर निर्भर करता है कि बड़े एवं छोटे राष्ट्रों के समक्ष किस प्रकार की चुनौती है एवं वे किस प्रकार की घरेलू व बाह्य समस्याओं का सामना कर रहे हैं। इन चुनौतियों में बढ़ते आर्थिक एकीकरण के बावजूद उत्तर-दक्षिण विभाजन के कारण तीसरी दुनिया के लोग गरीबी, भुखमरी एवं विभिन्न प्रकार की बीमारियों से जूझ रहे हैं, वहीं दूसरी तरफ बढ़ती आतंकवादी गतिविधियाँ, पर्यावरणीय संकट, जातीय, धार्मिक एवं सांस्कृतिक टकराव के कारण विश्व के लगभग सभी क्षेत्रों में विखण्डन की प्रवृत्तियाँ बढ़ रही हैं। इसके अतिरिक्त ऊर्जा, सुरक्षा, निवेश एवं असमान विकास को लेकर क्षेत्रीय प्रतिद्वंद्विता में दिनों-दिन वृद्धि होती जा रही है। इस प्रकार विश्व स्तर पर उत्पन्न चुनौतियों के परिणामस्वरूप, शीत-युद्ध के बाद

अन्तर्राष्ट्रीय सम्बन्धों की दिशा "अन्तर्राष्ट्रीय सहयोग या वैश्विक साझेदारी" की ओर प्रवृत्त होने लगी है। आज इन चुनौतियों का सामना करने के लिए राष्ट्रों के बीच रचनात्मक सम्बन्ध विकसित करना होगा एवं वैश्विक समुदाय को "खगोलीय मानव" या "विश्व सभ्य समाज" की ओर उन्मुख करना होगा, ताकि एक न्यायपूर्ण विश्व एवं भेद-भाव रहित आर्थिक व्यवस्था की स्थापना की जा सके और हम शांतिपूर्ण सहअस्तिव का आदर्श लक्ष्य प्राप्त कर सकें।

भारत-स्वीडन के बीच पारस्परिक सम्बन्ध इन्हीं आवश्यकताओं की एक कड़ी है। विकासशील राष्ट्रों में भारत पहला ऐसा देश है जिसका 1948 में स्वीडन के साथ द्विपक्षीय एवं राजनयिक सम्बन्ध स्थापित हुआ, और प्रारम्भ से ही दोनों देशों के राजनीतिज्ञों ने इस सम्बन्ध को मधुर बनाए रखने का हर सम्भव प्रयास किया। पं. जवाहरलाल नेहरू ने 1957 में जब स्वीडन की यात्रा की तो उन्होंने कहा कि "भारत-स्वीडन के बीच मधुर सम्बन्ध स्थापित होने के लिए बहुत व्यापक क्षेत्र हैं, विशेषकर हमारे उद्योगों में क्योंकि स्वीडन को जहां तक मैंने देखा है और जहां तक जानता हूँ उच्च कोटि के उत्पाद, उच्च मानकों के औजार, सुन्दर वस्तुएँ, अत्यन्त दक्षता के साथ बनाता है, जो हमारे औद्योगिक विकास में सहायक हो सकता है।" इसी प्रकार के उद्‌गार कुछ और नेताओं ने भी दिए हैं जिसका प्रभाव दोनों देशों के सम्बन्धों पर सकारात्मक पड़ा है। दोनों देश महत्वपूर्ण अन्तर्राष्ट्रीय समस्याओं, जैसे पर्यावरण संरक्षण एवं निरस्त्रीकरण जैसे मुद्दों पर मिलकर सहयोग करने के लिए कटिबद्ध रहे हैं, जिसका उदाहरण 1972 में स्टॉकहोम में विश्व पर्यावरण सम्मेलन, 1985 में भारत में आयोजित 6 राष्ट्रों (भारत, स्वीडन, मैक्सिको, ग्रीस, तंजानिया, अर्जेन्टिना) के निरस्त्रीकरण सम्मेलन तथा दोनों देशों द्वारा मिलकर एक पृथ्वी सुरक्षा कोष की स्थापना किए जाने के सन्दर्भ में देखा जा सकता है। दोनों देशों के द्विपक्षीय सम्बन्धों के मधुर होने की एक वजह यह भी है कि ज्वलंत समस्याओं के समाधान में स्वीडिश प्रधानमंत्री ओलाफ पाल्मे एवं राजीव गाँधी के विचारों में काफी समानताएँ रही हैं, जिसके कारण दोनों देशों के आपसी सम्बन्ध और प्रगाढ़ हुए, लेकिन पहले ओलाफ पाल्मे की दु:खद हत्या (16 फरवरी 1986) तथा बाद में बोफोर्स तोप घोटाले की घटना से दोनों देशों के सम्बन्धों में ठहराव सा आ गया, परन्तु यह स्थिति बहुत दिनों तक नहीं रही।

सन् 1991 के पश्चात् भारत में शुरू हुए आर्थिक सुधारों की प्रक्रिया ने विश्व के साथ-साथ स्वीडन को भी भारत के साथ व्यापार एवं निवेश का एक व्यापक अवसर दिया। फलस्वरूप, दोनों देशों के बीच आर्थिक एवं व्यापारिक सम्बन्ध निरन्तर प्रगति की ओर हैं। 1990 के दशक के बाद दोनों देशों के आपसी व्यापार में लगभग चार गुना वृद्धि हुई। वर्तमान में भारत-स्वीडन व्यापार को विश्व में 20वें सशक्त व्यापार के रूप में चिह्नित किया गया है तथा स्वीडिश निर्यातकों की सूची में भारत का स्थान 19वाँ है। भारत में प्रत्यक्ष विदेशी निवेश करने वाले राष्ट्रों की सूची में स्वीडन का स्थान 11वाँ है। भारत-स्वीडन सम्बन्धों में एक महत्वपूर्ण दौर तब आया जब चौदहवीं संयुक्त आयोग की बैठक 1 से 3 अप्रैल 2003 तक नई दिल्ली में सम्पन्न हुई। स्वीडिश उद्योग एवं वाणिज्य मंत्री Leif Pagrotsky ने तीस सदस्यीय वाणिज्यिक प्रतिनिधि मण्डल का प्रतिनिधित्व किया। उन्होंने भारत को उन देशों में शुमार किया जिनके साथ स्वीडन के वाणिज्यिक सम्बन्ध और प्रगाढ़ हो सकते हैं। उन्होंने कहा "विश्व का आर्थिक मानचित्र बदल रहा है, अगर स्वीडन को विकास की गति बरकरार रखनी है तो उसे एशिया में और खासकर भारत में उभरते हुए बाजारों में अपनी मौजूदगी का एहसास कराना होगा"। आज भारत, स्वीडन के लिए एक सर्वोच्च प्राथमिकता वाला राष्ट्र है ऐसी घोषणा **गोरान परसन** ने 14 सितम्बर 2004 को स्वीडिश संसद रिक्सडॉग में कर चुके हैं, उन्होंने कहा कि "भारत और स्वीडन को हर स्तर पर अपने सहयोग को गहरा और विस्तृत करना चाहिए"। आज स्वीडन, भारत के साथ केवल अपने निर्यात को बढ़ावा देना नहीं चाहता वरन् भारत से आयात भी करना चाहता है। वर्तमान समय में भारत और स्वीडन में आपसी व्यापार के बहुत व्यापक अवसर हैं क्योंकि दूसरे बाजारों में माँग और निवेश की सुविधाओं में कमी आयी है जबकि उनकी तुलना में भारत, स्थिरता एवं विशाल अवसर उन कम्पनियों को देने को तैयार है जो भारत में निवेश करना चाहती हैं।

जनवरी 2004 में स्वीडन के प्रधानमंत्री ने भारत की यात्रा की। इस यात्रा से भारत-स्वीडन सम्बन्धों को एक नया जीवन मिला। उन्होंने कहा कि "आने वाले दिनों में स्वीडन का भारत के साथ आपसी सहयोग मात्रात्मक एवं गुणात्मक दृष्टि से बढ़ सकेगा"। प्रधानमंत्री गोरान परसन ने कहा कि स्वीडन एक नया

भारत खोजने आया है जहाँ बोफोर्स प्रेरित दुर्गन्ध नहीं रहेगी, क्योंकि इसी ने हमारे स्वतन्त्र एवं सहयोगी मूल्यों का नाश किया था। भारत-स्वीडन के बीच 15वीं संयुक्त बैठक जून 2008 में संपन्न हुई जिसके अंतर्गत आर्थिक, व्यापारिक एवं वैज्ञानिक क्षेत्र में मिलकर सहयोग करने पर दोनों देश सहमत हुए। वर्ष 2009 में स्वीडिश प्रधानमंत्री ने यूरोपीय संघ के अध्यक्ष हैसियत से भारत की यात्रा की। उन्होंने कहा कि स्वीडन की इच्छा है कि वह भारत के साथ व्यापक एवं विस्तृत संबंध बनाये विशेषकर व्यापार आर्थिक विकास तथा तकनीकी क्षेत्र में।

1990 के दशक के पूर्व तक भारत स्वीडिश विकास निधि प्राप्त करने वाले राष्ट्रों में प्रथम था। वर्तमान समय में स्वीडन, भारत में कई विकासात्मक कार्यक्रमों को सम्पन्न करने में आर्थिक सहायता पहुँचा रहा है, जिनमें मानवाधिकार, गरीबी-उन्मूलन, पर्यावरण-संरक्षण, प्राकृतिक संसाधनों के बेहतर प्रबन्धन, शिक्षा एवं स्थानीय समुदायों को उनके अधिकारों के बारे में जागरूक करना आदि मुख्य हैं। स्वीडन की सरकारी संस्था स्वीडिश इंटरनेशनल डेवलपमेंट कोआपरेशन एजेंसी (SIDA) एवं 'तरुण भारत संघ' ने जल-संग्रहण व्यवस्थाओं पर विशेष बल दिया जिससे राजस्थान जैसे मरु-प्रदेश में जल की कमी को दूर करने का प्रयास किया जा रहा है। आज राजस्थान के आठ सौ गाँवों में 4500 जल-संग्रहण संरचनाओं का निर्माण किया गया है जिससे शुद्ध जल को जन-जन तक पहुँचाया जा रहा है। इसके अतिरिक्त दक्षिण भारत के चार राज्यों में भी SIDA एवं ऑक्सफाम इंडिया के सहयोग से जल-प्रबन्धन के क्षेत्र में महत्वपूर्ण कार्यक्रम शुरू किये गये हैं।

ज्ञान-विज्ञान एवं तकनीकी क्षेत्र में भी दोनों देश सहयोग के एक सूत्र में बँधे हुए हैं। स्वीडन जो विकास एवं अनुसंधान पर विश्व में सबसे अधिक खर्च करने वाला राष्ट्र है (सकल घरेलू उत्पाद का 4.6%), वहीं भारत विकास एवं अनुसंधान के क्षेत्र में सबसे अधिक संभावना वाला राष्ट्र है। इसलिए इन दोनों देशों के बीच विज्ञान व तकनीकी क्षेत्र में सहयोग अवश्यंभावी है। आज स्वीडन की दो संस्थाएँ स्वीडिश एजेंसी फॉर रिसर्च कोआपरेशन विद डेवलपिंग कन्ट्रीज एवं बोर्ड आफ इंडस्ट्रियल एण्ड टेक्निकल सपोर्ट वैज्ञानिक एवं तकनीकी क्षेत्र में सहयोग एवं आर्थिक अनुदान दे रही हैं। यह सहायता मुख्यतः

'द्विपक्षीय-शोध' एवं 'स्वीडिश विकास शोध' कार्यक्रमों के तहत दिए जा रहे हैं।

उपरोक्त चर्चा से यह स्पष्ट है कि भारत एवं स्वीडन के बीच महत्वपूर्ण एवं व्यावहारिक सम्बन्ध हैं, जिसके विविध आयाम हैं। जहाँ इन सम्बन्धों का राजनीतिक, आर्थिक, सामाजिक एवं सांस्कृतिक रूप है, वहीं इन सम्बन्धों के और महत्वपूर्ण पहलू भी हैं, जैसे सतत् विकास, एच.आई.वी./एड्स उन्मूलन एवं जागरूकता, पर्यावरण संरक्षण, प्राकृतिक संसाधनों का प्रबन्धन, लिंग समानता, नागरिक समाजों का उन्नयन आदि। इसका एक महत्वपूर्ण पहलू यह भी है कि यूरोपीय संघ भारत का सबसे बड़ा व्यापारिक भागीदार है, जबकि स्वीडन यूरोपीय संघ का एक महत्वपूर्ण सदस्य है जिसके माध्यम से भारत, यूरोपीय बाजार में अपनी पहुँच बना सकता है। अतः भारत के लिए यह आवश्यक है कि वह स्वीडन जैसे राष्ट्र से अपने आपसी सम्बन्धों को और प्रगाढ़ करे।

प्रस्तुत पुस्तक में भारत-स्वीडन सम्बन्धों को ऐतिहासिक परिप्रेक्ष्य में विवेचित करने का प्रयास किया गया है, लेकिन 1985 से लेकर वर्तमान अवधि पर विशेष प्रकाश डाला गया है। 1985 का वर्ष भारत-स्वीडन सम्बन्धों के लिए अत्यन्त महत्वपूर्ण है। 1985 की अवधि से ही भारत-स्वीडन सम्बन्धों में नया मोड़ आया जो तत्कालीन प्रधानमंत्री राजीव गाँधी एवं स्वीडिश प्रधानमंत्री ओलाफ पाल्मे के बीच आपसी सद्भाव एवं सहयोग से उत्पन्न हुआ। इसी वर्ष दोनों देश एक साथ मिलकर पूर्ण निरस्त्रीकरण एवं जनसंहारक हथियारों को नष्ट करने हेतु विश्व-स्तर पर सहयोग करने के लिए प्रतिबद्ध हुए। यही वह अवधि है जिसमें भारत-स्वीडन के बीच बोफोर्स तोप सम्बन्धी समझौता भी हुआ जो बाद में दोनों देशों के बीच चर्चा एवं विवाद का विषय बना। इस प्रकार यह स्पष्ट है कि सन् 1985 एक ऐसी अवधि है जहां से भारत और स्वीडन के सम्बन्धों में महत्वपूर्ण परिवर्तन हमें दिखाई देता है। इसलिए प्रस्तुत पुस्तक में भारत-स्वीडन सम्बन्धों को 1985 के बाद के विशेष संदर्भ में विश्लेषित करने का प्रयास किया गया है।

भारत-स्वीडन सम्बन्धों के बढ़ते महत्व को ध्यान में रखते हुए इस विषय को अध्ययन के लिए चुना गया है। पुस्तक का उद्देश्य इन दोनों देशों के बीच

उभरते हुए सम्बन्धों का तथ्यपूर्ण अवलोकन एवं उससे महत्वपूर्ण निष्कर्ष निकालना है। आशा है कि इस अध्ययन से प्राप्त निष्कर्ष एवं सुझाव दोनों देशों के सम्बन्धों को और ज्यादा विस्तृत, मजबूत एवं प्रगाढ़ बनाने में सहायक होंगे।

अध्ययन के उद्देश्य

(i) भारत-स्वीडन सम्बन्धों को ऐतिहासिक परिप्रेक्ष्य में समझने का प्रयास करना। इन सम्बन्धों के राजनीतिक, आर्थिक, व्यापारिक, विदेश नीति, कूटनीति, सामाजिक, सांस्कृतिक आधारों को रेखांकित करना जिससे सम्बन्ध और बेहतर हो सकें।

(ii) 1985 के बाद दोनों देशों के बीच सम्बन्धों का विस्तृत विश्लेषण। उन बिन्दुओं पर प्रकाश डालना जिससे भारत-स्वीडन अन्तर्राष्ट्रीय राजनीति एवं संगठनों में महत्वपूर्ण भूमिका निभा सके।

(iii) विश्व की ज्वलंत समस्याओं, जैसे आतंकवाद, पर्यावरण, मानवाधिकार, वैश्वीकरण, नि:शस्त्रीकरण आदि मुद्दों पर भारत एवं स्वीडन के विचारों को प्रस्तुत करना।

(iv) उन मुद्दों की ओर ध्यान दिलाना जिससे यूरोपीय संघ का सदस्य न होते हुए भी भारत, स्वीडन के सहयोग से अधिक से अधिक लाभ प्राप्त कर सके।

(v) दोनों देशों के नागरिकों के बीच सांस्कृतिक आदान-प्रदान के विभिन्न आयामों को इंगित करना, जिससे दोनों देशों के नागरिक समाजों को और सुदृढ़ किया जा सके।

परिकल्पना

स्वीडन एक संसदीय लोकतांत्रिक एवं लोक-कल्याणकारी देश है इसलिए भारत-स्वीडन सम्बन्धों में सहयोग के आधार अधिक हैं।

भारत एवं स्वीडन सैन्य गुटबाजी से अलग रहकर अपनी विदेश नीति का संचालन करते हैं, अत: दोनों देशों के बीच अन्तर्राष्ट्रीय स्तर पर नीतिगत सहयोग की ज्यादा संभावनायें हैं।

आर्थिक दृष्टिकोण से स्वीडन एक विकसित देश है तथा भारत एक विकासशील एवं विशाल आर्थिक बाजार सम्पन्न राष्ट्र है इसलिए भारत एवं स्वीडन के बीच आर्थिक सहयोग की भी संभावना अधिक है।

भारत-स्वीडन सम्बन्धों से पर्यावरण, मानवाधिकार, लैंगिक समानता नागरिक समाज के उन्नयन में भारत को महत्वपूर्ण सहयोग मिल सकता है।

अध्ययन की प्रासंगिकता

(i) दोनों देशों के बीच राजनीतिक, आर्थिक, व्यापारिक एवं सामाजिक सम्बन्ध अधिक प्रगाढ़ हो सकेंगे।

(ii) दोनों देशों के नागरिकों के बीच सांस्कृतिक आदान-प्रदान के मार्ग प्रशस्त हो सकेंगे।

(iii) सामान्य रूप से विश्व एवं मुख्य रूप से दक्षिण एशिया में शांति स्थापना में सहयोग बढ़ सकेगा।

(iv) विश्व की प्रमुख समस्याओं के समाधान हेतु दोनों देशों के बीच आपसी सहयोग और अधिक बढ़ सकेंगे।

(v) दोनों देशों के नागरिक समाज को सुदृढ़ करने में महत्वपूर्ण सहयोग मिल सकेगा।

(vi) शोध के निष्कर्ष के परिणामस्वरूप भारत-स्वीडन एक दूसरे के अनुभवों से लाभान्वित हो सकेंगे।

(vii) इस क्षेत्र में शोध-कार्य के अभाव को पूरा कर सकेगा।

(viii) भारत, स्वीडन के साथ अपने सम्बन्ध सुमधुर रखते हुए, यूरोपीय संघ जो विश्व का सबसे बड़ा आर्थिक ब्लाक है, से अपने सम्बन्ध को और अधिक प्रगाढ़ कर सकता है।

अध्ययन-प्रविधि

प्रस्तुत अध्ययन के लिए जो पद्धति अपनायी गई है वह ऐतिहासिक एवं विश्लेषणात्मक है। इस अध्ययन का जितना संभव हो सका है, सरलीकरण किया गया है। भारत-स्वीडन के सामान्य इतिहास एवं सामान्य ज्ञान को समझने

के लिए ऐतिहासिक पद्धति को अपनाया गया है। जबकि भारत-स्वीडन के द्विपक्षीय मुद्दों एवं समस्याओं का अध्ययन तर्कसंगत एवं विश्लेषणात्मक रूप में किया गया है।

इस अध्ययन के प्राथमिक स्त्रोतों में सरकार के नीतिगत तथ्य, श्वेत-पत्र, संसदीय बहस, फॉरेन अफेयर रिकार्ड, वार्षिक रिपोर्ट (विदेश मंत्रालय) संयुक्त राष्ट्र संघ डाकुमेन्ट्स, सरकारी प्रकाशन, संधि, समझौते तथा राजनेताओं द्वारा दिए गए प्रेस विज्ञप्तियों का भी उपयोग किया गया है।

द्वितीयक स्रोतों में पुस्तकें, पत्रिकाओं में प्रकाशित लेखों, समाचारपत्र, समाचार संचय एवं साप्ताहिक पत्रों की विस्तृत सहायता ली गई है।

सुविधा की दृष्टि से पुस्तक को निम्नलिखित अध्यायों में प्रस्तुत किया गया है—

सर्वप्रथम पुस्तक की प्रस्तावना को लिखा गया है जिसके अन्तर्गत वर्तमान अन्तर्राष्ट्रीय परिवेश की चर्चा की गई है एवं राष्ट्रों के द्विपक्षीय सम्बन्धों, विशेषकर भारत-स्वीडन पर इसके पड़ने वाले प्रभावों की व्याख्या की गई है। तत्पश्चात् अध्ययन का चयन, उसकी उपकल्पना, अध्ययन की उपादेयता को इसमें समाहित किया गया है।

प्रथम अध्याय में अन्तर्राष्ट्रीय राजनीति के कुछ महत्वपूर्ण मुद्दों की चर्चा की गई है। उदाहरणस्वरूप अन्तर्राष्ट्रीय समुदाय के प्रत्येक राष्ट्र का एक-दूसरे से सम्बन्ध क्यों आवश्यक है? ये सम्बन्ध असमानताओं एवं क्षेत्रीय विषमताओं के बावजूद क्यों सतत् बने रहते हैं? इत्यादि। इन प्रश्नों का विश्लेषण छोटे एवं बड़े राष्ट्र की अवधारणा का वर्णन करते हुए किया गया है। इसी अध्याय में भारत एवं स्वीडन की भौगोलिक स्थिति, इतिहास, कला, संस्कृति, अर्थव्यवस्था का आकार, राजनीतिक व्यवस्था एवं सामाजिक पहलुओं पर चर्चा की गई है तथा इन स्थितियों का दोनों देशों के सम्बन्धों पर पड़ने वाले प्रभावों को भी रेखांकित किया गया है।

द्वितीय अध्याय में दोनों देशों की विदेश नीति के उद्देश्यों एवं उनके मौलिक सिद्धान्तों जैसे गुटनिरपेक्षता (भारत) तथा तटस्थता (स्वीडन) का ऐतिहासिक एवं तुलनात्मक विश्लेषण किया गया है। तत्पश्चात् दोनों देशों के अन्य प्रमुख सिद्धान्तों, क्रमशः निरस्त्रीकरण, विश्वशांति, रंगभेद की समाप्ति,

पर्यावरण सुरक्षा एवं संयुक्त राष्ट्रसंघ को समर्थन देने के सन्दर्भ में दोनों देशों के दृष्टिकोणों का तुलनात्मक विवरण प्रस्तुत किया गया है।

तृतीय अध्याय में दोनों देशों के राजनीतिक सम्बन्धों का विश्लेषण ऐतिहासिक परिप्रेक्ष्य में प्रस्तुत करते हुए 1985 से वर्तमान अवधि तक के सम्बन्धों की विस्तृत व्याख्या की गई है। इस क्रम में दोनों देशों के राजनेताओं की महत्वपूर्ण यात्राएँ एवं उन यात्राओं में सम्पन्न समझौतों का भी विवरण प्रस्तुत किया गया है। इसी अध्याय में दोनों देशों के साझे उद्देश्यों, आतंकवाद की चुनौतियों का मुकाबला करने के लिए आपसी सहयोग की आवश्यकताओं, संयुक्त राष्ट्र संघ में सुधार, विशेषकर सुरक्षा परिषद् में विकासशील राष्ट्रों के प्रतिनिधित्व एवं कश्मीर समस्या के सन्दर्भ में स्वीडन के दृष्टिकोण को भी प्रस्तुत किया गया है।

चतुर्थ अध्याय में दोनों देशों के आर्थिक एवं व्यापारिक सम्बन्धों का ऐतिहासिक विश्लेषण प्रस्तुत किया गया है। इसी क्रम में दोनों देशों की आर्थिक-नीति का संक्षिप्त विवरण प्रस्तुत करते हुए दोनों देशों के बीच आर्थिक सम्बन्धों का इतिहास, उसका वर्तमान स्वरूप, एक-दूसरे से होने वाले निवेश, विश्व व्यापार संगठन में दोनों की भूमिका और दोनों देशों के बीच सहयोग के संभावित क्षेत्रों का व्यापक विश्लेषण प्रस्तुत किया गया है।

पंचम अध्याय में दोनों देशों के बीच सामाजिक एवं सांस्कृतिक सम्बन्धों का विश्लेषण प्रस्तुत किया गया है जिसमें सर्वप्रथम सांस्कृतिक सम्बन्धों की पृष्ठभूमि, सांस्कृतिक आदान--प्रदान, दोनों देशों के सहयोग से आयोजित भारत में स्वीडिश महोत्सव एवं स्वीडन में भारतीय महोत्सव का वर्णन किया गया है। लोकतंत्र, मानवाधिकार, स्वास्थ्य, एच.आई.वी./एड्स रोकथाम एवं जागरूकता, पर्यावरण, शिक्षा, नागरिक समाजों के बीच सहयोग एवं गरीबी उन्मूलन के क्षेत्र में स्वीडन द्वारा चलायी जा रही विकासात्मक परियोजनाओं तथा आपसी सहयोगों का भी विश्लेषण प्रस्तुत किया गया है। इसके बाद दोनों देशों के बीच वैज्ञानिक एवं तकनीकी सहयोग विशेषकर SAREC एवं BITS द्वारा इस क्षेत्र में किए जा रहे सहयोगों का वर्णन प्रस्तुत किया गया है।

षष्ठ एवं अन्तिम अध्याय दोनों देशों के बीच पारस्परिक संबंधों का सारांश प्रस्तुत करते हुए निष्कर्षों को रेखांकित किया गया है तथा भारत-स्वीडन

सम्बन्धों को और अधिक मधुर बनाने हेतु संबंधित सुझाव देने का प्रयास भी किया गया है।

प्रस्तुत पुस्तक काशी हिन्दू विश्वविद्यालय द्वारा 2007 में पीएच.डी. उपाधि हेतु स्वीकृत शोध प्रबंध का संशोधित एवं परिवर्धित रूप है। इसमें कुछ सार है, तो वह अनेक विशेषज्ञों द्वारा समय-समय पर उदारतापूर्वक दिये गये सुझावों, उनकी सूक्ष्मतलग्राही आलोचनाओं तथा प्रेमपूर्ण आशीर्वचनों का परिणाम है।

शोध निदेशक, प्रो. डी.जी.ए. खान, राजनीति विज्ञान विभाग काशी हिन्दू विश्वविद्यालय, वाराणसी ने नवीन दृष्टि के साथ इस शोध को निर्देशित किया है। मैं उनके इस बहुमूल्य योगदान के लिए सदैव ऋणी रहूँगा।

प्रो. शशिकांत झा, जवाहरलाल नेहरू विश्वविद्यालय का मैं विशेष रूप से आभारी हूँ जिन्होंने मुझे निरंतर अपनी विद्वत्ता एवं बोधगम्य सुझावों से अवगत कराया तथा अंतर्राष्ट्रीय राजनीति की प्रमुख अवधारणाओं का विस्तृत ज्ञान मुझे कराया।

मैं, प्रो. रजनी रंजन झा (भूतपूर्व विभागाध्यक्ष) राजनीति विज्ञान विभाग, काशी हिन्दू विश्वविद्यालय का भी हृदय से आभारी हूँ जिन्होंने मुझे निरंतर प्रोत्साहन, रचनात्मक निर्देशन प्रदान कर अपना अमूल्य योगदान दिया जिसके फलस्वरूप मुझे पुस्तक को पूरा करने में महत्वपूर्ण सहायता मिली।

मैं, डॉ. सुमन शर्मा, एसोसिएट प्रोफेसर; पवन सिन्हा, असिस्टेंट प्रोफेसर; योगेश गुप्ता, असिस्टेंट प्रोफेसर; डॉ. वंदना मिश्रा, असिस्टेंट प्रोफेसर; तथा श्री प्रदीप कुमार, असिस्टेंट प्रोफेसर, सभी मोतीलाल नेहरू महाविद्यालय, दिल्ली विश्वविद्यालय, नई दिल्ली का हृदय से आभारी हूँ, इन सभी विद्वानों ने विशद चर्चा द्वारा लेखक के ज्ञान में वृद्धि की तथा उनसे बहुमुखी तथा स्वभावजनित सहयोग सतत प्रदान होता रहा।

मैं, अपनी ममतामयी माँ श्रीमती इन्द्रावती देवी एवं पूज्य पिताजी श्री शशिकान्त पाण्डेय के प्रति नतमस्तक होकर अपना विनम्र आभार तथा कृतज्ञता प्रकट करता हूँ, जिनके प्रोत्साहन व सहयोग के कारण मुझे शोध-कार्य करने में अत्यन्त सुगमता एवं मानसिक संतुष्टि प्राप्त हुई।

मैं, अग्रज श्री प्रभाकर पाण्डेय एवं डॉ. सतेन्द्र कुमार पाण्डेय का भी हृदय से आभारी हूँ जिन्होंने मुझे हर समय इस बात के लिए प्रोत्साहित किया कि मैं अपना शोध-कार्य जल्द पूरा करूँ। मैं अनुज प्रभात पाण्डेय को अपना विशेष स्नेह देता हूँ जिन्होंने अपने अध्ययन से मूल्यवान् समय निकाल कर मुझे अपना सक्रिय सहयोग दिया।

मैं, परम पूज्य चाचाजी श्री कमलेश पाण्डेय (सहायक अध्यापक) एवं श्री विमलेश पाण्डेय (सहायक अध्यापक) का विशेष रूप से आभारी हूँ जिन्होंने अपना अमूल्य सुझाव एवं सहयोग निरंतर मुझे दिया।

मैं पुस्तक पूरा करने में अपने सहयोगियों व मित्रों की प्रेरणा और सहयोगपूर्ण उत्साहवर्धन का सहृदय आभारी हूँ। मैं अपने परम मित्र कुमार नवीन, असिस्टेंट कंमांडेंट, श्री आलोक कुमार चतुर्वेदी, प्रवक्ता श्री दिलीप कुमार सिंह (लेक्चरर), श्री रजनीकान्त तिवारी (प्रवक्ता) एवं अग्रज श्री विवेक तिवारी (सिविल जज, छत्तीसगढ़) को हृदय से आभार प्रकट करता हूँ।

मैं भारत में स्थित स्वीडिश दूतावास, स्वीडिश व्यापार आयोग (नई दिल्ली) एवं उनमें कार्यरत अधिकारियों का विशेष आभारी हूँ, जिनके सहयोग से मैं पुस्तक के लिए नवीन तथ्य एवं आँकड़ा प्राप्त कर सका। मैं व्यक्तिगत रूप से श्री गौतम भट्टाचार्या (सेकेण्ड सेक्रेटरी), श्री इन्द्रजीत (प्रोग्राम ऑफिसर) और श्री आई. के. विजय (कन्सल्टेन्ट) का हृदय से आभारी हूँ, जिन्होंने मुझे महत्वपूर्ण अध्ययन सामग्री उपलब्ध करायी।

काशी हिन्दू विश्वविद्यालय के केन्द्रीय ग्रन्थालय, वाराणसी, विदेश मंत्रालय (भारत सरकार) की लाइब्रेरी, जवाहरलाल नेहरू विश्वविद्यालय के ग्रन्थालय तथा नेहरू मेमोरियल म्यूजियम ग्रन्थालय (नई दिल्ली) से मुझे प्राथमिक एवं द्वितीयक स्रोतों को एकत्र करने में अमूल्य सहयोग प्राप्त हुआ। इसके लिए मैं उपरोक्त पुस्तकालयों के अध्यक्ष एवं कर्मचारियों का हृदय से आभारी हूँ।

नई दिल्ली

डॉ. जितेन्द्र कुमार पाण्डेय

विषय सूची

1

भारत–स्वीडन का एक परिचय

बीसवीं सदी के अन्तिम दशक से अन्तर्राष्ट्रीय सम्बन्धों में अप्रत्याशित परिवर्तन हो रहे हैं। परिवर्तन की गति इतनी तीव्र है कि पुराने विचार एवं पुरानी संस्थाएँ क्षरण के दौर से गुजर रही हैं। परम्परागत बनावट, समीकरण एवं सन्तुलन सभी के सभी ओझल होते जा रहे हैं।[1] "विचारधारात्मक प्रतिस्पर्धा के अन्त"[2] ने संभवत: सम्बन्धों के सहयोग के लिए एक नया मार्ग प्रशस्त किया है।

शीतयुद्ध के बाद के वर्षों में अन्तर्राष्ट्रीय सम्बन्धों में बहुत सारे विकास हुए तथा विदेश नीति एवं इसके लक्ष्य को फिर से परिभाषित किया जाने लगा है। आज दुनिया के राष्ट्र ज्यादा क्रियाशील हो गए हैं और उनकी सोच रचनात्मक हो गई है। अब कोई देश युद्ध को विदेश नीति के अन्तर्गत एक महत्वपूर्ण कारक के रूप में नहीं मानता। वे अपनी विषमताओं, विरोधी हितों एवं संघर्षों को बातचीत एवं सदियों पुराने सिद्धान्त तथा परस्पर लेन–देन से तय कर लेते हैं। वे अब साझे सम्बन्धों को स्थापित करना चाहते हैं। वर्तमान वैचारिकी से उनका कोई सैद्धान्तिक दुश्मन नहीं है, केवल पड़ोसी हैं, नजदीकी पड़ोसी हैं एवं दूर के साझेदार हैं। इसलिए राष्ट्रहित की पूर्ति हेतु एक राष्ट्र दूसरे राष्ट्र पर परस्पर निर्भर से हो गए हैं और यह प्रयत्न कर रहे हैं कि उनके आपसी सहयोगों एवं सम्बन्धों के माध्यम से अधिकाधिक मानवीय हित एवं राष्ट्र–हित की प्राप्ति की जा सके।[3] इस बदले हुए परिवेश में अन्तर्राष्ट्रीय सम्बन्धों के मुख्य कारकों में भी परिवर्तन आया है। अब इसका केन्द्र बिन्दु धीरे–धीरे एक तरफ आर्थिक एवं व्यापारिक मुद्दे तो दूसरी तरफ मानवीय विकास, जैसे कि जनसंख्या विस्फोट, पर्यावरणीय अवनति, धार्मिक उन्माद, आतंकवाद, सतत विकास इत्यादि की ओर होता जा रहा है और ऐसा लगने लगा है कि राजनीतिक मुद्दे

द्वितीयक हो गए हैं, साथ ही अन्तर्राष्ट्रीय सम्बन्धों में आर्थिक मुद्दा सबसे बड़े कारक के रूप में उभर कर सामने आया है।

इस प्रकार इन परिवर्तनों के साथ कदम मिलाकर चलने और 21वीं सदी की चुनौतियों का सामना करने के लिए भारत और स्वीडन ने निकट एवं सुदूर भविष्य को खुले दिमाग से देखना शुरू किया है। दोनों देश अतीत से चले आ रहे अपने सम्बन्धों को हाल के वर्षों में और अधिक मधुर बनाने हेतु प्रतिबद्ध हुए हैं। दोनों ही देश अपने-अपने क्षेत्रों में एक क्षेत्रीय शक्ति के रूप में अवस्थित हैं। यदि भारत दक्षिण एशिया की एक महत्वपूर्ण क्षेत्रीय शक्ति है तो स्वीडन का लगभग वही स्थान स्कैन्डिनेवियाई क्षेत्र में है।

क्षेत्रीय शक्ति की अवधारणा अन्तर्राष्ट्रीय राजनीति में मुख्य रूप से महान् शक्ति एवं छोटी शक्ति के रूप में विभाजित है।[4]

माइकल ब्रेशर[5] एवं कुछ अन्य लेखकों के अनुसार—"किसी राज्य की शक्ति को मापने हेतु मुख्यतः चार आधार होते हैं—आकार, जनसंख्या, सैन्य-शक्ति एवं आर्थिक क्षमता।"

उनका आगे यह भी कहना है कि इसमें सैन्य-शक्ति का महत्व अधिक है,[5] क्योंकि इसी के द्वारा किसी राष्ट्र को सर्वोच्च स्थान प्राप्त होता है एवं वह अन्तर्राष्ट्रीय राजनीति में प्रभावी भूमिका का निर्वहन करता है। मुख्यतः सैन्य-शक्ति का निश्चितरूपेण इस सन्दर्भ में निर्णायक भूमिका रही है। उदाहरण के तौर पर शीतयुद्ध काल में संयुक्त राज्य अमेरिका एवं सोवियत संघ इसलिए अधिक शक्तिशाली रहे तथा अन्तर्राष्ट्रीय राजनीति में अपना वर्चस्व बनाए रखे कि वे सैन्य-शक्ति में प्रबल एवं परमाणु हथियारों से सम्पन्न थे, जबकि जापान एवं जर्मनी बड़ी आर्थिक शक्ति के बावजूद भी विश्व राजनीति में अमेरिका या सोवियत रूस की भाँति अपना स्थान नहीं बना सके।

अन्तर्राष्ट्रीय राजनीति में बड़ी शक्ति एवं छोटी शक्ति के सम्बन्धों पर प्रचुर साहित्य उपलब्ध है, जिनमें मुख्य रूप से मध्य-पूर्व, दक्षिण एशिया, दक्षिण-पश्चिम एशिया, दक्षिण-पूर्व एशिया, पूर्वी यूरोप, पश्चिमी यूरोप तथा उत्तर यूरोपीय एवं समुद्रतटीय राष्ट्रों के बीच सम्बन्धों को दर्शाया गया है एवं इन क्षेत्रों में अवस्थित राष्ट्रों की भूमिका को भी चित्रित करने का प्रयास किया गया

है। 1960 के दशक से क्षेत्रीय राष्ट्रों एवं क्षेत्रीय शक्तियों की भूमिका अन्तर्राष्ट्रीय राजनीति में धीरे-धीरे विचार-विमर्श का विषय बनने लगी, 1970 के दशक में तो क्षेत्रीय शक्ति की अवधारणा ने अन्तर्राष्ट्रीय सम्बन्धों के शब्दकोश में अपना महत्वपूर्ण स्थान भी बना लिया। बांग्लादेश के उद्भव के बाद दक्षिण एशिया में भारत की स्थिति एक क्षेत्रीय शक्ति के रूप में बन गई। इसी प्रकार अन्य क्षेत्रों में कुछ परिवर्तनों के कारण कई देश क्षेत्रीय शक्ति के रूप में विकसित हुए, जैसे—पेट्रोलियम उत्पाद के कारण पश्चिम एशिया में इराक एवं ईरान, अपने समृद्ध आर्थिक विकास के कारण दक्षिण-पूर्व एशिया में इंडोनेशिया, मलेशिया एवं थाइलैण्ड तथा अफ्रीका में अपनी जनसंख्या एवं प्रचुर प्राकृतिक संसाधनों के कारण दक्षिण अफ्रीका, मिस्र एवं नाइजीरिया को महत्वपूर्ण क्षेत्रीय स्थान मिला साथ ही सोवियत संघ के विघटन के बाद स्वतन्त्र राष्ट्रकुल (CIS) के राष्ट्रों में रूस को क्षेत्रीय शक्ति का स्थान मिला।

जहाँ तक स्वीडन का प्रश्न है, वह सन् 1815 ई. में सम्पन्न वियना कांग्रेस से ही स्कैन्डिनेवियन क्षेत्र में अपनी शक्ति के लिए जाना जाता रहा है। नेपोलियन के विरुद्ध ब्रिटेन की मदद करने के कारण नार्वे को स्वीडन के अधिकार क्षेत्र में दे दिया गया, जहाँ उसने उस क्षेत्र की राजनीति में महत्वपूर्ण भूमिका का निर्वाह किया। द्वितीय विश्वयुद्ध के बाद स्वीडन ने अपने औद्योगिक विकास के आधार पर अन्तर्राष्ट्रीय राजनीति में एक महत्वपूर्ण स्थान बना लिया तथा वर्तमान समय में वह अपनी आर्थिक समृद्धि, राजनीतिक स्थिरता एवं विकसित सामाजिक व्यवस्था के कारण यूरोपीय संघ के एक महत्वपूर्ण सदस्य के रूप में अपनी शक्ति एवं स्थिति को परिलक्षित कर रहा है।

सन् 1980 के दशक से क्षेत्रीय शक्तियों की चर्चा मुख्य रूप से अन्तर्राष्ट्रीय राजनीति में होने लगी एवं विभिन्न क्षेत्रों की राजनीति में क्षेत्रीय शक्तियों की भूमिका भी स्पष्ट रूप से देखी जाने लगी। इस सन्दर्भ में क्षेत्रीय शक्तियों के बीच होने वाले सम्बन्धों, उनकी सामरिक, आर्थिक एवं राजनीतिक स्थिति का अध्ययन महत्वपूर्ण विषय बनने लगा। 1990 के दशक में कुछ क्षेत्रीय शक्तियों ने सफलतापूर्वक परमाणु परीक्षण कर परमाणु सम्पन्न समुदाय की अनौपचारिक सदस्यता हासिल कर अपनी तात्कालिक स्थिति में सुदृढ़ता प्राप्त की।

इस प्रकार, वर्तमान अन्तर्राष्ट्रीय राजनीति में क्षेत्रीय शक्तियों की बढ़ती हुई भूमिका के कारण उनके बीच विकसित होने वाले आपसी सम्बन्धों का अध्ययन आवश्यक हो जाता है।

छोटे राष्ट्रों की अवधारणा

डेविड वायटल के अनुसार "छोटे राष्ट्रों की शक्ति सीमित होती है, वे मात्र क्षेत्रीय हितों में ही दिलचस्पी लेते हैं एवं अपने उद्देश्य को एक सीमा में केन्द्रित कर उसे प्राप्त करने का प्रयास करते हैं।"[6] वायटल ने आगे लिखा है कि "एक छोटा राष्ट्र, वह राष्ट्र है जिसकी प्रति व्यक्ति आय 300 अमेरिकी डॉलर या उससे अधिक हो, या जिसकी जनसंख्या 10 से 15 मिलियन हो, या सकल राष्ट्रीय उत्पाद 300 अमेरिकी डॉलर हो, या जनसंख्या 20 से 30 मिलियन से कम हो।[7]

हालांकि वायटल का विचार कुछ अंशों तक उचित प्रतीत होता है परन्तु वर्तमान अन्तर्राष्ट्रीय परिवेश में यह अपूर्ण है क्योंकि आज राष्ट्रों द्वारा किए गए व्यवहार अत्यधिक महत्वपूर्ण हो गए हैं, जो उनकी वास्तविक स्थिति को रेखांकित करते हैं। कुछ विचारकों ने इसको ध्यान में रखते हुए राष्ट्रों के आर्थिक, राजनीतिक स्वाभिमान एवं उनके राष्ट्रीय मर्यादा को महत्व दिया है,[8] परन्तु यह प्रयास भी वर्तमान सन्दर्भ में बहुत उचित नहीं है।

हेडली बुल ने अपने महत्वपूर्ण लेख में, छोटे राष्ट्रों की महत्ता के प्रश्न को दर्शाते हुए लिखा है कि, "अन्तर्राष्ट्रीय राजनीति में छोटे राष्ट्रों की भूमिका महत्वपूर्ण है तथा अब यह अध्ययन का महत्वपूर्ण बिन्दु बन चुका है।"[9]

हेडली के इस विचार को इस बात से और अधिक समर्थन प्राप्त हो जाता है कि, वर्तमान समय में अन्तर्राष्ट्रीय स्तर पर लगभग 200 राष्ट्रों में, 120 ऐसे राष्ट्र हैं जो छोटे राष्ट्रों की श्रेणी में आते हैं, तो क्या इनकी भूमिका की अन्तर्राष्ट्रीय राजनीति में अनदेखी की जा सकती है? इस प्रकार, राष्ट्रों के वर्तमान स्वरूप को देखते हुए अन्तर्राष्ट्रीय समुदाय में छोटे राष्ट्रों की भूमिका महत्वपूर्ण है और उनके व्यवहारों का अलग-अलग अध्ययन भी अन्तर्राष्ट्रीय समुदाय में अतिमहत्वपूर्ण है। इन राष्ट्रों में कुछ यूरोपियन, पश्चिम यूरोपीय, लैटिन अमेरिकी

एवं अफ्रीका के राष्ट्र हैं, जिनकी अन्तर्राष्ट्रीय स्तर पर विभिन्न क्षेत्रों में विभिन्न प्रकार की भूमिका है।

विलियम ई. पैटरसन, वायटल के विचारों से सहमत नहीं हैं, उन्होंने अपने विचार को व्यक्त करते हुए लिखा है कि, "वायटल छोटे राष्ट्रों के वर्गों को निर्धारित करने में असफल रहे हैं क्योंकि वे इन राष्ट्रों के बाहरी सम्बन्धों पर अधिक बल देते हैं, इसलिए उनका विचार कमजोर हो जाता है और डेविड वायटल छोटे राष्ट्रों की वास्तविक स्थिति बताने में भी असफल रहे हैं।"[10]

एक दूसरे विद्वान् "राबर्ट रोथस्टीन" ने उपरोक्त विचारधारा से अलग हटकर अपनी बात कहने का प्रयास किया है। इस क्रम में उन्होंने विस्तृत मनोवैज्ञानिक पक्ष को दर्शाने की कोशिश की है जो, किसी राष्ट्र को दूसरे राष्ट्र से व्यावहारिक स्तर पर अलग करता है। उन्होंने लिखा है कि, "एक छोटा राष्ट्र, वह राष्ट्र है जो सर्वप्रथम यह मानता है कि, वह अपनी सुरक्षा अपने उपलब्ध स्रोतों के आधार पर नहीं कर पाता, वरन् इसके लिए उसे दूसरे राष्ट्रों के सहयोग एवं अन्तर्राष्ट्रीय संगठनों के अनुदान पर निर्भर रहना पड़ता है। छोटे राष्ट्रों के इस अपूर्णता के विश्वास को अन्तर्राष्ट्रीय राजनीति में अधिकांशतः बड़े राष्ट्रों द्वारा माना एवं महसूस किया जाता है।[11]

इस प्रकार यह स्पष्ट होता है कि, रोथस्टोन उन चंद विचारकों में हैं जो छोटी शक्तियों वाले राष्ट्रों की सम्प्रभुता को उनकी भावनाओं के आधार पर प्रस्तुत करते हैं; जिन्हें वास्तव में बड़े राष्ट्रों के राजनीतिक गतिविधियों से भय रहता है एवं वे बड़े राष्ट्रों के हितों के संघर्ष के प्रभाव में रहते हैं और यह महसूस करते हैं कि, उनका हित बड़े राष्ट्रों के टकराव से प्रभावित भी होगा।[12]

इस प्रकार रोथस्टीन की यह धारणा छोटे राष्ट्रों के उस वर्ग तक ही सीमित है जो अपनी सुरक्षा की दृष्टि से सशंकित रहते हैं, जबकि असंलग्न राष्ट्र इसके अपवाद हो जाते हैं तथा कुछ छोटे राष्ट्रों को बाध्य होकर सैनिक संधियों में शामिल होना पड़ता है।[13]

इस प्रकार यह स्पष्ट है कि, रोथस्टीन के विश्लेषण में उन्हीं राष्ट्रों की चर्चा की गई है जो 19वीं सदी से यूरोप के छोटे राष्ट्रों के रूप में मान्य हैं। रोथस्टीन ने अपनी अवधारणा में भी यूरोप के उन्हीं छोटे राष्ट्रों के मित्रता एवं टकराव को रेखांकित किया है। आज का यूरोप 19वीं सदी से बिल्कुल भिन्न

है और अब छोटे यूरोपीय राष्ट्र एक समुदाय की तरह बन गए हैं जो अपनी सहयोगात्मक भावना एवं कार्यों से शांति एवं सुरक्षा बनाए हुए हैं।

रोथस्टीन की भांति ही ऐनटी बेकर फॉक्स ने अपनी पुस्तक "The Power of Small States" में युद्ध के समय की कूटनीति को ध्यान में रखते हुए छोटे राष्ट्रों के व्यवहारों का चित्रण किया है। उनके अनुसार, छोटे राष्ट्र तीन प्रकार की श्रेणी में आते हैं, "प्रथम, वे राष्ट्र, जो बड़े राष्ट्रों के प्रभाव में नहीं रहते क्योंकि अन्तर्राष्ट्रीय राजनीति में वे अलग-थलग रहते हैं। द्वितीय, ऐसे राष्ट्र हैं जो बड़े राष्ट्रों के टकराव से प्रत्यक्ष रूप से प्रभावित होते हैं, एवं तीसरे, ऐसे राष्ट्र हैं जो क्षणिक तौर पर उपरोक्त दोनों श्रेणियों में नहीं आते हैं और अपना अस्तित्व स्वतन्त्र रूप से बनाए रखते हैं।"

इस प्रकार, छोटे राष्ट्रों की स्थिति अधिकांशतः टकराव मुक्त ही होती है लेकिन वे छोटे राष्ट्र जिनमें किसी बड़े राष्ट्र का हित समाहित रहता है, उनकी स्थिति अक्सर दयनीय रहती है। कुछ ऐसे भी राष्ट्र होते हैं जिनमें कई बड़ी शक्तियों का हित निहित होता है, जो देखने में तो अत्यधिक खतरे की स्थिति में रहते हैं, परन्तु यही खतरा उन्हें वास्तविक कूटनीति करने का अवसर प्रदान करता है।[14]

रोथस्टीन एवं फॉक्स के विचारधाराओं में छोटे राष्ट्रों की जो विशेषताएँ दिखाई देती हैं, वह मुख्य रूप से उनकी विदेश नीति एवं सुरक्षा नीति से संबंधित हैं, जो उनकी भौगोलिक स्थिति के कारण उनको अपनाने के लिए बाध्य करती हैं। इस प्रकार यहाँ यह स्पष्ट होता है कि मात्र दो ही प्रकार के छोटे राष्ट्र हैं, पहला वे, जो अलग-थलग हैं, या परिधि में हैं, तथा दूसरे वे राष्ट्र, जो बड़े राष्ट्रों के हितों के केन्द्रबिन्दु हैं।

वैश्विक व्यवस्था एवं आपसी टकराव के अतिरिक्त किसी देश की भू-राजनैतिक स्थिति भी बहुत महत्वपूर्ण होती है। इस मत का समर्थन करते हुए अरलिंग बीजोल लिखते हैं कि, इससे बहुत बड़ा अन्तर हो जाता है कि, कोई राष्ट्र सोवियत संघ का निकट पड़ोसी है, जैसा कि पोलैण्ड तथा हंगरी या उससे बहुत दूरी पर स्थित अल्बानिया"[15], क्योंकि अपने भू-राजनैतिक महत्व के कारण ही पोलैण्ड एवं हंगरी, अल्बानिया की तुलना में सोवियत प्रभाव क्षेत्र में अधिक रहते थे। इस प्रकार भौगोलिक स्थिति के कारण छोटे राष्ट्रों की

राजनीतिक स्थिति में भी परिवर्तन आ जाता है। इस परिवर्तन के कारण ही छोटे राष्ट्र, अन्तर्राष्ट्रीय व्यवस्था में अपनी पहचान बनाते हैं एवं इनकी राजनीतिक स्थिति एक दूसरे से अलग होती है।

इस सन्दर्भ में Gustavo Lagos का मत है कि भू-आकारिकी (Geo-Typology) के आधार पर छोटे राष्ट्रों की राजनीतिक स्थिति को निम्न रूप से देखा जा सकता है :

(क) प्रथम श्रेणी में वे राष्ट्र हैं जो समान क्षमता रखते हुए क्षेत्रीय स्तर की राजनीति एवं शक्ति में भागीदार होते हैं।

(ख) द्वितीय श्रेणी में वे राष्ट्र आते हैं जो विश्व राजनीति को उस वक्त प्रभावित करते हैं, जब उन्हें अन्तर्राष्ट्रीय राजनीति ऐसा करने को बाध्य करती है, तथा

(ग) तृतीय श्रेणी के अन्तर्गत वे राष्ट्र हैं जो स्थानीय स्तर पर अपनी शक्ति बनाए रखते हैं[16] (कोस्टारिका)। अन्तर्राष्ट्रीय राजनीति में जब भी छोटे राष्ट्रों की विदेश नीति का विश्लेषण किया जाता है, तो उन्हें छोटे राष्ट्र बने रहने की दृष्टि से उनकी सामरिक स्थिति महत्वपूर्ण होती है।

बहुध्रुवीयकरण या एकध्रुवीयकरण व्यवस्था में शांति एवं युद्ध के समय में उनकी कूटनीति आंकी जाती है एवं उनकी राजनीति को एक औद्योगिक या अनौद्योगिक राष्ट्र की भांति विश्व राजनीति में उनके भू-राजनीतिक महत्व के आधार पर सहयोग की अपेक्षा की जाती है।

एन्टी बेकर फॉक्स अपने अनुभवात्मक विश्लेषण में यह दर्शाते हैं कि, यूरोपीय राष्ट्रों की युद्ध के समय की राजनीति में छोटे राष्ट्रों का भविष्य बड़े राष्ट्रों की संख्या एवं उनके हितों के ऊपर निर्भर करता है।[17]

महान् शक्तियों एवं बड़ी शक्तियों के बीच तनाव की स्थिति के कारण ही छोटे राष्ट्रों की कूटनीति में विभेद या उतार-चढ़ाव दिखाई देता है। श्रीमती ए. वी. फॉक्स ने लिखा है कि, "बड़े देशों के बीच युद्ध होने से कभी-कभी ऐसी स्थिति उत्पन्न होती है, जिसमें छोटे राष्ट्रों की कूटनीति उनके लिए लाभदायक हो जाती है।"[18]

इसी प्रकार का विचार व्यक्त करते हुए रोथस्टीन लिखते हैं कि, "अतीत में छोटे राष्ट्र उस वक्त प्रभावशाली बन जाते हैं, जब बड़े राष्ट्रों के समूह में टकराव पैदा होता है।[19] इसी विचार का समर्थन करते हुए Arnold Wulfers लिखते हैं कि, "जब कभी भी बड़े राष्ट्र आपस में टकराते हैं, तो वे छोटे राष्ट्रों पर अपना ध्यान कम रखते हैं ऐसी स्थिति में छोटे राष्ट्र अपने हित के लिए स्वयं उठ खड़े होते हैं एवं उन परिस्थितियों का लाभ उठाते हैं जो उन्हें लाभ पहुंचा सकती हैं।[20]

बड़े राष्ट्रों के बीच द्वन्द्व जब अधिक गहरा हो जाता है, तो उन्हें अपनी स्थिति को सुदृढ़ करने के लिए अन्य राष्ट्रों के सहयोग की आवश्यकता होती है; एवं बड़े राष्ट्र, छोटे राष्ट्रों की तरफ संधि के लिए उन्मुख होते हैं और मिलकर एक गठबन्धन तैयार करते हैं। इस गठबन्धन में छोटे राष्ट्र महत्वपूर्ण स्थान रखते हैं, इसलिए उनका महत्व अपने आप बढ़ जाता है।[21]

उपरोक्त व्याख्या से यह स्पष्ट है कि अन्तर्राष्ट्रीय राजनीति में वैश्विक शक्ति की संरचना बड़ी शक्तियों एवं छोटी शक्तियों के समुच्चय में निहित है। यहाँ यह विदित है कि छोटे राष्ट्रों का सम्मान तथा उनकी भूमिका, उनके कार्यों एवं बड़ी शक्तियों के व्यवहारों पर निर्भर करता है। मध्यम प्रकार की शक्ति या क्षेत्रीय शक्तियाँ जो अन्तर्राष्ट्रीय राजनीति में हाल के वर्षों में अध्ययन का विषय बनी हैं, छोटी शक्तियों की भांति ही, उनकी भी समान महत्व एवं भूमिका है, जो उनकी वास्तविक स्थिति तथा प्रचलित व्यवहारों पर निर्भर करती है।

किसी भी देश की क्षेत्रीय स्थिति, उस देश की भू-सामरिक स्थिति, आकार, क्षेत्रफल, जनसंख्या, खनिज संसाधन, आर्थिक एवं सैन्य क्षमता पर निर्भर करती है, जो उस क्षेत्र के अन्य राष्ट्रों की तुलना में उनके पास अधिक होती है। किसी भी राष्ट्र का सामरिक महत्व उस देश की सुरक्षा शक्ति के निर्धारण में महत्वपूर्ण स्थान रखता है जो समय, परिस्थिति तथा अन्तर्राष्ट्रीय व्यवस्था में परिवर्तन के साथ ही परिवर्तित हो जाता है एवं राष्ट्र-हित की रक्षा की मांगों के अनुसार इसमें बढ़ोत्तरी होती रहती है।[22]

भौगोलिक स्थिति, आर्थिक एवं सामरिक शक्ति के अतिरिक्त विदेश नीति के निर्धारण में रणनीति का भी महत्वपूर्ण स्थान है जो राजनीति एवं सैनिक नीतियों का मिश्रण है। रणनीति का विश्लेषण उन कारकों पर आधारित होता है

जो नीति-निर्धारण में निवेश के रूप में उच्चतर स्थान रखते हैं। इसमें कोई सन्देह नहीं है कि, राष्ट्रीय सुरक्षा का विश्लेषण विदेश नीति एवं रणनीति दोनों पर आधारित है। दोनों, एक-दूसरे के अभिन्न अंग हैं। J. Baylis का मत है कि अगर इनमें विभिन्नता है, तो यह विश्लेषण के कारण है, विषयवस्तु के कारण नहीं है।[23]

रणनीति का महत्व तब और बढ़ जाता है, जब इसका उद्देश्य किसी राष्ट्र द्वारा अपने लक्ष्य को अधिकाधिक प्राप्त करना हो जाता है। उस समय यह द्वेषपूर्ण व्यवहार के रूप में दिखने लगता है; जब किसी दूसरे राष्ट्र के हित के लिए खतरा उत्पन्न होने लगता है। इस प्रकार की रणनीति सामरिक महत्व की होती है जो मुख्य रूप से दूसरे राष्ट्र के हितों की बलि देकर, अधिकाधिक रूप से अपने हित को प्राप्त करने के उद्देश्य से अपनाई जाती है।[24]

Raymond Aron के अनुसार, सामरिक महत्व की अवधारणा ऐतिहासिक रूप में उसी प्रकार देखी जानी चाहिए, जिस प्रकार रणनीति; जैसे- सैनिक श्रेष्ठता और किसी देश पर आक्रमण की क्षमता में कोई अन्तर नहीं है।[25] बृहद् रूप से सैनिक क्षमता को निर्धारित करने वाले तीन मुख्य तत्व हैं—

प्रथम—सैनिक क्षमता किसी भी देश की पूर्ण शक्ति से संबंधित होती है। जैसा कि लरसे एवं सैड ने लिखा है कि, "विश्व राजनीति में जब किसी राष्ट्र द्वारा सामरिक भूमिका का निर्वाह किया जाता है, तो इसको उस देश की सैन्य क्षमता के रूप में आँका जाता है।[26]

सामरिक महत्व का दूसरा कारक वैश्विक एवं क्षेत्रीय सन्दर्भ में किसी देश के द्वारा निर्वाह की गई भूमिका है। किसी देश की अन्तर्राष्ट्रीय सामरिक स्थिति एवं शक्ति इस बात पर निर्भर करती है कि, वह विश्व में अपनी क्षमता के बल पर क्या स्थान रखता है।[27]

किसी देश का किसी दूसरे देश के प्रति क्या दृष्टिकोण है, यह भी उस देश की सामरिक स्थिति के आकलन में सहायक होता है। पैडलफोर्ड और लिंकोलन का मत है कि, "किन्हीं दो राष्ट्रों का सम्बन्ध इस बात पर निर्भर करता है कि, उस देश के नागरिक एवं राजनेता विश्व व्यवस्था एवं स्थिति को किस प्रकार देखते हैं तथा दूसरे देश की जनता एवं राजनेता उस व्यवस्था को किस दृष्टि से देखते हैं।"[28]

देखने का यह विभिन्न दृष्टिकोण सामरिक स्थिति को विश्व के विभिन्न भौगोलिक क्षेत्रों में दर्शाता है। इस प्रकार यह प्रतीत होता है, कि शक्ति एवं राजनीति को भौगोलिक रूप में देखा जा सकता है।[29]

सामरिक महत्व के तीसरे बिन्दु के रूप में यह विचारणीय है कि एक राष्ट्र, किसी दूसरे राष्ट्र की सामरिक शक्ति को किस सीमा तक प्रभावित करता है।

यहाँ किसी राष्ट्र की शक्ति, दूसरे राष्ट्र की शक्ति से किस सीमा तक प्रभावित है और कितना प्रभावित कर रही है, इसका तुलनात्मक विश्लेषण करके शक्ति का आकलन किया जाता है। अन्तर्राष्ट्रीय राजनीतिक व्यवस्था में वैश्विक एवं क्षेत्रीय स्तर पर किसी राष्ट्र द्वारा किए गए कार्य जो सामरिक महत्व से संबंधित होते हैं, हर समय उस देश की क्षमता से मेल नहीं खाते हैं। इस प्रकार इन दोनों की शक्ति अन्तर्राष्ट्रीय व्यवस्था में इस बात पर भी निर्भर करती है कि, दूसरे देश उसे किस दृष्टिकोण से देख रहे हैं, जो परस्पर निर्भर राष्ट्रों के बीच प्रतिस्पर्धा का प्रतिफल है।[30]

उपरोक्त विश्लेषण के आधार पर अगर देखा जाए तो भारत एवं स्वीडन अपनी भौगोलिक स्थिति, क्षेत्रफल, आर्थिक एवं सैन्य क्षमता के कारण डेविड वायटल द्वारा दिए गए छोटी शक्तियों के प्रतिमान में नहीं आते हैं; साथ ही साथ, ये दोनों देश उनके द्वारा दिए गए बड़ी शक्तियों के प्रतिमान में भी पूर्ण रूप से समाहित नहीं होते हैं। भारत अगर अपनी भौगोलिक स्थिति, क्षेत्रफल, जनसंख्या, अर्थव्यवस्था का आकार एवं सैन्य क्षमता के आधार पर छोटा राष्ट्र नहीं कहा जा सकता तो वहीं स्वीडन भी अपने क्षेत्रफल, आर्थिक विकास एवं समृद्धि के कारण इस प्रतिमान में नहीं आता है। यद्यपि भारत बहुत कुछ अंशों तक बड़ी शक्ति वाला राष्ट्र है, तथापि आर्थिक विकास एवं प्रति व्यक्ति आय के क्षेत्र में काफी पीछे है, अत: इसे हम संयुक्त राज्य अमेरिका, रूस, जर्मनी, जापान, फ्रांस इत्यादि के समकक्ष रखने में असमर्थ हैं, परन्तु कुछ विद्वान इस मत से सहमत नहीं हैं कि भारत बड़े राष्ट्रों की परिधि में नहीं आता है लेकिन इस विश्लेषण में एक बात स्पष्ट है कि भारत एवं स्वीडन अपने-अपने क्षेत्रों में, क्षेत्रीय शक्ति के रूप में महत्वपूर्ण स्थान रखते हैं। इसलिए दोनों देशों के आपसी सम्बन्धों का विश्लेषण इस अध्ययन का मुख्य केन्द्र बिन्दु बन जाता है।

इस अध्याय के अगले चरण में हम उन मुख्य कारकों पर प्रकाश डालने का प्रयास करेंगे जो दोनों राष्ट्रों को अपने-अपने क्षेत्रों में एक क्षेत्रीय शक्ति के रूप में अभ्युदित होने में महत्वपूर्ण योगदान किए हैं। इस क्रम में उनका इतिहास, उनकी संस्कृति, राजनैतिक स्थिति तथा आर्थिक एवं सामाजिक बनावट का विश्लेषण प्रस्तुत किया गया है।

भारत ऐतिहासिक परिप्रेक्ष्य में

भारत एक है, परन्तु इसके विचार अनेक हैं, इसकी सभ्यता एवं संस्कृति अति प्राचीन है, लेकिन इसकी राजनीतिक बनावट आधुनिक है।[31] भारत मात्र एक देश नहीं; अपितु, एक उपमहाद्वीप है, जिसकी अपनी विशिष्ट सभ्यता है। यह सभ्यता उथल-पुथल के बावजूद गत पांच हजार वर्षों से सतत् जीवित रही है। मानव विकास के प्रारंभिक काल से मुख्यतः एशिया के केन्द्रीय दक्षिण और पूर्वोत्तर भागों से सजातीय समूह गंगा-सिन्धु के उपजाऊ भाग की ओर तथा सुदूर दक्षिण की ओर बस गए। इस क्षेत्र में पहले से ही द्रविड़ जाति के लोग रहते थे, जो यहाँ के मूल निवासी थे।

द्रविड़, आर्यों और मंगोलों के विविध स्वरूपों से भारतीय सभ्यता विभिन्न प्रजातीय-कबीलों, भाषायी-वर्गों तथा आर्थिक समुदायों की विशाल मातृभूमि बन गई। विविध जातियों के परस्पर मिलन, सांस्कृतिक सम्मिश्रण, विविध विश्वासों के सह-अस्तित्व तथा धार्मिक एवं पंथनिरपेक्ष विचारधाराओं के परस्पर विरोधी प्रभावों से समाज का एक आकर्षक समन्वित रूप उभरा। अपने विशाल महाद्वीपीय आकार, सांस्कृतिक विविधता के कारण विरोध और विद्वेष के अनेक बिन्दु उभर कर आए हैं, किन्तु इसका स्वरूप जो हमारे सामने प्रमुख रूप से उभर कर आता है, वह निरन्तरता के साथ-साथ परिवर्तनशीलता, सहयोग, सहिष्णुता और उससे बढ़कर पारस्परिक निर्भरता का है। वास्तव में आत्मसात् करने और समन्वय करने की क्षमता ही भारत की सभ्यता तथा प्रतिभा की विशिष्ट पहचान है।

पुरातन काल से भारतीय विचारधारा वेदान्त, इस्लाम की सभी परम्पराओं तथा भक्ति-आन्दोलन की दार्शनिक प्रवृत्तियों एवं विचारों से प्रभावित होती रही

है। ये सभी विचारधाराएँ; पारस्परिक गुण, सहिष्णुता, एक दूसरे के प्रति सद्भावना रखने तथा इस मान्यता पर बल देती हैं कि सत्य तक पहुँचने के मार्ग अनेक हैं। वेदान्त का एक सुप्रसिद्ध कथन है- "वसुधैव कुटुम्बकम्" अर्थात्, विश्व एक कुटुम्ब है। कुरान में कहा गया है, "कान अन्नास ओ उम्मत-उन वाहिदुन" अर्थात्, वास्तव में मानव जाति एक ही सम्प्रदाय है। मानव और विश्व प्रेम की यही परम्पराएँ, सूफी और भक्ति सम्प्रदाय की शिक्षाओं की आधारशिला बनीं।

ऐसे ही वातावरण में संस्कृति की एक प्रमुख मानवतावादी प्रवृत्ति प्रस्फुटित हुई, जिसे भारत की मिली-जुली संस्कृति कहा जाता है। इसका विकास विरोध की अपेक्षा सहमति से, संघर्ष की अपेक्षा सहयोग से तथा आधिपत्य की भावना की अपेक्षा सह-अस्तित्व से हुआ है। इस प्रकार, एक ऐसी हिन्दुस्तानी संस्कृति का विकास हुआ जिसे 'गंगा-जमुनी' तहजीब भी कहते हैं, जिसका तात्पर्य है, विभिन्न संस्कृतियों व परम्पराओं का संगम।

कई शताब्दियों से भारत का दर्शन और उसकी सभ्यता जिसमें संवेदनशीलता, करुणा, विविधताओं के प्रति सहिष्णुता, अनुकूलन एवं संश्लेषण की मनोवृत्ति और मिश्रित संस्कृति के मूल्य सम्मिलित हैं, जो विभिन्न वर्ग के लोगों, शासकों से लेकर सन्तों, कवियों, शिल्पकारों, दस्तकारों, समाज सुधारकों एवं राजनीतिज्ञों के जीवन और कार्यों में मुखरित हुए हैं।[32]

इतिहास के पृष्ठ-पटल पर भारत सर्वाधिक प्रामाणिक और जटिलता बहुल समाज के रूप में उभर कर आया है। आज भारत में लोग लगभग 60 सामाजिक-सांस्कृतिक क्षेत्र तथा उपक्षेत्र, 22 मुख्य भाषाएँ, 2000 से अधिक बोलियाँ, 8 मुख्य धर्म, प्रत्येक भाषायी क्षेत्र में 200 से 300 तक उप-जातियाँ, जो विभिन्न भाषायी क्षेत्रों 5,80,000 ग्रामों, 35 प्रमुख शहरों एवं 3500 कस्बों तथा 510 प्रशासकीय जिलों में रहते हैं। ये सभी भारत के 28 राज्यों तथा 7 केन्द्रशासित क्षेत्रों के अंग हैं। ऐसी समृद्ध और दुर्लभ पृष्ठभूमि में यह महान् राज-व्यवस्था आधुनिक लोकतांत्रिक संघात्मक प्रणाली के रूप में निर्मित हुई।[33]

इसी अद्भुत विशेषता को इंगित करते हुए प्रो. रजनी कोठारी ने कहा कि, "भारत में लोकतांत्रिक-राजनीतिक व्यवस्था के अन्तर्गत एक प्राचीन और विविधतापूर्ण समाज का आधुनिकीकरण किया जा रहा है।

एक संघीय राष्ट्र के रूप में भारत की नई पहचान राष्ट्रीय मुक्ति आन्दोलन के दौरान संजोए गए मूल्यों और परम्पराओं द्वारा सुनिश्चित हुई। इसका उद्देश्य विदेशी शासन से मुक्त कराने के साथ-साथ देशवासियों को सामन्ती प्रथाओं, शोषणमूलक तथा असमानतापूर्ण व्यवस्था से मुक्त कराना एवं स्वतन्त्र विदेश नीति का संचालन भी था। इन सबके अतिरिक्त इसका सर्वाधिक विशिष्ट और गौरवपूर्ण पक्ष यह था कि इसमें पन्थनिरपेक्षता, लोकतंत्र, अन्तरसम्प्रदाय, सद्‌भाव व मेल-मिलाप, सुदृढ़ मानवतावाद और मिली-जुली संस्कृति पर विशेष बल दिया जाता रहा। इसी विरासत के फलस्वरूप भारत में 'विविधता में एकता' से परिपूर्ण एक समृद्ध, मनोरम तथा बहुरंगी प्रतिमान के चित्रपट का निर्माण हुआ।

भारत एक परिचय

अपनी समृद्ध सांस्कृतिक विरासत तथा विविधताओं के कारण भारत की सभ्यता गौरवपूर्ण एवं अद्‌भुत है। स्वतन्त्रता प्राप्ति के बाद भारत ने 60 वर्षों में बहुआयामी सामाजिक आर्थिक प्रगति की है। भारत इस समय खाद्यान्न उत्पादन के क्षेत्र में आत्मनिर्भर है। विश्व के औद्योगिक क्षेत्र में इसका दसवाँ, तथा क्रय शक्ति क्षमता के अनुसार विश्व की चौथी सबसे बड़ी अर्थव्यवस्था वाला राष्ट्र है। प्रकृति पर विजय पाने हेतु अंतरिक्ष में जाने वाले देशों में भारत का स्थान छठा है। इसका क्षेत्रफल 32,87,263 वर्ग कि.मी. है, जो हिमालय की हिमाच्छादित चोटियों से लेकर दक्षिण के उष्णकटिबंधीय सघन वनों तक फैला हुआ है। विश्व के इस सातवें विशालतम देश को पर्वत तथा समुद्र शेष एशिया से अलग कर भौगोलिक अस्तित्व प्रदान करते हैं। इसके उत्तर में महान् हिमालय पर्वत है, जहाँ से यह दक्षिण में बढ़ता हुआ कर्क रेखा तक जाकर पूर्व में बंगाल की खाड़ी और पश्चिम में अरब सागर के बीच हिन्द महासागर से मिलता है।

यह पूर्णतया उत्तरी गोलार्द्ध में स्थित है। इसकी मुख्य भूमि 8°4′ और 37°6′ उत्तरी अक्षांश और 68°7′ तथा 97°25′ पूर्वी देशान्तर के बीच फैली हुई है तथा इसका विस्तार उत्तर से दक्षिण तक 3214 कि.मी. और पूर्व से पश्चिम तक 2933 कि.मी. है। इसकी भूमि सीमा लगभग 15,200 कि.मी. है। मुख्य भूमि, लक्षद्वीप समूह और अंडमान-निकोबार द्वीप समूह के समुद्र तट की कुल

लंबाई 7516·6 कि.मी. है,[34] जिसमें 12 बड़े एवं लगभग 200 छोटे बन्दरगाह हैं जो राष्ट्रीय हित में बहुमूल्य योगदान कर रहे हैं। सुरक्षा की दृष्टि से भी ये महत्वपूर्ण हैं क्योंकि ये सीधा समुद्र में खुलते हैं।

भारत के सीमावर्ती राष्ट्र, उत्तर-पश्चिम में पाकिस्तान और अफगानिस्तान हैं। उत्तर में चीन, नेपाल और भूटान तथा पूर्व में म्यांमार और बांग्लादेश स्थित हैं। मन्नार की खाड़ी और पाक-जलडमरूमध्य, भारत को श्रीलंका से अलग करते हैं।

जी. ई. परसे के अनुसार भारत विश्व के मैकिन्दर टापू का अभिन्न अंग है, जो यूरोपीय अफ्रीकी एवं एशियाई क्षेत्रों तक फैला हुआ विश्व का बहुत महत्वपूर्ण क्षेत्र है।[35]

यह परम्परागत अवधारणा है कि भारत की अपनी भौगोलिक विशिष्टता उत्तर में हिमालय पर्वत के अवस्थित होने से सुरक्षित है,[36] आज के वैज्ञानिक एवं परमाणु युग में बहुत सही नहीं है; जैसा कि, सन् 1962 ई. के भारत-चीन युद्ध में हमें देखने को मिला। इस युद्ध ने यह साबित कर दिया कि भारत के लिए उत्तर की ओर से भी खतरे की आशंका है।[37]

भू-भागीय स्थिति के साथ-साथ भारत सामुद्रिक रूप से भी अपनी अलग स्थिति रखता है। हिन्द महासागर से घिरे रहने के कारण इसका स्वरूप पेनिन्सुलर की तरह प्रतीत होता है। अतीत में भारत अपने समुद्री तट के कारण ही विश्व के बहुत से देशों से जुड़ा रहा। भारत का व्यापार बाहरी शक्तियों के आगमन के पूर्व दुनिया के बहुत से देशों से हो रहा था, परन्तु साम्राज्यवादी शक्तियों के आने के पश्चात् इसका सम्बन्ध सीमित क्षेत्रों एवं देशों के साथ रह गया और धीरे-धीरे यह परतंत्रता की जंजीर में बंध गया। के.एम. पणिक्कर ने भारत के समुद्री स्थिति को महत्वपूर्ण मानते हुए लिखा है कि "भारत जबतक समुद्र पर अपना आधिपत्य बनाए रखा तब तक स्वतन्त्र रहा..........भारत की सुरक्षा हिन्द महासागर पर निर्भर करती है। इस प्रकार, एक सुदृढ़ एवं प्रभावशाली सामुद्रिक नीति के अभाव में, विश्व में भारत की स्थिति कमजोर रहेगी और वह अपनी स्वतन्त्रता की रक्षा के लिए उन देशों की कृपा पर आश्रित रहेगा, जो हिन्द महासागर पर आधिपत्य या नियंत्रण बनाए रखेंगे।[38]

भारत की सामरिक स्थिति : एक विवेचन

(क) सामान्य आंकड़े

क्षेत्रफल	: 32,87,263 वर्ग कि.मी. (विश्व का) 2.4 प्रतिशत
समुद्र तट की लम्बाई	: 7516.6 कि.मी. (टापुओं को सम्मिलित कर)।
समुद्री सीमा	: 12 समुद्री मील या 20 कि.मी.
महाद्वीपीय सेल्फ	: 220 समुद्री मील
जनसंख्या	: 1,02,70,00,000 (विश्व का 16.7 प्रतिशत)
घनत्व	: 324
जनसंख्या वृद्धि दर (वार्षिक)	: 1.93 प्रतिशत
जनसंख्या वृद्धि दर (दशकीय)	: 21.30 प्रतिशत
साक्षरता	: पुरुष : 65.38 प्रतिशत स्त्री 54.16 प्रतिशत
नगरीकरण	: 27.78
लिंगानुपात—2001	: 933
जनसंख्या	: 72 प्रतिशत आर्यन, 25 प्रतिशत द्रविड़, 3 प्रतिशत मंगोलियन।
मुख्य धर्म	: हिन्दू, मुस्लिम, सिक्ख, ईसाई, बौद्ध, जैन, पारसी।

(ख) सरकार : राजनीतिक संरचना

सरकारी नाम	: भारतीय गणराज्य
सरकार के प्रकार	: संघीय, एवं संसदीय लोकतंत्र।
कानूनी व्यवस्था	: ब्रिटिश, सामान्य विधि पर आधारित एवं सीमित न्यायिक पुनरावलोकन।
सरकार के अंग	: विधायिका (संसद), कार्यपालिका (प्रधानमंत्री सहित मंत्रिपरिषद्), न्यायपालिका (एकीकृत)।

सरकार के स्तर	:	तीन। संघीय स्तर, राज्य स्तर एवं स्थानीय स्तर पर त्रिस्तरीय पंचायती राज व्यवस्था
सदनात्मक व्यवस्था	:	द्विसदनीय
मताधिकार	:	सार्वभौम मताधिकार 18 वर्ष आयु के ऊपर सभी लोगों के लिए
अन्तर्राष्ट्रीय संगठनों में सदस्यता	:	संयुक्त राष्ट्र संघ, अन्तर्राष्ट्रीय मुद्रा कोष, विश्व बैंक, विश्व व्यापार संघटन, राष्ट्रमण्डल, सार्क, गुटनिरपेक्ष आन्दोलन इत्यादि।

(ग) अर्थव्यवस्था

सकल घरेलू उत्पाद 2009–10	:	54,26,277 करोड़ रुपये (चालू कीमतों पर बाजार मूल्य
सकल राष्ट्रीय आय 2009–10	:	2,94,12,971 करोड़ रुपए
सकल घरेलू उत्पाद में वृद्धि 2009–10	:	7.8 प्रतिशत
मुख्य उत्पादन	:	खाद्यान्न 2009–10 : 230.78 मिलियन टन
विदेश व्यापार	:	निर्यात 2008–09 : 1,68,704 मिलियन डॉलर अप्रैल–जून 2009–10 : 35,432 मिलियन डॉलर आयात 2008–09 : 2,87,759 मिलियन डॉलर अप्रैल–जून 2009–10 : 50,936 मिलियन डॉलर डॉलर मूल्य में निर्यात वृद्धि 2008–09 : 28.9% डॉलर मूल्य में आयात वृद्धि 2008–09 : 35.4% विदेशी प्रत्यक्ष निवेश 2008–09 : 23.8 अरब डॉलर।

स्रोत—आर्थिक समीक्षा 2009–10।

स्वीडन एक परिचय

स्वीडन उत्तरी यूरोप में स्कैंडिनेविया प्रायद्वीप के पूर्वी भाग में स्थित है। यह उत्तर-पश्चिम तथा पश्चिम में नार्वे, पूर्व में फिनलैण्ड तथा बोथानिया की

खाड़ी, दक्षिण-पूर्व में बाल्टिक सागर तथा दक्षिण-पश्चिम में कौटगेट जलडमरूमध्य द्वारा घिरा है। स्वीडन 55°20′-69°05′ उत्तरी अक्षांश एवं 11°-20°10′ पूर्वी देशान्तर के मध्य स्थित है। स्वीडन की कुल जनसंख्या 90,00,000 है और संपूर्ण क्षेत्रफल 449.964 वर्ग कि.मी. है।

स्वीडन की राजधानी स्टॉकहोम है जो एक बहुत ही सुन्दर शहर है। इसके पश्चिम में मलेरन झील एवं पूर्व में बाल्टिक सागर है। यह चारों ओर से पानी से घिरा हुआ है और यहाँ प्रतिवर्ष अगस्त महीने में जल उत्सव मनाया जाता है। स्वीडन को मध्यरात्रि का देश तथा "बाइकिंग की नगरी" भी कहा जाता है।[39]

राष्ट्रीय दिवस एवं राष्ट्रीय गान

राष्ट्रीय दिवस 6 जून तथा राष्ट्रगान Du Gamla Du Fria (Thou Ancient, Tho Free) (तुम प्राचीन हो, तुम स्वतन्त्र हो) है।

राष्ट्रध्वज

स्वीडन का ध्वज स्कैन्डिनेविया के क्रास पर आधारित है। इसको सर्वप्रथम डेनमार्क द्वारा 800 वर्ष पहले अपनाया गया था, इसका रंग स्वीडिश सैन्य रंगों से लिया गया था जिसमें नीले पृष्ठभूमि पर तीन स्वर्णमुकुट दर्शाए गए हैं तथा नीली पृष्ठभूमि में पीला क्रास है।

स्वीडिश संसद एवं सरकार

यहाँ की संसद को रिक्सडॉग कहा जाता है, जो स्टॉकहोम में अवस्थित है। संसद भवन को रिक्सडॉग सुसेट कहा जाता है। जिसमें सदस्य संख्या 349 है। रिक्सडॉग का चुनाव नियमित रूप से हर चौथे वर्ष सितम्बर महीने के तीसरे रविवार को होता है। सारे स्वीडिश नागरिक जो स्वीडन में रहते हैं और जो चुनाव के दिन तक 18 वर्ष के हो जाते हैं, रिक्सडॉग के चुनाव में भाग लेते हैं।[40]

राजतंत्र

स्वीडन एक राजतंत्रात्मक देश है जिसके राजा कार्ल गुस्तॉफ हैं, जो सन् 1973 ई. में स्वीडन के 74वें राजा के रूप में सिंहासनारूढ़ हुए, जिनका सम्बन्ध बर्नानोड खानदान से है। इस खानदान ने स्वीडन में सन् 1818 ई. से राज किया है। राजा, राज्य का प्रमुख होता है जिसके कार्य एवं दायित्व सन् 1974 ई. के संविधान में वर्णित हैं।

स्थानीय सरकार

यहाँ त्रिस्तरीय सरकारें हैं, राष्ट्रीय स्तर, काउन्टी स्तर एवं नगर पालिकाएँ।

काउन्टी परिषद्

प्रत्येक काउन्टी (इयान) में एक काउन्टी परिषद् (लैन्टलाइरैल्सै) होती है। काउन्टी के राज्यपाल को लैण्डस्कोडियन कहा जाता है, जो केन्द्रीय सरकार द्वारा नियुक्त होता है। काउन्टी संसद एक लोकतांत्रिक प्रतिष्ठान है, जिसका अर्थ है कि "चुने हुए प्रतिनिधि ही संसद के कार्यप्रणाली के दिशा निर्देश को स्थापित करें और इस बात को भी सुनिश्चित करें कि संसद के कर-स्त्रोतों को देश के विभिन्न भागों में सही प्रकार से वितरण किया जाए।"

काउन्टी परिषद्, काउन्टी संसद की सर्वोच्च निर्णय निर्माण संस्था है। इस संसद के सदस्य जनता के प्रतिनिधि होते हैं। संसद के अन्दर तीन समितियाँ होती हैं, जो परिषद् के कार्य की देख-रेख एवं आलोचना के लिए जिम्मेदार होती हैं एवं संसद तथा काउन्टी के निवासियों के बीच में कड़ी का काम करती हैं। काउन्टी परिषद् की मुख्य जिम्मेदारी स्वास्थ्य, चिकित्सा, देखरेख, शिक्षा एवं संस्कृति है।

नगरपालिकाएँ (The Municipalities)

कुल 284 नगरपालिकाएँ, जो प्रत्येक काउन्टी में बहुतायत में होती हैं (कम्यून) और इसी तरह प्रत्येक काउन्टी में एक नगरपालिका परिषद् (कम्युनफुल

मैगटिके) भी होती है। नगरपालिका परिषद् चुने हुए प्रतिनिधियों की एक लोकतांत्रिक संस्था है। नगरपालिका परिषद् की सर्वोच्च निर्णय निर्माण संस्था को (कम्युन स्टाइनसस) कहा जाता है। यह परिषद् स्थानीय सरकार एवं कर को नियंत्रित करती है। उदाहरण के तौर पर विद्यालय, अग्निसुरक्षा, जल एवं जल निकासी, स्थानीय सड़कें, शक्ति का स्थानीय वितरण इत्यादि।

काउन्टी एवं प्रांत (Counties and Provinces)

स्वीडन अनेक विकसित गांवों (लैन) में बँटा है। काउन्टी का मुख्य उद्देश्य स्थानीय प्रशासन होता है। स्वीडन में अनेक प्रान्त (लैण्डस्केप) हैं। काउन्टी 1634 के संविधान से नियमित है, लेकिन प्रांत बहुत पुराने हैं। ये लगभग एक युग से अस्तित्व में हैं। प्रान्त स्वीडन का ऐतिहासिक विभाजन है एवं इसकी सीमाएं स्थिर हैं, जबकि काउन्टी की सीमाएं एवं उनकी संख्या कई बार बदली है। 1998 में स्वीडन को 21 काउन्टी में बांटा गया, जो विस्तृत भू-भौगोलिक भाग को घेरती है। लोगों के दिल में प्रान्त है। अगर आप किसी स्वीडिश से उसके रहने की जगह पूछें तो वो अपने प्रान्त का नाम कहना ज्यादा पसंद करेगा गांव की अपेक्षा।

धर्म एवं चर्च-राज्य सम्बन्ध (Religion and the Church-State Relation)

स्वीडन की आबादी का 88 प्रतिशत स्वीडिश चर्च से सम्बन्ध रखता है। जिसको (Lutherian Church) लुथेरियन चर्च या स्वीडन का राष्ट्रीय चर्च भी कहा जाता है—क्योंकि इसका स्वीडन के राष्ट्रीय जीवन में बहुत महत्वपूर्ण भूमिका है। 1520 के पहले स्वीडन एक रोमन कैथोलिक अनुयायी था लेकिन 1520 के बाद मार्टिन लूथर के धर्म सुधार आन्दोलन से स्वीडन के राजा गुस्तॉफ ने स्वीडन को एक प्रोटेस्टेंट राष्ट्र (Protestant Nation) में बदल कर लुथेरियन चर्च की स्थापना की एवं स्वयं वे चर्च के प्रधान बने। हालांकि स्वीडन के सुधारक बहुत जागरूक थे तथा वे परम्परागत व्यवस्था को तब तक बनाए रखना चाहते थे जब तक कि झूठे विश्वास एवं अंधविश्वासों को पूरी

तरह समाप्त नहीं किया जा सके। सन् 1544 ई. के वासतेरा के संसद ने स्वीडन को धार्मिक साम्राज्य घोषित किया और स्वयं राजा चर्च का सबसे प्रमुख सदस्य बन गया। स्वीडन एक मनोलेथिक धार्मिक राज्य था, जिसमें धार्मिक विश्वासों के प्रवेश की आज्ञा दी गई एवं स्वीडन वासियों के धार्मिक विश्वास की आवश्यकता को स्वीकार करने पर बल दिया गया। सन् 1800 ई. में स्वीडन में धर्म की वृहत्तर आजादी की आज्ञा दी गई, लेकिन सन् 1951 ई. मे कानून द्वारा धार्मिक स्वतन्त्रता को प्रत्याभूत किया गया। स्वीडन के हर बच्चे को स्वाभाविक रूप से जन्मजात स्वीडन के चर्च का सदस्य माना गया, बशर्ते, माँ बाप में से कोई यहाँ का सदस्य हो। इसाई धर्मावलम्बन आवश्यक नहीं था यद्यपि, 90 प्रतिशत बच्चों को इसाई धर्मावलम्बी बनाया गया।[41]

सन् 1995 ई. के बाद स्वीडन के चर्च का सदस्य बनने के लिए इसाई धर्मावलम्बन एक प्राथमिक आवश्यकता बन गई। स्वीडन 13 लुथेरियन डायोसस में विभाजित है। स्वीडन का चर्च अभी भी राष्ट्र से जुड़ा है लेकिन सन् 1998 ई. में एक नए चर्च अध्यादेश को स्वीकार किया गया। इस नये चर्च अध्यादेश ने पुराने चर्च संहिता का स्थान लिया। नया अध्यादेश एक जनवरी सन् 2000 ई. से लागू हुआ तथा राज्य के संबधों को फिर से परिवर्तित किया गया। इस परिवर्तन का अर्थ यह हुआ कि, अब स्वीडन का चर्च, उनके संगठन एवं राज्य के विधायिका के नियंत्रण से स्वतन्त्र निर्णय ले सकता है। चर्च-राज्य के संबधों में सुधार स्वीडन के चर्च अधिनियम का एक संवैधानिक हल है।[42]

स्वीडन ऐतिहासिक सन्दर्भ में

बहुत से बाहरी लोगों एवं पर्यवेक्षकों के लिए स्वीडन रहस्य का प्रतिनिधित्व करता है। ऐसा संभवत: देश की राजनीतिक छवि एवं भौगोलिक आकार के कारण है। एक समालोचक ने एक बार कहा था कि "स्वीडन स्वयं विश्व के लिए सोचता है पर विश्व स्वीडन के लिए बहुत कम सोचता है।"[43]

ऐसा प्रतीत होता है कि स्वीडन के पास दोहरी प्रसिद्धि है। एक तरफ देखने पर स्वीडन यूरोप के उत्तरी किनारे पर एक छोटा ठंडा देश है तो दूसरी तरफ यह स्कैन्डिनेविया का केन्द्र बिन्दु है क्योंकि स्वीडन नार्डिक देशों में

सर्वोच्च स्थान रखता है। भौगोलिक रूप से स्वीडन, यूरोप का पाँचवाँ सबसे बड़ा देश है। उत्तर से दक्षिण तक 977 मील की दूरी उत्तर-पश्चिम में नार्वे की सीमा के साथ तथा पूर्व में फिनलैण्ड के साथ 2000 मील लम्बी समुद्री किनारा जो दक्षिण-पश्चिम में उत्तरी सागर से लेकर पूर्व में बाल्टिक सागर तक फैला है।

स्वीडन प्राकृतिक सम्पदा का धनी है जिसका लगभग आधा भाग जंगल से ढका है। स्वीडन के पास लौह अयस्क, जंगल की लकड़ियों, कागज, लुग्दी एवं जल स्रोतों की प्रचुरता है। ये गुण आंशिक रूप से देश की सम्पदा को सुरक्षित रखते हैं तथा बाह्य पर्यवेक्षकों के लिए यह बहुत बड़ी चारित्रिक विशेषता है कि, स्वीडन पर्यावरणीय चेतना में समृद्ध है।[44]

विस्तृत भौगोलिक विस्तार के बावजूद स्वीडन को छोटा देश माना जाता है क्योंकि इसकी जनसंख्या का आकार छोटा है, जो लगभग 90,00,000 है और जनसंख्या घनत्व केवल 16 है, जो बहुत ही कम है।

पिछले 20 वर्षों में जनसंख्या में कमी आई है, परिणामस्वरूप जन्म और मृत्यु की दर में भी कमी आई है। सन् 1994 ई. में 16 लाख लोग 15 वर्ष के थे और सम्भवत: 65 वर्ष के ऊपर पेन्शन पाने वालों की संख्या भी उतनी ही थी। इसके औद्योगिक स्तर को देखा जाए तो स्टॉकहोम, मालमो, और गेटेबर्ग ये तीन बड़े शहर जनसंख्या की दृष्टि से सबसे बड़े हैं। उदाहरण के तौर पर 17 लाख स्वीडिश नागरिक स्टॉकहोम में रहते हैं, मालमों में 8 लाख तथा गेटेबर्ग में भी 8 लाख लोग रहते हैं। इसके विपरीत नॉरलैण्ड जो स्वीडन के कुल क्षेत्रफल के आधे भाग में विस्तृत है, यहाँ की कुल जनसंख्या 12 लाख है।

स्वीडन का पड़ोसी एवं यूरोपीय राष्ट्रों के साथ सम्बन्ध

स्वीडन की राजनीतिक स्थिरता एवं आर्थिक समृद्धि प्रत्यक्ष रूप से दुनिया के साथ व्यापारिक अवसरों से संबंधित रही है। इतिहास के प्रारंभिक दिनों में भी स्वीडन, नॉर्डिक और यूरोपीय प्रभावों के कारण विदेशी व्यापार के साथ स्वत: जुड़ा रहा। स्टॉकहोम जिसकी स्थापना सन् 1250 ई. में हुई थी, जल्दी ही विकसित होकर लौह अयस्क, ताँबा, मक्खन, फर एवं जानवर की चमड़ी का आयात यूरोप विशेषकर जर्मनी को करने लगा।

स्वीडन की आर्थिक स्थिति नार्डिक एवं यूरोपीय पड़ोसी राष्ट्रों पर आधारित रही है और इसकी सीमाएँ समय-समय पर यूरोप पर अपने प्रभाव के लिए बदलती रही है। उदाहरण के तौर पर चौदहवीं सदी में स्वीडन की शक्ति फिनलैण्ड तक विस्तृत थी। नॉवेगेरेड प्रांत के लगातार युद्ध में लिप्त होने की वजह से डेनिस रानी मरगिरीटा ने सन् 1223 ई. की नॉवेगेरेड सीमा समझौते के बाद स्वीडन, डेनमार्क एवं नार्वे को एक साथ मिलाकर 'कालामार संघ' का निर्माण किया। स्वीडन विस्तृत कालामार संघ से तबतक जुड़ा रहा जबतक कि गुस्तॉव वसा एवं वसा राजतंत्र (सन् 1523 ई.-सन् 1611 ई.) का पुनर्आगमन नहीं हो जाता है। स्वीडन की समृद्धि और यूरोप के साथ उसके व्यापार के नैसर्गिक सम्बन्ध इस तथ्य से स्पष्ट हो जाते हैं कि, गुस्तॉफ II सडोल्फ (सन् 1611 ई.-1632ई.) के राज्य में स्वीडन लघु शक्ति से उठकर बहुत ही अल्प समय में एक यूरोपीय महाशक्ति के रूप में उभरकर सामने आया। इस तीव्र प्रगति के लिए मुख्यत: राजा का राजनीतिक नेतृत्व, प्रशासनिक-क्षमता तथा चांसलर एक्सल ऑक्सटीयरना उत्तरदायी थे।[45]

सन् 1560 ई.-1660 ई. के दौरान स्वीडन प्रारंभिक तौर पर अधिक पूंजी की तरफ अग्रसर था। उस समय उसकी जनसंख्या केवल 15 लाख थी, जिसमें 3 लाख नागरिक फिनलैण्ड के स्वीडिश नियंत्रित सीमाओं में रहते थे। इन वर्षों के दौरान स्वीडिश राज्य का विस्तार डेनमार्क, रूस और पोलैण्ड की सीमाओं तक था। स्टोनिया, जिसको सन् 1561 ई. में रूस से लिया गया था, उसका भी कुछ भाग मिला लिया गया। ऐल्वसवर्ग के प्रांतों को सन् 1613 ई. में गॉटलैण्ड, स्कैन, हौलैण्ड एवं वकिन्ज को डेनमार्क से लेने के बाद सन् 1645 ई. में नार्वे से जम्तलैण्ड, हरिजडैले वोहस्लॉन तथा गिवोनी (पोलैण्ड) पर भी अधिकार जमा कर मिला लिया गया।

सन् 1648 ई. की वेस्टफेलिया की संधि के बाद आज के जर्मनी में स्वीडन को न केवल पाँव रखने की जगह मिली बल्कि पोमेरिनिया, विसमार शहर, वरमन एवं वाल्डेन तक उसका विस्तार भी हुआ।

स्वीडन के छोटे आकार एवं कमजोर आर्थिक स्थिति का ध्यान रखते हुए सन् 1660 ई. में जो इसकी सीमा विस्तारित थी, वह साँस रोकने वाली थी लेकिन फिर भी इसके भाग्य में इसको छोटा ही समझा जाना था। स्वीडन का

वर्चस्व 30 वर्षीय युद्ध से आँका गया। सैन्य-शक्ति की अद्‌भुत क्षमता तथा इसके शासकों की राजनीतिक नेतृत्व प्रणाली दोनों ही विध्वंसात्मक मिश्रण थी इसलिए 1660 ई. के बाद स्वीडन न केवल संतृप्त शक्ति था बल्कि एक अति महत्वपूर्ण शक्ति भी था।[46]

रूस के साथ महान् उत्तरी युद्ध (सन् 1700-21 ई.) तक, इस देश पर बाहरी दबाव अधिक था। यह भी अनुभव किया गया कि देश की, समृद्धि तभी बरकरार रखी जा सकती है जब यूरोप के साथ स्थायी राजनीतिक और आर्थिक बन्धन को सुरक्षित रखा जाए।

संविधान निर्माण योजना की ऐतिहासिक पृष्ठभूमि

स्वीडन हमेशा से यूरोप की संवैधानिक निर्माण योजना में लगातार आगे रहा है। स्वीडन की राजनीतिक व्यवस्था में जो भी मुख्य विशेषताएँ हैं वे सारे यूरोप में पाई जा सकती है। यद्यपि स्वीडिश संसद रिक्सडॉग के जन्म के बारे में विरोधाभास, क्योंकि उस समय राज्य कमजोर स्थिति में था[48] जिसका यूरोपीय इतिहास में कोई स्थायी चिह्न नहीं बन सका तथापि स्वीडन ने कई बार उच्च कोटि के राजनीतिक गुणों का समावेश किया। सन् 1634 ई. में सरकार की संरचना जिसमें केन्द्रीय सरकार को आधुनिकतम नमूने के हैसियत से पुनर्व्यवस्थित किया गया, और एक नौकरशाही मूलक व्यवस्था का निर्माण किया गया जो बिखरते हुए साम्राज्य के प्रशासन में बहुत प्रभावी था।

सन् 1719-22 ई. जो "स्वीडन के स्वतन्त्रता के युग" के नाम से जाना जाता है। इस समय यूरोप संवैधानिक संरचना के शिखर पर था। इस युग में संवैधानिक सरकार की विविधता, एक दलीय प्रथा, और अभिव्यक्ति की स्वतन्त्रता का प्रयोग किया गया। सन् 1719 ई. में सरकार की संरचना में शाही शक्ति को कमजोर किया गया जबकि रिक्सडोग की शक्ति में वृद्धि की गई। नतीजा यह हुआ कि संवैधानिक विकास चार स्तम्भों पर टिक गया—शाहीवर्ग, पादरी वर्ग, शहर के नागरिक एवं किसान। धीरे-धीरे ये सभी वर्ग शक्तिशाली होते गए और आधारभूत रूप से स्वीडन पर शासन करने लगे। यद्यपि वे कभी-कभी लोकतांत्रिक मूल्यों से कोसों दूर हो जाते थे, फिर भी अधिक समय

तक स्थायी रहने वाला मूल्य स्वाधीनता के युग में ही आया। उदाहरण के तौर पर, स्वीडन ने विश्व में सर्वप्रथम सन् 1761 ई. में सूचना का अधिकार अधिनियम पारित किया था। इसी प्रकार प्रेस की स्वतन्त्रता सन् 1776 ई. में पारित किया, जिसमें प्रचार एवं प्रसार के सिद्धान्तों को मान्यता दी गई तथा देश के नौकरशाही नियंत्रण को सुधारा गया। दुर्भाग्यवश स्वतन्त्रता का युग जल्दी ही समाप्त हो गया, जिसके पश्चात् गुस्तॉफ तानाशाही के रूप में (1772 ई.-1809 ई.) स्थापित हो गया। फिर भी स्वीडन राजनीतिक परम्पराओं की शक्ति एवं स्थायी मूल्य संस्कृति का रूप धारण करने लगा। साथ ही स्वीडन ने अपनी जनता को इन घटकों को अपना लेने की इजाजत दी, जो शायद दूसरे राष्ट्रों में ऐसा करने में नागरिक आन्दोलन या यहाँ तक कि युद्ध भी संभव था। फिर भी नीति-निर्माताओं ने एक नया संविधान बनाने के लिए राजनीतिक समझौता किया जो बाद में लगभग असफल हो गया।

सन् 1809 ई. की सरकार की संरचना को सन् 1975 ई. तक अनेक सुधारों के साथ बनाए रखा गया। क्रियात्मक रूप से संविधान बनाने वालों ने "स्वतन्त्रता युग" के चार स्तम्भों की निरंकुश शक्ति एवं सम्राट के प्रशासन के बीच में एक अद्भुत सन्तुलन बनाया, इसीलिए सन् 1809 ई. के इस संरचना को स्वीडिश इतिहास में "कानूनी गद्यांश" के नाम से जाना जाता है।[49]

इस संरचना में विशेष रूप से संवैधानिक तत्त्व जुड़े थे जिसमें शक्ति के पृथक्करण को भी समाहित कर लिया गया जो सचमुच में एक बहुत ही सावधानीपूर्वक किया गया आधुनिक दृष्टांतों का मेल था। विधिक शक्ति को राजा और रिक्सडॉग के बीच विभाजित कर दिया गया और दोनों को निषेधाधिकारी शक्ति लगाने का अधिकार दिया गया। देश के अनुदारवादी मापदण्डों जिसमें प्राक् औद्योगिक समाज की सामाजिक और आर्थिक संरचना परिलक्षित होती थी, चार स्तम्भों के रिक्सडॉग के साथ स्वीडन के राजनीतिक व्यवस्था को एक और संवैधानिक सुधार से आधुनिक बनाया गया। सन् 1866 ई. के रिक्सडॉग कानूनी सुधार के तहत संसद के चारों स्तम्भों को एक द्विस्तरीय रिक्सडॉग में बदल दिया गया। संवैधानिक आधुनिकीकरण में सबसे आगे रहते हुए भी राजनीतिक व्यवस्था के लोकतांत्रिकरण में इसकी गति बहुत धीमी रही। यहाँ तक कि सन् 1866 ई. के रिक्सडॉग नियम के तहत स्थापित नया उच्च सदन

बहुत अल्पसंख्यक था, जो स्वीडन के उच्च वर्गों द्वारा अप्रत्यक्ष रूप से किया जाता था। इसके सदस्यों की नियुक्ति नगर और काउन्टी परिषद् द्वारा की जाती थी। कम्पनियाँ एवं व्यापारिक संगठन भी इसके सहयोगी अंग के रूप में माने जाते थे हालाँकि नया निम्न सदन प्रत्यक्ष रूप से निर्वाचित होता था, लेकिन सन् 1921 ई. के बाद से ही यह "सार्वभौम समान मताधिकार" के द्वारा चुना जाने लगा। यह भाग्य का परिहास ही है कि, स्वीडन में संवैधानिक प्रगति "सरकार जनता का जनता के द्वारा और जनता के लिए" बहुत देर से आयी यहाँ तक कि इसके नार्डिक पड़ोसी से भी देर में।[50]

स्वीडन में सन् 1905-20 ई. के वर्षों में सबसे अधिक राजनीतिक स्थिरता देखने को मिली। एक ऐसे समय में जब यूरोप के बाकी देश लगातार राजनीतिक अस्थिरता की मार झेल रहे थे। स्वीडन के नीति निर्धारकों ने तुलनात्मक रूप से बिना गृहयुद्ध के या बिना राजनीतिक व्यवस्था को नीचा दिखाए बहुत बड़े-बड़े राजनीतिक परिवर्तन किए। सन् 1905 ई. में अनुदारवादी प्रधानमंत्री ऑरविड लिण्डमैन ने स्वीडन का नार्वे के साथ एक शांतिपूर्ण विलय करवाया एवं सार्वभौम पुरुष मताधिकार लागू करके एक नया सुधार किया, जिसमें उनको अपनी पार्टी का विस्तृत समर्थन मिला। सन् 1920 ई. में स्वीडन में विश्व की सर्वप्रथम शांतिपूर्ण ढंग से चयनित समाजवादी सरकार अस्तित्व में आई जिससे देश की प्रगति और संसदीय लोकतंत्र समृद्ध हुआ।[51]

एक औद्योगिक राष्ट्र राज्य के रूप में उदय

लगभग 100 वर्षों के अन्दर ही स्वीडन को यूरोप में एक बहुत स्थिर औद्योगिक एवं समृद्धशाली देश के रूप में गिना जाने लगा। यद्यपि अग्रणी औद्योगिक लोकतंत्र के हैसियत से देश की स्थिति तुलनात्मक रूप से नवीन थी। 19वीं सदी के मध्य में स्वीडन की अर्थव्यवस्था अभी भी कृषि प्रधान एवं पड़ोसी देशों से संबंधित थी और सन् 1850 ई. में जनसंख्या का केवल 10 प्रतिशत ही नगरों में रहती थी लेकिन सन् 1850 ई. के बाद औद्योगीकरण की प्रक्रिया तीव्र हुई, जबकि उद्योग में लगी हुई जनशक्ति सन् 1850 ई. में 10 प्रतिशत से बढ़कर 30 प्रतिशत तक हो गयी। यूरोपीय सहयोगों के माध्यम से जब नई तकनीकी

का परिचय हुआ जैसे कि वाष्प चालित आरा मशीन। इसके प्रयोग से स्वीडन में कागज एवं लुग्दी व्यवसाय के उत्पादन में काफी सहायता प्राप्त हुई, एवं ग्रेट ब्रिटेन में बढ़ती हुई माँग से इसके निर्यात व्यापार में काफी मात्रा में वृद्धि हुई। उन्नीसवीं एवं बीसवीं सदी के अन्त तक स्वीडन प्रारंभिक कृषि प्रधान देश से परिवर्तित होकर "आधुनिक औद्योगिक राष्ट्र राज्य" के रूप में बदल चुका था। इसके विशाल एवं विपुल प्राकृतिक संपदा खासकर लौह अयस्क एवं वन संपदा, विशेष रूप से इस वृद्धि में सहायक रहे, क्योंकि नए तकनीकों में इनका प्रयोग विशेष दक्षता से किया जाने लगा। हैडिनियस के अनुसार स्वीडन के इस नाटकीय परिवर्तन के लिए मुख्य रूप से तीन कारक उत्तरदायी हैं[52]—

(क) स्वीडन के औद्योगीकरण के साथ लगातार इसके व्यापार का भी अन्तर्राष्ट्रीयकरण हुआ, सच्चाई यह है कि बीसवीं सदी तक स्वीडन राजतंत्र के दिनों में भी एक छोटा एवं सामान्य राष्ट्र था, जो अपनी समृद्धि के लिए व्यापार खासकर विदेशी व्यापार एवं राजस्व पर आश्रित था तथा स्वीडिश सामानों के माँग में वृद्धि निर्यात के ऊपर निर्भर रहती थी।

(ख) रेल-परिवहन व्यवस्था का विस्तार हुआ (सन् 1864 ई. में गेटेवर्ग-स्टॉकहोम रेल पथ का निर्माण हुआ) इस विस्तार ने स्वीडन में कम लागत पर परिवहन व्यवस्था का विकास किया, जो बाद में क्षेत्रीय विकास नीति का अभिन्न अंग बना तथा इससे वे लोग भी जुड़ गए जिन पर पहले या तो ध्यान नहीं दिया गया था, या जो मुख्य धारा से अलग थे।

(ग) औद्योगिकी को जनसंख्या वृद्धि से भी मदद मिली। सन् 1850 ई. में जहाँ 3 लाख जनसंख्या थी, वहीं सन् 1920 ई. में बढ़कर 59 लाख हो गई। जिससे कल-कारखानों में श्रम मुहैया कराने में आसानी हो गई लेकिन भाग्य का परिहास यह था कि, जनसंख्या की यह वृद्धि मुख्य रूप से स्वीडन के पश्चिमी और दक्षिणी भागों में ही हुई।

इस प्रकार 19वीं सदी के अन्त तक स्वीडन का औद्योगिक आधार कच्चा माल तथा घरेलू एवं विदेशी बाजार पर आधारित था। सन् 1890 ई. तक

स्वीडन के निर्यात का मुख्य आधार, कपड़ा, कागज, लुग्दी, तकनीकी उत्पाद इत्यादि हुआ, जो स्वीडन के कुल निर्यात का आधा भाग था। बाकी बचे निर्यात में कच्चा माल था जिसमें लौह अयस्क, अनाज, धातु के अयस्क एवं इमारती लकड़ियाँ शामिल थीं।[53]

सचमुच इन मुख्य उत्पादों एवं प्रमुख विदेशी बाजारों की वजह से ही प्रमुख स्वीडिश फर्मों की स्थापना हुई जो आज घरेलू नाम माने जाते हैं, जैसे Ericsson-Volvo तथा स्वीडन का सबसे बड़ा उद्योगपति Alfred Nobel (सन् 1836-96 ई.) आदि।

देश का औद्योगीकरण और नगरीकरण अन्तरयुद्ध के दौरान भी जारी रहा। सन् 1920 ई. में कृषि एवं वन में कार्यरत स्वीडिश कार्य बल 43.5 प्रतिशत के आसपास रहा तथापि वितरण एवं दूरसंचार के क्षेत्र में वृद्धि अच्छी रही। सन् 1925-29 ई. की तुलना में स्वीडन का औद्योगिक उत्पादन लगभग 35 प्रतिशत तक बढ़ गया था। अर्थव्यवस्था का यह विस्तार विशेष रूप से सन् 1913-45 ई. तक के समय के लिए आकर्षक बन गया क्योंकि इसकी वृद्धि प्रतिवर्ष 25 प्रतिशत होने लगी, जो कि किसी भी दूसरे देश के लिए असामान्य बात थी। प्रथम विश्व युद्ध के बाद निर्माण का कार्य सन् 1974 ई. तक चलता रहा तथा सकल राष्ट्रीय उत्पाद में कृषि की भागीदारी सन् 1945 ई. में 15 प्रतिशत तथा सन् 1970 ई. में 6 प्रतिशत गिरावट के साथ दर्ज की गई जबकि औद्योगिक उत्पाद में वृद्धि हुई और सन् 1960 ई. के दशक में इसमें औसतन प्रतिवर्ष 6 प्रतिशत वृद्धि होने लगी।[54] जैसा कि सैमुअलसन लिखते हैं कि "सन् 1960 ई. के दौरान स्वीडन औद्योगिक समाज के रूप में पूर्णतः परिपक्व हो चुका था, एवं कुछ लोग इसे जादुई गुण वाला देश मानने लगे थे, क्योंकि यहाँ का जीवन स्तर बहुत ऊँचा था। इस देश में लोककल्याणकारी योजनाएँ अग्रणी तथा श्रम बाजार समरसतापूर्ण थी।"[55]

निश्चित ही इस समृद्धि एवं अग्रणी स्थिति ने स्वीडन को बहुत प्रभावित किया, और उन देशों को भी प्रभावित किया जो अकेले की भावना और आत्मसंतुष्टि की भावना पैदा कर रहे थे, जिससे देश की तटस्थ नीति का परिचय मिलता है। इस प्रकार समृद्ध औद्योगिक आधार ने स्वीडन की अर्थव्यवस्था की वृद्धि में मजबूत नींव का काम किया एवं 20वीं सदी के बाद के काल में स्वीडन ने यूरोप के धनाढ्य देशों में ख्याति प्राप्त कर लिया था।[56]

हालाँकि सन् 1990 ई. के दशक के अंतिम चरण में स्वीडन को बहुत मंदी एवं आर्थिक तंगी का सामना करना पड़ा। आर्थिक सहयोग विकास संगठन (UCED) के आकलन के अनुसार स्वीडन 19वें स्थान पर रहा तथा सकल घरेलू उत्पाद सबसे निचले स्थान पर पहुँच गया था। लेकिन सोशल डेमोक्रेटिक पार्टी के सत्ता में आते ही स्वीडन आर्थिक तंगी से मुक्त हो गया। स्वीडन को यूरोप का सबसे फलता-फूलता एवं समृद्ध देश माना जाता है।

सामाजिक लोकतंत्र एवं व्यापारिक नीति

यूरोप में स्वीडन की महत्वपूर्ण स्थिति का एक प्रमुख कारण अग्रणी सामाजिक लोकतंत्र तथा सफल व्यापार नीति का होना है। बहुत से राजनैतिक वैज्ञानिकों ने यह बहस की कि, सामाजिक लोकतंत्र, व्यापार एवं जनसंख्या नीति निर्माण में स्वीडन अद्भुत नमूना प्रस्तुत करता है जो पूंजीवाद एवं साम्यवाद के मध्य-पथ को दर्शाता है।[57]

इस तथ्य को असाधारण औद्योगिक सम्बन्धों के विकास के सन्दर्भ में देखा जा सकता है। सन् 1898 ई. में स्वीडिश समुदाय के व्यापारिक संघ की स्थापना हुई एवं सदस्यों ने अपने पारिश्रमिक वृद्धि हेतु स्वीडिश कर्मचारियों के एक संघ की स्थापना की जो एक तरह से औद्योगिक समूहों के प्रतिनिधित्व की पहली शुरुआत थी।

सन् 1930 ई. के दशक में स्वीडन का प्रमुख लक्ष्य जनसंख्या सम्बन्धी नीति, व्यापार एवं निर्णय करने की शक्ति से स्पष्ट होता है। 1920-33 ई. तक नौ अलग-अलग मंत्रिमण्डल बने जिससे एक स्थिर आर्थिक नीति लागू करना लगभग असंभव हो गया। 1930 ई. के दशक में बेरोजगारी रिकार्ड उच्च स्तर तक पहुँच गई। उदाहरणस्वरूप 1930 ई. तक देश के व्यापार संघ के लगभग 26 प्रतिशत लोग बेरोजगार हो गए थे, और इसी कारण 1920 ई. के दशक की औद्योगिक अशांति आई। स्वीडन ने आर्थिक संकट की एक लम्बी शृंखला झेली। जिसमें 1931-32 ई. की महान मंदी एवं 1931 ई. में एडल का साम्प्रदायिक दंगा प्रमुख है, इस घटना से यह संकेत मिलने लगा कि, कार्य क्षेत्र में कर्मचारी एवं स्वीडिश व्यापारी आपस में संघर्ष की स्थिति में आ गए हैं

लेकिन दूसरे यूरोपीय देशों ने इसी तरह की आर्थिक एवं राजनीतिक समस्याओं से त्रस्त होकर या तो अप्रभावी मिली-जुली सरकार बना ली, जैसे फ्रांस में तीसरे गणराज्य की स्थापना या फिर चरम राजनीतिक सिद्धान्तों को अपना लिया (जिसमें इटली, स्पेन का फासीवाद एवं जर्मनी का नाजीवाद प्रमुख है) जबकि स्वीडन ने ऐसा नहीं किया।

जो सबसे महत्वपूर्ण बात स्वीडन की थी वह सरकार के द्वारा एक मध्य लेकिन सफल राजनीतिक हल का उदय होना था जिससे स्वीडन 1930 ई. के दशक में आर्थिक मंदी से मुक्त हो सका हालाँकि यह कहना उचित होगा कि स्वीडन की मंदी जर्मनी के मंदी के समान तीव्र नहीं थी। इसलिए एक अच्छा रास्ता निकाल पाना संभव था क्योंकि यहाँ का सामाजिक लोकतंत्र, यहाँ की राजनीतिक प्रथा, दलीय स्थिति एवं व्यापार संघों ने आन्दोलनों के साथ जुड़कर आर्थिक संकट का सामना किया। 1930 ई. के प्रारम्भ में सोशल डेमोक्रेटिक पार्टी ने रिक्सडॉग को यह सुझाव भेजा कि, यदि संपूर्ण रोजगार एवं कम खर्चीले आर्थिक नियमों का लक्ष्य रखा जाए तो स्वीडन आर्थिक मंदी से निजात पा सकता है।

सन् 1932 ई. में एक नई सामाजिक लोकतांत्रिक सरकार Per Albin Hansson के नेतृत्व में अस्तित्व में आई, जिसको संसद का पूर्ण समर्थन प्राप्त था। सन् 1933 ई. में एक एगेरियन जिन्हें बाद में सेन्टर पार्टी के नाम से जाना गया, ने एक विस्तृत समझौता किया।[58]

सन् 1930 ई. के दशक के दौरान "Red-Green" गठबन्धन और अधिक प्रभावी रूप से सामने आया और हेन्सन की सरकार ने अगले पचास वर्षों के लिए स्वीडन की राजनीति को नया मोड़ देने के उद्देश्य से एक योजना बनाई। बाद में हेन्सन को 'People's Home' (जनता का घर) के निर्माणकारी के नाम से जाना जाने लगा। उन्होंने बेरोजगारी को सुलझाने के लिए कैंसियन तरीकों को अपनाया और एक खर्चीली लोककल्याणकारी राज्य की नींव डाली। उदाहरणस्वरूप, 1954 ई. में एक विशेष बेरोजगार बीमा योजना लागू की गई तथा सेवानिवृत्त लोगों के पेन्शन दरों में वृद्धि की गई। सरकार ने भी स्वीडिश औद्योगिक सम्बन्धों के प्रमुख धाराओं के बीच एक प्रमुख समझौता किया। असली आत्मा (Saltsobadon) का उदय 1938 ई. के प्रारंभिक समझौते से

हुई जिसे Saltsobadon समझौते के नाम से भी जाना जाता है। ये समझौता श्रम-बाजार के दो प्रमुख संघों L.O. (Lands Organisation) एवं SAF (Svenska Arbetsgivare Foreningen) के बीच में हुआ, इस समझौते से न केवल औद्योगिक शांति सुरक्षित हुई वरन् इससे स्वीडिश आदर्श परम्परा के विकास की एक मजबूत नींव भी पड़ी। यह ऐतिहासिक समझौता, सामूहिक सौदे, व्यापार, एवं श्रम के आधार के रूप में सामने आया, हालांकि इस समझौते को कई बार दोहराया गया फिर भी समझौते की मूल आत्मा को बरकरार रखा गया एवं श्रमिक आन्दोलनों एवं निजी उद्योगों के मालिकों को भी यह संकेत दिया गया कि, वे विस्तृत पैमाने पर राष्ट्रीयकरण की धमकी से न डरें। साथ ही जन आन्दोलनकर्ताओं ने भी यह स्वीकार किया कि व्यापार और उद्योग निजी हाथों में ही रहना चाहिए। ये वादे तबतक माने जाएँगे जबतक नियोजक ये निश्चित करें कि, उद्योग श्रमिक क्षमता से चलेंगे तथा उद्योग इस तथ्य को स्वीकार करेंगे कि, श्रमिक आन्दोलनकर्ता अपना प्रभाव रिस्कडॉक में जन कल्याणकारी नीतियों के लिए करेंगे।

इस प्रारम्भिक समझौते ने दो प्रमुख विचार दिये—पहला सामूहिक समझौता केन्द्रीभूत होगा, तथा दूसरा, भविष्य में सरकारी हस्तक्षेप नहीं होगा और उनके सारे अधिकारी इन दो संगठनों के उच्च वर्गों के द्वारा लिए गए निर्णयों का सम्मान करेंगे। ये समझौता अगले पचास वर्षों तक स्वीडन के औद्योगिक सम्बन्धों को शासित करता रहा, जिससे स्वीडन में एक अप्रत्याशित श्रम शांति का युग आया।[59] जैसा कि सन् 1930 ई. के दशक में सोसल डेमोक्रेटिक पार्टी के अध्यक्ष 'गुस्ताफ कैण्ड सुन्दरलुण्ड' ने एक बार कहा कि, "यह निश्चित रूप से आवश्यक था कि एक ऐसा वातावरण बनाया जाए जो तार्किक एवं प्रादेशिक हलों की ओर केन्द्रित हो..........हम लोग एक साथ बढ़कर आए हैं।[60] कुल मिलाकर ये समझौता व्यापार की वृद्धि एवं जनसंख्या के निर्णय निर्माण के रास्तों में एक मोड़ लाया तथा लोककल्याणकारी राज्य के विस्तार में मदद किया जो संभवतः युद्धोपरान्त स्वीडन के प्रमुख चारित्रिक गुणों में था।

इस नए औद्योगिक सम्बन्धों ने शांतिपूर्ण युग में देश को एकता के सूत्र में बांधा एवं द्वितीय विश्व युद्ध में शामिल होने की संभावना को टाल दिया। किसी भी कीमत पर स्वीडन ने 1940 के दशक से 1970 के दशक के प्रारम्भ तक

लगातार आर्थिक वृद्धि कर अद्भुत आनन्द लिया। इसने राजनीति वैज्ञानिकों के इस दावे को बढ़ावा दिया कि स्वीडन ने सामाजिक लोकतंत्र की संभावना का एक क्रियात्मक उदाहरण प्रस्तुत कर उदार लोककल्याणकारी नीतियों का प्रतिनिधित्व किया। हालाँकि वास्तविकता यह भी है कि, स्वीडन की समृद्धि हमेशा निर्यात बाजार पर निर्भर थी तथा सारे निर्यात सम्बन्धी उद्योग बहुत सफल थे। इस वृद्धि के उच्च दर ने औद्योगिक आधुनिकीकरण के नींव को मजबूत कर निर्माण क्षेत्र, नियोजन एवं लोक सेवा को बढ़ावा दिया तथा पूँजी एवं श्रम के बीच सामूहिक समझौते को केन्द्रीभूत किया। फार्लस्टन एवं नोबेल्स के अनुसार नियोजकों की सम्मिलित शक्ति तथा व्यापार संघों ने एक-दूसरे को शक्तिशाली बनाया। नियोजक एवं व्यापार संघ दोनों ही उच्च उत्पाद चाहते थे तथा उच्च पारिश्रमिक के लिए भी तैयार थे, ताकि विदेशी बाजार में उनके उत्पाद प्रभावित न हों।[61] इस प्रकार विदेशी बाजार में स्वीडन का विश्वास एक बाहरी दबाव की तरह कार्य करने लगा एवं स्वीडन को इस बात की निश्चितता दिलायी की वो प्रतिस्पर्धात्मक एवं समृद्धशाली बना रहे तथा लोककल्याणकारी राज्य के विस्तार का संवर्द्धन करता रहे।

स्वीडन के बारे में महत्वपूर्ण तथ्य

क्षेत्रफल	:	49,964 वर्ग किमी (यूरोप का पाँचवाँ बड़ा क्षेत्रफल)
जनसंख्या	:	90,00,000
जनसंख्या घनत्व	:	16 वर्ग किमी
राजधानी	:	स्टॉकहोम
सर्वोच्च पर्वत शिखर	:	केबीनेकेस (Kebnckais) 1 मीटर (9626 फीट)
सबसे लम्बी नदी	:	कलारावेन—गोटाएल्व 720 किमी
सबसे बड़ी झील:	:	वनेरन 5585 वर्ग किमी
धर्म	:	स्वीडन का चर्च लुथेरियन (88%)
निर्यातक वस्तुएँ	:	वुड पेपर, पेपर बोर्ड, काऊ, ट्रक, एयरक्राफ्ट मशीनरी, इलेक्ट्रॉनिक्स, संचार केमिकल प्रोडक्ट्स, आयरन एण्ड स्टील।

आयातक वस्तुएँ	:	ऑयल, कार, एण्ड क्लोथ
साक्षरता	:	99 प्रतिशत तथा 18 वर्ष की आयु 93 प्रतिशत
जीवन प्रत्याशा	:	80.2 वर्ष
नगरीय जनसंख्या	:	83.3 प्रतिशत
बेरोजगारी	:	3.9 प्रतिशत
कृषि योग्य भूमि	:	7 प्रतिशत
प्रति व्यक्ति G.D.P.	:	3367 डॉलर

स्रोत—स्वीडिश इंस्टीट्यूट ऑफ स्टॉकहोम, 2009।

उपरोक्त विश्लेषण से यह स्पष्ट होता है कि, भारत एवं स्वीडन दोनों का क्रमशः एशिया एवं नार्डिक क्षेत्र में महत्वपूर्ण स्थान है। अपनी सामरिक स्थिति के कारण इन क्षेत्रों में उनका हित निहित है। दोनों देशों की अपनी-अपनी भौगोलिक स्थिति उन्हें उन क्षेत्रों में महत्वपूर्ण बना देती है। इन दोनों देशों में लगभग 13,000, किमी दूरी होने के कारण अतीत में इनमें कोई महत्वपूर्ण ऐतिहासिक एवं सांस्कृतिक सम्बन्ध स्थापित नहीं हो सका है। परन्तु 19वीं सदी के प्रारम्भ से ही यातायात एवं संचार माध्यमों मे विकास के कारण धीरे धीरे दोनों देश एक दूसरे के समीप आने लगे हैं।

वर्तमान समय में राजनीतिक, आर्थिक, सामाजिक, सांस्कृतिक एवं कई अन्तर्राष्ट्रीय बिन्दुओं पर भारत एवं स्वीडन निकट आ चुके हैं। व्यापार के क्षेत्र में भारत से स्वीडन में आयात की जाने वाली प्रमुख वस्तुओं में टेक्सटाइल, चमड़ा, चाय, एवं मशाले प्रमुख हैं। स्वीडन से भारत में आयात की जाने वाली प्रमुख वस्तुओं में मशीनरी, लौह इस्पात में काम आने वाली सामग्री, दवा के क्षेत्र में उपयोग किए जाने वाले रसायनिक पदार्थ मुख्य हैं। भारत के साथ कुल व्यापार करने वाले राष्ट्रों में स्वीडन का स्थान 20वाँ है, जबकि भारत में प्रत्यक्ष विदेशी निवेश करने वाले राष्ट्रों की सूची में स्वीडन का 11वाँ स्थान है।

सांस्कृतिक क्षेत्र में भी भारत एवं स्वीडन के बीच 18वीं सदी से ही आदान-प्रदान एवं सहयोग होते रहे हैं। सन् 1909 ई. में स्टॉकहोम में संस्कृत के अध्ययन के लिए एक संस्कृत विद्यापीठ की स्थापना हुई। 1913 ई. में जब

रवीन्द्रनाथ टैगोर को साहित्य के नोबेल पुरस्कार से सम्मानित किया गया उस समय स्वीडन भारत में गहन चर्चा का विषय बना। वर्तमान में दोनों देशो के बीच शिक्षा, कला, संगीत, भाषा, फिल्म जैसे महत्वपूर्ण क्षेत्रों में आदान-प्रदान हो रहे हैं।

राजनीतिक क्षेत्र में दोनों देशों के बीच सर्वप्रथम 1948 में राजनयिक सम्बन्ध स्थापित हुए जो विकासशील देशों से स्वीडन का सम्बन्ध स्थापित होने का पहला अवसर था। दोनों देशों का राजनीतिक क्षेत्र में समान दृष्टि के कारण आपसी सम्बन्ध निरन्तर प्रगाढ़ हो रहा है जिसमें, लोकतंत्र, सतत् विकास, लोककल्याणकारी राज्य का विस्तार, संयुक्त राष्ट्र को समर्थन, एवं पूर्ण निरस्त्रीकरण (1986 ई. में नई दिल्ली में सम्पन्न 6 देशों के सम्मेलन में स्वीडन एक मुख्य देश था।) आदि प्रमुख विषय हैं।

सामाजिक क्षेत्रों में दोनों देशों के बीच महत्वपूर्ण सम्बन्ध स्थापित हुए हैं। स्वीडन भारत को प्रबन्धन, पंचायती राज संस्थाओं को सशक्त बनाने, सामाजिक वानिकी, ग्रामीण विकास, स्थानीय स्तर पर शिक्षा का विकास, पर्यावरण, सफाई, प्राकृतिक संसाधनों का प्रबंधन एवं नागरिक समाज के उन्नयन में महत्वपूर्ण योगदान दे रहा है जिससे दोनों देशों के बीच सम्बन्धों में एक नया आयाम परिलक्षित हो रहा है।

इस प्रकार ऐसा प्रतीत हो रहा है कि भारत एवं स्वीडन कई महत्वपूर्ण क्षेत्रों में आपसी सहयोग कर रहे हैं, यद्यपि उनके बीच का सम्बन्ध बहुत प्राचीन नहीं है, फिर भी आज जिस क्षेत्र में दोनों देशों के बीच सहयोग एवं समान वैश्विक दृष्टकोण परिलक्षित हो रहा है, वह इनके सम्बन्धों को प्रगाढ़ बनाने में सहायक रहा है। दोनों देशों के बीच सम्बन्धों का एक महत्वपूर्ण आयाम यह भी है कि यूरोपीय संघ भारत का सबसे बड़ा व्यापारिक भागीदार है इसलिए यह भारत के लिए अति आवश्यक है कि, वह स्वीडन जैसे राष्ट्र जो यूरोपीय संघ का महत्वपूर्ण सदस्य है, के साथ आपसी सम्बन्धों को और मजबूत करे एवं उन मुद्दों की ओर ध्यान दे जिससे यूरोपीय संघ का सदस्य न होते हुए भी भारत, स्वीडन के सहयोग से यूरोपीय संघ से अधिक लाभ प्राप्त कर सके।

NOTES

1. Rajni Kothari, 'Globalisation: A World Adrift', *Alternatives*, Vol. 22, No.2, 1997, p. 227.
2. Nancy Jetley (ed.), *India's Foreign Policy: Challenges and Prospects*, New Delhi, Vikas Publishing House, 1999, p. 11.
3. Zhang Yunling, 'Nobody Treats India an Enemy'. *Frontline*, 25 September 1998, p. 20.
4. For Details see, R.L. Rothstein. *Alliance and Small Powers*, New York, Columbia University Press, 1968.
5. Michael Bracher *et al.* 'A Framework for Research on Foreign Policy Behaviour', *Journal of Conflict Resolution*. California, Vol. 13, 1969, p. 90.
6. David Vital. *The Inequality of States*. Oxford: Clarendon Press, 1967, p. 55.
7. *Ibid*. pp. 8 and 53.
8. For Details See. Raimai Vayrynen, 'On The Definition and Measurement of Small Power States', *Cooperation and Conflict*, Vol. VI. No. 2, 1971. pp. 91-102. Also see Jean Vellut, 'Smaller States and the Problem of War and Peace'. 'Some Consequences of the Emergence of Smaller States in Africa'. *Journal of Peace Research*, UNESCO, Paris, No. 3, 1967, pp. 252-264.
9. Hedley Bull, 'Force in Contemporary International Relations'. *Survival*, London, Vol. X, September 1968, pp. 300-302.
10. William E. Patersson, 'Small States in International Politics'. Cooperation and Conflict, *OSLO Norway*, Vol. IV, No. 02, 1969, p. 123.
11. *Op. cit*, Rothstein, pp. 27-29.
12. *Ibid*.
13. *Ibid*., pp. 4 and 34.
14. Annette Bakar Fox, 'Small States in The International System 1919-1969', *International Journal*, Toronto, Vol. XXIV, No. 04, Autumm 1969, pp. 751-752.
15. Erling Bjol, 'The Power of The Weak', *Cooperation and Conflict*. Vol. III No. 3, 1968, p. 158, Also see Erling Bjol, 'The Small State in International Politics', in August Shou and A.O. Brundtaland (eds.) *Small States in Interantional Relations*, New York : Wiely 1971, pp. 30-37.
16. Gustavo Lagos, *International Stratification and Underdeveloped Countries*, Chapel Hill; University of North Carolina Press, 1969, pp. 97-110.
17. Annette Baker Fox, 'Small States Diplomacy' in Stephen D. Keretsz and M.A. Fitzsimmons (ed.) *Dipomacy in A Changing World*. Notredame, University of Notre Dame Press, 1959, p. 349.

18. *Ibid*, p. 8.
19. *Op. cit.* Rothestein, p. 249.
20. Arnold Wolfers, *Discord and Collaboratiion*, Baltimore, 1962, p. 111-112.
21. Hans Barnner cited in U. Lindell and Stefan Perssons, 'The Paradox of Weak State Power : A Research And Literature Overview' *Cooperation and Conflict*, Vol. 21, No. 1, 1986, p. 82.
22. For details see, Michael Banks, 'The Evolution of International Relations Theory' in Michael Banks (ed.), *Conflict in World Society*, Sussex: 1984, pp. 3-21.
23. J. Baylis, *et al., Contemporary Strategy: Theories and Practices*, Reprint, London, 1976, p. 4.
24. N.J. Pandelford and G.A. Lincolon, *The Dynamics of International Politics*, Second ed. New York: 1967, p. 52
25. Raymond Aron, *Peace and War*, London 1966, p. 52.
26. G.O. Lerche and A.A. Said, *Concepts of International Politics*, Englewood, J. Cliffs: 1967, p. 67.
27. *Ibid.*
28. *Op. cit.* Pandleford and Lincolon, p. 52.
29. R.S. Cline, *World Power Assessment: A Calculus of Strategic Drift*, Washingtion D.C. 1975, p. 8.
30. V.Von *Dyke, Interantional Politics*. Second ed., New York, Meredith Publishing Company, 1966, p. 210.
31. सुनील खिलनानी, *भारतनामा*, राजकमल प्रकाशन नई दिल्ली 2001, पृ. 11-12.
32. डॉ. रशीद्उद्दीन खाँ, "*भारत में लोकतंत्र*" राष्ट्रीय शैक्षिक अनुसंधान और प्रशिक्षण परिषद्, नई दिल्ली, चौथा पुनर्मुद्रण-2002, पृ. 2-7.
33. डॉ. रशीद्उद्दीन खाँ, *संघीय भारत परिवर्तन की एक रूपरेखा*, नई दिल्ली, हर आनन्द पब्लिकेशन्स, 1995, पृ. 21-23.
34. *भारत 2005*, प्रकाशन विभाग, नई दिल्ली, सूचना एवं प्रसारण मंत्रालय, पृ. 1-4.
35. G.E. Pearcy, *World Pplitical Geography*, New York, Y. Growell Company, 1957, pp. 517-518.
36. B.L. Sukhwal, *India: A Political Geography*, Bombay, Allied Publishers, 1971, p. 13.
37. K.M. Pannikkar, *Geographical Factors in Indian History*. Bombay, Bharatiya Vidya Bhawan, 1955, p. 51.
38. K.M. Pannikkar, *Indian and The Indian Ocean*, London, 1945, p. 92.
39. About Sweden, Government Office of Sweden, www.sweden.se.p.1.
40. *Regional Survey of the World: Western Europe-2005*, London 2005, Europa Publication, 7th edition. pp. 648-49.
41. About Sweden, 'The Church-State Relation', Government Office of India. http//www.sweden.sepp.3-4.

42. *Ibid.*
43. C. Mosey, *Cruel Awakening: Sweden and The Killing of Olof Palme,* London, Hurst & Co., 1991, p.1.
44. Forestry products still acount for 17 per cent of the country's total export value for a detailed assessment of export patterns—see Ministry of Foreign Affairs, Annual Report, Sweden, 1995, Stockholm, Ministry of Foreign Affairs, 1996, p.9.
45. For a comprehensive appraisal of Gustav II Adolf, See, M. Roberts, *Gustavus Adolphus,* London, Longman, 1992.
46. G. Rystad, The Estates of the Realm, The Monarchyand Empire, 1611-1718 in M. Metcalf. *The Riksdag: A History of The Swedish Parliament,* New York, St. Martins Press, 1987, p. 64.
47. *Op. cit,* M. Metccalf. pp. 5-58.
48. M. Roberts, *Sweden's Imperial Experience 1560-1718,* Cambridge, Cambridge University Press. 1979, p. 1.
49. P. Fahlbeck, *Regeringsforment Historisk Belysning,* Stockholm, 1910, p. 29.
50. F. Fleischer, *The New Sweden: The Challenge of a Disciplined Democracy,* New York, Mckay, 1967, p. 145.
51. F.D. Scott, Sweden—*The Nation's History. Minneapolis,* University of Minnesota Press, 1977, pp. 484-5.
52. S. Hadenius, *Swedish Politics During The 20th Century.* Stockholm, Swedish Institute, 1990, p. 8.
53. *Op. cit.,* Hadenius, 1990, p. 9.
54. The 1920s, the decade when Swedish Industry made its most notable breakthroughs, has rightly been called 'Sweden's Second Great Age'—see Weibull, J., *Swedish, History in Outline,* Stockholm, Swedish Institute, 1993, pp. 117-8.
55. M. Hallvarson, *Swedish Industry in the 1980,* Stockholm, Swedish Institute, 1981, p. 22.
56. K. Samuelson, *From Great Power to Welfare State.* London, Alien & Unwin. 1968, pp. 223-4.
57. This version of Swedish success has been challenged by others. Most notably, Roland Huntford argued that Sweden's comprehensive social welfare provision, neutrality and corporate efficiency are 'products not of enlightenment but of a profound insecurity and uniformity in the Swedish character'. Huntford suggested that Sweden was the nearest practical example of Aldous Huxley's Brave New World—Huntford, R. *The New Totalitarians,* London, Allien Lane, 1971, pp. 7-13.
58. See Childs, M.W. *The Middle way on Trial,* New Haven, Yale University Press, 1980.
59. A useful summary of this critical period is provided in Soderpalm, S.A. The Crisis Agreement and the Social Democratic Road to

Power in Koblik, S., *Sweden's Development from Poverty to Affluence 1750-1970*, Minneapolis, University of Minnesota Press, 1975, pp. 258-78.

60. C. Campbell, H. Feigenbaum, R. Linden & H. Norpoth, *Politics and Government In Europe Today*, Boston, Houghton, 1995, p. 588.
61. B. Follerton, R., *Knowtes.* Scandinavia, Landon, Paul Chapman, 1991. p. 22.

2

भारत–स्वीडन की विदेश नीति के उद्देश्यों एवं सिद्धान्तों का तुलनात्मक अध्ययन

प्रस्तुत अध्याय में यह देखने का प्रयास किया जाएगा कि भारत एवं स्वीडन की विदेश नीति के क्या सिद्धान्त एवं उद्देश्य हैं? वे कौन से ऐसे बिन्दु हैं, जिन पर दोनों देशों का दृष्टिकोण समान है और वे कौन से मुख्य मुद्दे हैं, जिन पर दोनों देशों के विचारों में असमानता है। किसी भी देश की विदेश नीति मूलत: तात्कालिक एवं दीर्घकालीन उद्देश्यों पर आधारित होती है। कभी-कभी दीर्घकालीन उद्देश्यों पर समानता के कारण दो देशों के बीच आपसी सम्बन्ध बेहतर होते हैं, यद्यपि ये देश तात्कालिक मुद्दों पर समान दृष्टिकोण नहीं रखते। इसके विपरीत दीर्घकालीन मुद्दों पर असमान एवं तत्कालीन मुद्दों पर समान दृष्टिकोण के बावजूद भी संघर्ष की स्थिति बनी रहती है। इसी विचार को ध्यान में रखते हुए यहाँ भारत एवं स्वीडन की विदेश नीति के उद्देश्यों का विश्लेषण किया जाएगा।

यहाँ यह उचित प्रतीत होता है कि दोनों देशों की विदेश नीति के उद्देश्यों पर चर्चा करने से पहले विदेश नीति के सैद्धान्तिक पक्षों एवं उसके विभिन्न आयामों पर चर्चा की जाए।

विदेश नीति, दो शब्द 'विदेश' एवं 'नीति' का संगम है। यहाँ विदेश से यह तात्पर्य नहीं है कि किसी देश की विदेश नीति उस देश के लोगों के लिए बाहरी है या घरेलू। नीति का तात्पर्य यहाँ उस कार्य से है, जो एक निश्चित लक्ष्य एवं उद्देश्य को प्राप्त करने के लिए किया जाता है। जैसा कि नारमन पैडलफोर्ड एवं कुछ अन्य विद्वानों का मत है–"नीति किसी राष्ट्र के द्वारा अपने लक्ष्यों को

प्राप्त करने एवं हितों की रक्षा के लिए बनायी जाती है।[1] किसी देश की समस्त नीति को दो भागों में दर्शाया जाता है, जिन्हें घरेलू नीति एवं बाहरी नीति कहते हैं, लेकिन इन दोनों के बीच एक सूक्ष्म रेखा खींचना कठिन है क्योंकि ये दोनों एक-दूसरे देश से संबंधित ही नहीं वरन् एक-दूसरे के अभिन्न अंग भी हैं। सामान्यतया, इनको देखने के आयाम भी समान होते हैं, जो मूलतः राष्ट्रीय हित पर आधारित होते हैं। इसीलिए एक समय में ब्रिटिश प्रधानमंत्री ग्लेडस्टोन ने कहा था "The first condition of a good foreign policy is a good domestic policy."

अनेक विद्वानों का मत है कि विदेश नीति घरेलू नीति का एक बृहद् स्वरूप है, इसलिए इन दोनों को अलग करके नहीं देखा जा सकता; परन्तु, यहाँ विषय पर चर्चा की दृष्टि से विदेश नीति का विश्लेषण अनिवार्य हो जाता है।

विदेश नीति एक जटिल एवं बहुआयामी प्रक्रिया है, जिससे अपने हित की प्राप्ति एवं रक्षा हेतु दूसरे देशों के साथ परस्पर सम्बन्ध स्थापित किया जाता है। यह एक लगातार चलने वाली अन्तःक्रिया है, जो राष्ट्रीय सीमाओं से प्रारम्भ होती है[2] एवं राष्ट्रों के हित को एक पद सोपानीय क्रम में बढ़ाने या सुरक्षित करने के लिए चलती रहती है।[3]

Dorothi Pickles (डोर्थी पिकल्स) का मत है कि विदेश नीति को व्यापक दृष्टिकोण से देखना चाहिए, जिसमें यह देखने का प्रयास हो कि, किसी देश का विश्व में या अपने समीप के राष्ट्रों में क्या स्थान है, एवं कौन से सिद्धान्त हैं, जो नीति-निर्धारण के विभिन्न पहलुओं एवं मुख्य मुद्दों को प्रभावित कर रहे हैं।[4] यहाँ हमारा उद्देश्य विदेश नीति की अवधारणा पर बहस करना नहीं है, इसलिए इस बिन्दु को Padleford, Lincoln and Olvey (पेडलफोर्ड, लिंकन, ओल्वे) आदि के विचारों तक सीमित करते हुए आगे बढ़ने का प्रयास किया जा रहा है। इनके मतों में विदेश नीति एक ऐसी प्रक्रिया है, जिसके द्वारा कोई भी देश अपने निश्चित लक्ष्य एवं हित को ध्यान में रखकर, दूसरे देशों के साथ सम्बन्ध स्थापित करता है।[5] दूसरे शब्दों में, उद्देश्यों की प्राप्ति एवं राष्ट्रीय हितों की सुरक्षा ही किसी देश की विदेश नीति का सार होता है।

विदेश नीति मुख्य रूप से तात्कालिक एवं दीर्घकालीन हितों से प्रभावित होती है एवं इन हितों की रक्षा एवं बढ़ोत्तरी के लिए प्रत्येक राष्ट्र के द्वारा निरन्तर

प्रयास किया जाता है। दीर्घकालीन हित प्रायः स्थायी प्रवृत्ति के होते हैं इसलिए यह क्षेत्रीय या वैश्विक स्तर पर होने वाले परिवर्तनों या संघर्षों से बदलते नहीं हैं। इसके विपरीत, तत्कालीन हितों का सम्बन्ध किसी तात्कालिक मुद्दे या घटनाओं से होता है इसलिए ये प्रायः बदलते रहते हैं।

दीर्घकालीन उद्देश्यों को विद्वानों द्वारा राष्ट्रीय हित की भांति परिभाषित किया गया है, जैसा कि Lord Palmerston (लार्ड पार्मस्ट्रन) ने एक बार कहा था कि, हमारा न कोई स्थायी मित्र है न कोई स्थायी शत्रु वरन् हमारा राष्ट्रीय हित ही शाश्वत् है, इसलिए हमारा कर्त्तव्य है कि हम इन हितों की रक्षा करें।[6] Hans J. Margenthau (हंस जे. मारगेन्थाऊ) के अनुसार, किसी देश की विदेश नीति के निर्माण का सार उस देश का राष्ट्रीय हित होता है। राष्ट्रीय हित ही नीति निर्धारण के लिए चमकते हुए सितारों की तरह मार्ग प्रशस्त करता है, विचार देता है एवं नीति-निर्धारण को मूर्त्त रूप देता है।[7] यहाँ राष्ट्र-हित का तात्पर्य है कि किसी राष्ट्र के लिए क्या अच्छा है या किसी राष्ट्र के लिए अन्तर्राष्ट्रीय सम्बन्धों में क्या उचित है।[8] राष्ट्रीय हित जिन उद्देश्यों को परिलक्षित करता है, इनमें निम्न बातें मुख्य रूप से आती हैं—किसी देश की समग्र-सुरक्षा, भू-भागीय रक्षा, आर्थिक विकास[9] एवं समृद्धि, शक्ति, विचारों का विकास या ऐसी कोई बात, जो नीति निर्धारकों द्वारा देश के हित के लिए उचित बतायी गई हो, जिसे सभी राष्ट्रों की सरकारें प्रायः पूरा करने का प्रयास करती हैं।[10]

यथार्थवादी विचारकों में मार्गेन्थाऊ एक ऐसे विचारक हैं जिन्होंने राष्ट्रीय हित को शक्ति के सन्दर्भ में परिभाषित किया है, उन्होंने राष्ट्र-हित को विदेश नीति का सार बताते हुए यह लिखा है कि, "जहाँ राष्ट्रीय हितों में समानता, राष्ट्रों के बीच सहयोग की भावना को बढ़ावा देती है, वहीं इनके बीच असमानता, संघर्ष का कारण बनती है।"[11] यथार्थवादी विचारक, शक्ति एवं राष्ट्रहित को ही घरेलू एवं विदेश नीति के निर्धारण का मुख्य कारक मानते हैं। विश्व में संघर्ष मनुष्य की प्रकृति में निहित स्वार्थपरता एवं प्रभुत्व की लालसा के कारण है एवं अन्तर्राष्ट्रीय राजनीति का नैतिक मापदण्ड शक्ति एवं राष्ट्रीय हित की प्राप्ति में निहित है। राष्ट्रों के बीच निरन्तर सम्बन्ध उनके बीच होने वाले सहयोग एवं संघर्ष से स्थापित होता है, जो राष्ट्रीय हित के अनुसार नियमित होता रहता है। प्रत्येक राष्ट्र अपने राष्ट्रीय हित के लिए स्वयं जिम्मेदार है, अतः वह स्वयं

उसका वास्तविक रक्षक एवं निर्देशक है। उसे इसकी सुरक्षा के लिए सदैव तत्पर रहना चाहिए एवं इस उद्देश्य की प्राप्ति के लिए उसे शक्ति की आवश्यकता होती है।[12] यहाँ यह बात भी उल्लेखनीय है कि यथार्थवादी विचारकों द्वारा प्रतिपादित शक्ति एवं हित का सिद्धान्त सम्पूर्ण रूप से उचित नहीं है। सबसे बड़ी बहस यहाँ शक्ति की परिभाषा को लेकर है क्योंकि विभिन्न विद्वानों ने इसको विभिन्न प्रकार से परिभाषित किया है। मार्गेन्थाऊ के अनुसार, ''शक्ति ही वह वस्तु है जिसके द्वारा मनुष्य दूसरे मनुष्यों पर प्रभुत्व स्थापित करता है।'' दूसरे शब्दों में, यह कहा जा सकता है कि शक्ति से मार्गेन्थाऊ का अभिप्राय किन्ही दो इकाइयों के पारस्परिक सम्बन्ध की उस स्थिति से है, जिसमें एक इकाई का दूसरी इकाई के कार्यों पर इस सीमा तक नियंत्रण हो कि नियंत्रित इकाई स्वभावतः ही नियंत्रक इकाई की इच्छानुसार कार्य करती हो।[13] क्लाउड सैनिक क्षमता को शक्ति[14] एवं नियंत्रण का साधन मानते हैं।[15] बर्नोन वैन डाइक के शब्दों में "शक्ति उन उद्देश्यों में सर्वोपरि है जिसकी प्राप्ति के लिए राज्य प्रयत्नशील रहते हैं और उन विधियों में वे आधारभूत हैं, जिसका वे उपयोग करते हैं।"[16] राबर्ट डॉल और ओरगेन्सकी ने नियंत्रण की तुलना में शक्ति को प्रभाव बनाने एवं अनुनय के रूप में देखा है। ओरगेन्सकी का मत है कि शक्ति वह क्षमता है, जिससे कोई देश अपने उद्देश्यों के अनुसार दूसरे देश के व्यवहारों को नियंत्रित करता है।[17] डॉल शक्ति को व्यक्तियों के बीच आपसी सम्बन्ध के रूप में देखते हैं और लिखते हैं कि A, B के ऊपर उस सीमा तक प्रभाव रखता है कि B से वह कुछ करा सके, जिसे B करने को इच्छुक नहीं है।[18]

इस प्रकार उपरोक्त विश्लेषण से यह प्रतीत होता है कि शक्ति का अर्थ विभिन्न विद्वानों ने विभिन्न रूप में लिया है। कुछ लोगों के लिए शक्ति वह क्षमता है जिससे किसी दूसरे के व्यवहारों को नियंत्रित किया जाता है, तो कुछ लोगों के लिए यह अनुनय एवं प्रभाव बनाने का माध्यम है।

इसी प्रकार राष्ट्रीय हित की परिभाषा के सम्बन्ध में भी विद्वानों में मतैक्य नहीं है, इसलिए राष्ट्रीय हित या लोकहित की एक निश्चित परिभाषा देना एवं यह तय करना कि राष्ट्रहित किसके द्वारा सुरक्षित किया जाएगा, बहुत कठिन है। इस सन्दर्भ में प्रशासन की भूमिका, विधायिका या लोकजन की भूमिका में अन्तर करना मुश्किल हो जाता है। इस दुविधा पर दृष्टि डालते हुए

Glenden A. Schubert Jr. (ग्लेडन ए. सुबर्ट जूनियर) लिखते हैं कि, "लोक-प्रशासन के क्षेत्र में अमेरिकी विद्वानों ने न तो एक निश्चित सिद्धान्त विकसित किया है, और न ही यह परिभाषित किया है कि प्रशासकीय नीति निर्धारण में लोकहित को कैसे परिभाषित किया जाए।"[19] एक राष्ट्र का निर्माण कई उप-व्यवस्थाओं या उप-संस्कृतियों के मेल से होता है और प्रत्येक उप-व्यवस्था या उपसंस्कृति अपनी अलग-अलग मूल्य रखती हैं, जो एक दूसरे से भिन्न होते हैं। बहुत संभव है कि ये उप-व्यवस्थाएं एवं उपसंस्कृतियाँ अपनी आवश्यकताओं के अनुसार लोकहित या राष्ट्रहित की प्राप्ति चाहती हों। मार्टन ए कप्लान के अनुसार "एक राष्ट्र की व्यवस्था स्वयं अच्छी तरह से तब तक नहीं चल सकती, जब तक कि वह किसी अपने उप-व्यवस्था को प्रभावित न करे।"[20] एक लोकतंत्रीय समाज में बहुत सी उपव्यवस्थाएं विद्यमान होती हैं, इसलिए राष्ट्रहित को इंगित करना थोड़ा मुश्किल होता है। इन व्यवस्थाओं में नीति-निर्माण का कार्य उस समाज में निहित विभिन्न गुटों के बीच निरन्तर प्रतियोगिता, सौदेबाजी और समझौते के आधार पर होता है, जो उपसंस्कृतियों में अन्तर्निहित होते हैं। इनमें प्रत्येक समूह अपने मतानुसार राष्ट्रहित को देखते हैं। इसी मत से प्रभावित होकर Roger Hilsman (रोजन हिल्समेन) लिखते हैं कि एक लोकतंत्रीय समाज में नीति-निर्माण की प्रक्रिया में अन्तर-समूह या बाह्य अभिकरण में प्रतिद्वन्द्विता महत्वपूर्ण भूमिका निभाती है।[21] लोकतंत्रीय व्यवस्था में कार्यपालिका, विधायिका या अन्य अभिकरण जो नीति अपनाते हैं, राष्ट्रहित के प्रति उनका अपना स्वतंत्र दृष्टिकोण होता है। इसका व्यावहारिक रूप हमें वियतनाम समस्या के प्रश्न पर संयुक्त राज्य अमेरिका के समाज एवं सरकार के बीच अपनाए गए विभिन्न दृष्टिकोणों में देखने को मिलता है, जहाँ अमेरिकी प्रशासन इसे अमेरिकी राष्ट्रहित को ध्यान में रखते हुए उचित मानता था, वहीं अमेरिकी कांग्रेस एवं जनता ने सरकार के इस कदम का विरोध किया। इस प्रकार वियतनाम युद्ध को अमेरिका के लिए हितकर या अहितकर बताना कठिन है। साथ ही यहाँ यह भी प्रश्न उठता है कि सत्ता किसके अन्तर्गत निहित है, प्रशासन, कांग्रेस या जनता में, और इनमें कौन राष्ट्र-हित को सुनिश्चित करता है। सम्भवतः, इसी प्रकार की स्थिति इराक संकट के समय अमेरिकी

राजनीतिक व्यवस्था में देखने को मिल रही है। इस प्रकार इन मुद्दों के निर्धारण में अक्षमता के कारण राष्ट्रहित या राष्ट्रीय मुद्दों को इंगित करने में बहुत कठिनाई होती है और मात्र शक्ति या हित को इंगित करने से जैसा कि यथार्थवादियों का मानना है, प्रश्न का उत्तर नहीं मिल पाता। यद्यपि इसमें कोई संदेह नहीं कि अन्तर्राष्ट्रीय राजनीति राष्ट्रों के बीच शक्ति-संघर्ष एवं राष्ट्रहित की प्राप्ति है परन्तु ऐसा भी देखा गया है कि बहुत से राष्ट्र विश्व में इस दृष्टिकोण से हटकर भी राष्ट्रों के साथ सम्बन्ध निभाते हैं एवं नीतियों का कार्यान्वयन करते हैं। यह उस समय परिलक्षित होता है, जब कोई देश किसी सैन्य संधि में सम्मिलित होता है या किसी क्षेत्रीय संगठन का सदस्य बनकर अपनी राष्ट्रीय सुरक्षा को संगठन के अन्य सदस्यों से सम्बन्धित कर देता है। फलस्वरूप, दूसरे राष्ट्रों की सुरक्षा अपनी सुरक्षा में निहित मानता है। ऐसी दशा में वह राष्ट्र, अपने राष्ट्र हित की रक्षा करते हुए दूसरे राष्ट्रों की सुरक्षा एवं उनके हितों का ध्यान रखता है।

शक्ति एवं राष्ट्रीय हित के अतिरिक्त कुछ अन्य कारक भी हैं जो विदेश नीति को प्रभावित करते हैं। इन कारकों में मानवता, धर्म, विचारधारा, नैतिकता इत्यादि कुछ ऐसे कारक हैं, जिनसे विदेश नीति प्रभावित होती है। इसलिए Thomas Shelling (टामस सेलिंग) की यह उक्ति सही है कि विदेश नीति मात्र एक उद्देश्य पर आधारित नहीं है वरन् इसका आधार मिला-जुला उद्देश्य या सौदेबाजी का खेल है। मिले-जुले उद्देश्य से तात्पर्य यहाँ इस आशय से है कि एक अभिकर्ता दूसरे अभिकर्ता से, विभिन्न स्तरों पर, संघर्ष एवं सहयोग या परस्पर निर्भर होने की स्थिति में, प्रतिस्पर्धा करते हैं।[22] इसी प्रकार का विचार Roger Hilsman (रोजर हिल्समेन) ने भी दिया है। वे कहते हैं कि अन्तर्राष्ट्रीय सम्बन्ध सहमति एवं संघर्ष निर्माण का मिश्रण है जो मात्र शक्ति के उपयोग से नहीं बनता वरन् इसमें समझौता, सौदेबाजी का भी योगदान होता है।[23] Hilsman (हिल्समेन) ने आगे विचार प्रकट किया है कि यथार्थवादी सिद्धान्त अपने पूर्ण स्वरूप में आर्थिक दृष्टि से एक लम्बे अवधि के लिए शान्ति एवं स्थायित्व बनाए रखने के लिए उचित नहीं सिद्ध होगा क्योंकि इसमें संघर्ष के बीज स्वयं ही निहित हैं।[24]

यह भी महत्वपूर्ण है कि किसी देश की विदेश नीति का उद्देश्य हर समय और हर काल में एक समान नहीं रहता है। यह सदैव घरेलू परिस्थितियों एवं अन्तर्राष्ट्रीय परिवेश में परिवर्तन के फलस्वरूप बदलता रहता है। Stanley Hoffman (स्टन्ले हाफमैन) ने उचित ही लिखा है कि शक्ति का सिद्धान्त स्थिर है।[25] इसकी उपयोगिता सीमित है, जो राष्ट्रीय हित को एक स्थिर स्थिति में ही प्रभावित करता है।

उपरोक्त विवरण के अनुसार, यह निष्कर्ष निकाला जा सकता है कि किसी राष्ट्र की विदेश नीति किसी निश्चित लक्ष्य के आधार पर निर्धारित नहीं की जा सकती। अन्तराष्ट्रीय परिवेश में परिवर्तन के साथ ही विदेश नीति में बदलाव आता है, जो निरन्तर परिवर्तित होते रहते हैं। इस तथ्य को ध्यान में रखते हुए भारत एवं स्वीडन की विदेश नीति के उद्देश्यों एवं मौलिक सिद्धान्तों का तुलनात्मक विश्लेषण प्रस्तुत करने का प्रयास किया गया है।

भारतीय विदेश नीति के आधारभूत लक्ष्य

किसी भी विदेश नीति के तीन मूलभूत आधार होते हैं—राष्ट्रीय हित, क्षेत्रीय अनिवार्यताएँ तथा विश्व की समस्याएँ। इन तीनों आधारों को ध्यान में रखते हुए भारतीय विदेश नीति के मुख्य लक्ष्य निम्नलिखित हैं :

1. राष्ट्र का आर्थिक विकास और राजनीतिक स्थिरता, जिससे देश की एकता तथा सामाजिक-आर्थिक विकास सुनिश्चित किया जा सके।
2. राष्ट्रीय सुरक्षा, जिससे कि स्वतन्त्रता तथा प्रादेशिक अखण्डता पर आक्रमण अथवा आक्रमण के खतरे को रोका जा सके।
3. अन्तर्राष्ट्रीय शांति और सुरक्षा एवं आपसी मतभेदों के शांतिपूर्ण समाधान का समर्थन करना तथा एक अहिंसक एवं नाभिकीय शस्त्रविहीन विश्व की रचना करना।
4. विश्व स्तर पर विकास के कार्यों का समर्थन करना और एक ऐसी नई अन्तर्राष्ट्रीय आर्थिक व्यवस्था के निर्माण का प्रयास, जिससे न्याय, समानता, तथा मानवता पर आधारित विश्व का निर्माण हो सके।

5. शस्त्रों पर रोक, विशेष रूप से नाभिकीय शस्त्रों की होड़ का विरोध करना और व्यापक एवं पूर्ण निःशस्त्रीकरण की प्रक्रिया का समर्थन करना।
6. साम्राज्यवाद, उपनिवेशवाद, नस्लवाद, जातीय-पृथकतावाद, निरंकुशता और सैन्यवाद का विरोध करना।
7. विश्वव्यापी तनाव दूर करने, परस्पर सहमति की भावना को बढ़ावा देने, सैन्य गुटबंदी का विरोध करने तथा इन सभी से अधिक महत्वपूर्ण उद्देश्य भय, घृणा, लालच और असमानता से मुक्त विश्व का निर्माण करने के लिए गुटनिरपेक्ष आन्दोलन को मजबूत बनाना तथा संयुक्त राष्ट्र का समर्थन करना।
8. परस्पर लाभ के लिए दक्षिण एशियाई क्षेत्र में मैत्रीपूर्ण सद्भाव और सहयोग को बढ़ावा देना।
9. विश्व की ज्वलंत समस्याओं, जैसे आतंकवाद, मानवाधिकार, पर्यावरण, प्राकृतिक संसाधनों का प्रबंधन तथा नागरिक समाज के उन्नयन हेतु विश्व के साथ मिलकर सद्भावनापूर्ण सहयोग करना।
10. एक लोकतांत्रिक विश्व हेतु आवश्यक दशा के रूप में, मानवाधिकारों के आदर्श एवं उसके क्रियान्वयन का समर्थन करना तथा शांतिपूर्ण सह-अस्तित्व तथा पंचशील के आदर्शों को बढ़ावा देना।

भारतीय विदेश नीति के मौलिक सिद्धान्त

गुटनिरपेक्षता एवं भारत

भारत गुटनिरपेक्षता के संस्थापक राष्ट्रों में एक है। भारत की स्वतन्त्रता के पूर्व ही जवाहरलाल नेहरू ने भारतीय विदेश नीति पर चर्चा करते हुए कहा था कि "स्वतन्त्र भारत स्वतन्त्र विदेश नीति का अनुसरण करेगा और महान् शक्तियों के द्वारा निर्मित सैनिक संगठनों से दूर रहेगा।" उन्होंने यह भी कहा था कि भारत उन देशों एवं उनकी जनता के साथ पूर्ण सद्भाव रखेगा जो अभी भी साम्राज्यवाद एवं उपनिवेशवाद के गिरफ्त में हैं, ताकि उन्हें इस चंगुल से मुक्त किया जा

सके। नेहरू के इस उद्घोषणा में शांति, आपसी सहयोग एवं आर्थिक सहयोग की भावना अन्तर्निहित है जिसका अर्थ है, इन आदर्शों के आधार पर एक स्वतन्त्र विदेश नीति का निर्माण करना। पं. जवाहरलाल नेहरू ने इस विचार को भारतीय संसद में 9 दिसम्बर 1958 को व्यक्त करते हुए कहा था कि "जब हम अपनी नीति को गुटनिरपेक्षता का नाम देते हैं तो इसका अर्थ स्पष्ट है कि हम सैनिक संगठनों में शामिल नहीं होंगे। यह नकारात्मक नीति नहीं वरन् सकारात्मक एवं बहुआयामी है, परन्तु जहाँ तक सैनिक संगठनों एवं आज के शीतयुद्ध का प्रश्न है, हम इनमें से किसी गुट में शामिल नहीं होंगे। यह अपने आप में नीति नहीं वरन् नीति का एक भाग है। आज विश्व के देशों द्वारा सैनिक संगठनों एवं शीतयुद्ध की बात की जा रही है एवं इस बात पर दबाव बनाया जा रहा है कि हम क्यों नहीं शीतयुद्ध में भाग ले रहे हैं या सैनिक संगठनों का सदस्य बन रहे हैं।

हमारी नीति हमारे स्वतन्त्र निर्णय पर आधारित है, जो हमारे सिद्धान्तों उद्देश्यों एवं विचारों के विकास में सहयोगी है..........। आज यह कहा जा रहा है कि विश्व में मात्र दो रास्ते हैं, इसलिए किसी को भी इनमें से एक को अवश्य चुनना चाहिए। जबकि मैं इस विचारधारा एवं सोच के विरुद्ध हूँ। अगर हम ऐसा सोचते हैं तो हम निश्चय ही शीतयुद्ध में शामिल हो जाएंगे; अगर ऐसा नहीं भी होगा तो हम मानसिक रूप से एक सैनिक संगठन के सदस्य बन जाएंगे..........। मैं एक व्यक्ति एवं इस देश के विदेश मंत्री के रूप में अपने स्वतन्त्र निर्णय के अधिकार को किसी व्यक्ति या किसी दूसरे राष्ट्र के हाथों में नहीं दूंगा। यही हमारी विदेश नीति का सार है।[26] नेहरू ने अपनी बातों को तीन साल बाद पुनः दोहराते हुए कहा कि गुटनिरपेक्षता का तात्पर्य यह है कि हम सैनिक संगठनों में शामिल न हों एवं जहाँ तक संभव हो हमें यह कोशिश करनी चाहिए कि वस्तुओं को सैनिक दृष्टिकोण से न देखा जाए..........एवं ऐसा प्रयास किया जाए कि दुनिया के साथ मित्रतापूर्ण सम्बन्ध बना रहे।[27]

पं. जवाहरलाल नेहरू का यह उद्गार सचमुच में भारत द्वारा अपनायी गई गुटनिरपेक्षता की नीति का मुख्य आधार है। शीतयुद्ध के काल में नेहरू के इस विचार एवं सिद्धान्त ने भारत को विश्व की द्विध्रुवीय राजनीति में भाग लेने से अलग रखा।

जब हम शीतयुद्ध के प्रति भारतीय विदेश नीति का आकलन करते हैं तो भारत को गुटनिरपेक्ष पाते हैं तथा एक स्वतन्त्र विदेश नीति का अनुसरण करना इसकी एक मुख्य विशेषता है। इस अवधि में अगर स्वीडन की विदेश नीति पर दृष्टि डाली जाए तो वह गुटनिरपेक्ष समूह का सदस्य तो नहीं है परन्तु उसके द्वारा अपनायी गई तटस्थता की नीति उसे सैनिक गुटबंदी एवं शीतयुद्ध की राजनीति से अलग रखती है। सैद्धांतिक आधार पर देखा जाए तो अन्तर्राष्ट्रीय राजनीति में गुटनिरपेक्षता एवं तटस्थता दो अलग-अलग सिद्धान्त हैं और इनकी अलग-अलग विशेषताएँ हैं। गुटनिरपेक्षता को कभी तटस्थता नहीं माना जाता है परन्तु शीतयुद्ध काल में स्वीडन द्वारा अपनाई गई तटस्थता की नीति ने उसे शीतयुद्ध-जन्य राजनीति से उसे उसी तरह दूर रखा जिस प्रकार भारत एवं अन्य गुटनिरपेक्ष राष्ट्रों को गुटनिरपेक्षता की नीति ने रखा।

भारत द्वारा अपनायी गई गुटनिरपेक्षता की नीति भारत-चीन युद्ध के समय (अक्टूबर 1962) तब विवाद का विषय बनी, जब भारत ने वाशिंगटन एवं लंदन से सैनिक सहयोग देने की अपील की, ताकि चीन के आक्रमण से उसे सुरक्षित किया जा सके।[28] इस कदम के लिए भारत की आलोचना की गई कि वह चीन से युद्ध करने के लिए अपनी गुटनिरपेक्षता की नीति को छोड़कर सैनिक गुटों में शामिल हो रहा है। हालांकि यह आलोचना पश्चिमी देशों द्वारा भारतीय सुरक्षा के गलत आकलन पर आधारित है; जबकि भारत द्वारा लिया गया यह निर्णय सुरक्षात्मक दृष्टि से उठाया गया एक कदम था जो किसी भी देश के विदेश नीति का मूलभूत आधार होता है।[29] इस तथ्य को बड़े रोचक शब्दों में पटवंत सिंह ने अपने लेख में दर्शाते हुए लिखा है कि "भारत की गुटनिरपेक्षता की नीति अस्तित्व सुरक्षा की नीति है, यह मात्र एक विचारधारा नहीं है।"[30]

पं. जवाहरलाल नेहरू के निधन (मई 1964) के बाद यह प्रश्न उठने लगा कि क्या भारत गुटनिरपेक्षता का अनुसरण करेगा? लेकिन इस प्रश्न का उत्तर लालबहादुर शास्त्री एवं श्रीमती इन्दिरा गांधी के प्रधानमंत्रित्व काल में स्वयं प्रकट हुआ, जब भारत अपनी इस नीति को पूर्ण रूप से मानने के लिए प्रतिबद्ध रहा। यद्यपि 1960-71 की अवधि भारत के लिए एक कठिन समय था क्योंकि इस अवधि में भारत को तीन बड़े युद्धों (1962, 1965, 1971) का

सामना करना पड़ा। इस संकट में भारत की सुरक्षा एवं सम्मान दांव पर लगे थे, फिर भी भारत ने संयम के साथ इस संकट का सामना किया और अपने को विश्व की द्विध्रुवीय राजनीति से अलग रखते हुए अपनी सुरक्षा एवं स्वतन्त्रता को अक्षुण्ण बनाए रखा जो एक बड़ी उपलब्धि थी।[31]

जब अगस्त 1971 में "भारत-रूस मैत्री संधि" हुई तो भारतीय विदेश नीति पुनः एक बार आलोचना की विषय बनी एवं भारत को साम्यवादी गुट में शामिल हुआ देश माना जाने लगा,[32] परन्तु यह संधि एक मैत्री संधि थी, जिसका उद्देश्य परस्पर हितों की रक्षा करना था, न कि रूसी सैन्य गुटबंदी में शामिल होना। उस समय भारत ने जोरदार ढंग से दावा किया कि इस संधि से भारत की गुटनिरपेक्षता पर कोई प्रभाव नहीं पड़ेगा। भारत ने अपने दावे के पक्ष में यह तर्क प्रस्तुत किया कि सन्धि की चौथी धारा में यह स्पष्ट रूप से कहा गया है कि सोवियत संघ भारत की गुटनिरपेक्षता की नीति का सदैव आदर करता रहेगा। इसके उत्तर में एक तर्क यह भी है कि मिस्र-सोवियत सन्धि के अन्तर्गत इस बात की स्पष्ट व्यवस्था की गई थी कि, सोवियत संघ और मिस्र आपस में सैनिक क्षेत्र में सहयोग करेंगे और सोवियत संघ मिस्र के लोगों को सैनिक प्रशिक्षण देगा, परन्तु भारत-सोवियत मैत्री सन्धि में इस प्रकार के सैनिक सहयोग अथवा सैनिक प्रशिक्षण की कोई व्यवस्था नहीं है। भारत सरकार ने बार-बार इस बात पर जोर दिया है कि भारत-सोवियत मैत्री सन्धि के बावजूद भी भारत ने अपनी गुटनिरपेक्षता को पूरी तरह बचाये रखा है और उसकी विदेश नीति पर सोवियत संघ का प्रभाव नहीं है।[33]

जब मार्च 1977 में जनता पार्टी की सरकार अस्तित्व में आई तो अन्तर्राष्ट्रीय समुदाय में यह भावना जगी कि नई सरकार भारत की विदेश नीति में मूलभूत परिवर्तन करेगी। यह भी आशा की जाती रही कि, इस सरकार के शासनकाल में भारत की विदेश नीति के सैद्धान्तिक पक्ष, मुख्यतः गुटनिरपेक्षता के सम्बन्ध में आमूल परिवर्तन आएगा। अपेक्षा के अनुरूप नई सरकार ने घोषणा की कि, अब जनता सरकार की विदेश नीति वास्तव में गुटनिरपेक्ष (Genuine Non-Alignment) होगी। यह भी कहा गया कि भारत का लक्ष्य अहस्तक्षेप के सिद्धान्तों का पालन तथा अन्य देशों की संप्रभुता का आदर करते हुए पड़ोसी देशों के साथ मधुर सम्बन्ध स्थापित करना है।[34]

जनता सरकार के इस "आधारभूत गुटनिरपेक्षता" का आशय था, ऐसा लचीलापन जिसमें सुरक्षा को महत्वपूर्ण स्थान प्राप्त हो और इसे सर्वोपरि मानकर विदेश नीति को निर्धारित किया जाए। जनता सरकार अतीत में अपनायी गई गुटनिरपेक्षता की अवधारणा से सहमत नहीं थी।[35] यद्यपि इस बात को नेहरू एवं उनके अनुयायियों द्वारा स्पष्ट किया जा चुका है कि, गुटनिरपेक्षता का अर्थ सुरक्षा से समझौता करना नहीं था परन्तु नई सरकार ने भारत-चीन युद्ध (1962) में भारतीय स्थिति का आकलन करते हुए गुटनिरपेक्षता की नीति को भारतीय सुरक्षा के लिए बहुत अंशों में उचित नहीं माना, लेकिन इसके बावजूद भी भारत गुटनिरपेक्ष आन्दोलन का अग्रणी राष्ट्र रहा एवं इसके अनेक सम्मेलनों में विश्व शांति, विकास, एवं लोकतंत्र से संबधित मुद्दों के प्रति भारत की प्रतिबद्धता दर्शायी गयी। 1973 के 'अल्जीरिया-सम्मेलन' में सबसे पहले जब नवीन अंतर्राष्ट्रीय आर्थिक व्यवस्था (NIEO) की बात की गई तो भारत इसके समर्थकों में सबसे आगे था। 1983 में गुटनिरपेक्ष राष्ट्रों का सातवाँ शिखर सम्मेलन नई दिल्ली में आयोजित हुआ और भारत ने पूर्ण तत्परता से इसकी मेजबानी की। 17 जून 1985 में राजीव गांधी ने अपनी अमेरिका यात्रा के दौरान वाशिंगटन में आयोजित प्रेस वार्ता में गुटनिरपेक्षता के प्रति प्रतिबद्धता दर्शाते हुए कहा कि "भारत और गुटनिरपेक्षता का सम्बन्ध अटूट है। गुटनिरपेक्षता विश्व शांति के लिए सकारात्मक शक्ति है। यह सहयोग एवं आपसी मित्रता पर आधारित है।"[36] राजीव गाँधी की दृष्टि में शांतिपूर्ण सह-अस्तित्व तथा गुटनिरपेक्षता का सार है। उन्होंने उसी प्रेस वार्ता में आगे कहा कि "हम लोग, विश्व के सैनिक गुटबंदी में शामिल होने का विरोध करते हैं। इसी आशय को ध्यान में रखकर भारत ने सैनिक गुटबंदी से अपने को अलग रखा है[37] एवं गुटनिरपेक्षता के माध्यम से भारत ने विश्व को बहुत कुछ दिया है। 1986 में गुटनिरपेक्ष देशों के बीच कुछ आपसी विवाद पर विचार करते हुए राजीव गाँधी ने कहा कि इस संघ में सौ से अधिक सदस्य राष्ट्र हैं जो विभिन्न राजनैतिक, आर्थिक, सामाजिक, सांस्कृतिक एवं ऐतिहासिक विचारों में विश्वास रखते हैं, इसलिए इनके बीच मतभेद होना स्वाभाविक है,[38] लेकिन इस मतभेद से यह आन्दोलन कमजोर नहीं होता है वरन् इसमें और अधिक गतिशीलता आती है तथा यह और अधिक लोकतांत्रिक एवं लोकप्रिय हो जाता है। यह समस्याओं को स्वतन्त्र दृष्टिकोण से देखने का प्रयास करता है।[39]

सन् 1990 ई. के दशक के आरम्भ से ही गुटनिरपेक्ष आन्दोलन की अस्मिता, एकता, विश्वसनीयता और प्रभाविता को गंभीर चुनौती का सामना करना पड़ा। इसे केवल यही सिद्ध नहीं करना है कि यह आन्दोलन जीवित है और जीवित रह सकता है बल्कि यह भी सुनिश्चित करना है कि इसमें अपने सदस्यों के बीच अन्तर्राष्ट्रीय झगड़ों से संबंधित समस्याओं का समाधान करने की भी क्षमता है, साथ ही यह विश्वव्यापी समस्याओं और चुनौतियों के लिए न्याय और सुरक्षा पर आधारित प्रभावशाली समाधान प्रस्तुत करने की भी क्षमता रखता है। सन् 1992 ई. में जाकार्ता में हुए गुटनिरपेक्ष आन्दोलन के दसवें शिखर सम्मेलन में उसके सामने सबसे बड़ी चुनौती यह थी कि शीतयुद्ध, आणविक शस्त्र होड़ की समाप्ति तथा सोवियत संघ एवं "दूसरी दुनिया" के ध्वस्त हो जाने के फलस्वरूप परिवर्तित नए अन्तर्राष्ट्रीय राजनीतिक वातावरण में इस आन्दोलन के मूल उद्देश्यों को किस प्रकार क्रियान्वित किया जाए।

यह स्पष्ट है कि गुटनिरपेक्ष आन्दोलन का उदय केवल शीत-युद्ध और द्विध्रुवीय राजनीति के कारण नहीं हुआ, बल्कि इसका उदय नवोदित स्वतन्त्र देशों के एकजुट होने की प्रक्रिया के फलस्वरूप हुआ। यह कोई "वाद" नहीं है या कोई 'गुट' नहीं है। यह राष्ट्रों का एक स्वतन्त्र और समता पर आधारित संघ है जो समान हितों के साथ, किसी राज्य या समूह के अधीन रहे बिना, स्वतन्त्र विदेश नीति का अनुसरण करने के लिए एकता के सूत्र में बँधे हैं। सामान्य बुद्धि तथा स्वतन्त्र रहने की इच्छा की तरह गुटनिरपेक्ष आन्दोलन कभी भी कालातीत नहीं हो सकता, यह मानव अधिकारों से संबंधित प्रावधानों के प्रभावी क्रियान्वयन, न्यायसंगत, आर्थिक विकास, जनसंख्या नियंत्रण, स्वच्छ विश्व के लिए पर्यावरण प्रदूषण तथा पारिस्थितिकीय असंतुलन की रोकथाम में सकारात्मक भूमिका निभा सकता है। इससे भी महत्वपूर्ण यह है कि गुटनिरपेक्ष आन्दोलन का प्राथमिक उत्तरदायित्व विश्व संगठनों के लोकतंत्रीकरण और एक नवीन न्यायपूर्ण तथा न्यायसंगत आर्थिक व्यवस्था के निर्माण के लिए सतत् प्रयास करना है। सन् 1998 ई. में डरबन में आयोजित 12वें शिखर सम्मेलन में नए विकल्पों व रणनीतियों के निर्माण में सदस्य देशों से एकजुट रहने की प्रतिबद्धता को पुनः दोहराया गया एवं आंतरिक दुर्बलता की भावना व आत्मविश्वास की कमी को त्याग कर नवीन अन्तर्राष्ट्रीय व्यवस्था व वैश्विक

अर्थव्यवस्था की नई चुनौतियों का सामना करने के लिए नए साहस व विश्वास को जुटाने पर बल दिया गया।[40] मलेशिया की राजधानी कुआलालम्पुर में फरवरी 2003 में सम्पन्न 13वें शिखर सम्मेलन में गुटनिरपेक्ष आन्दोलन के 116 सदस्य देशों ने अमेरिका द्वारा इराक के खिलाफ एकतरफा सैन्य कार्यवाही करने की जिद की तीव्र भर्त्सना की एवं इस मुद्दे पर सभी सदस्य राष्ट्रों की एक राय थी कि इराक के खिलाफ सैन्य कार्यवाही केवल सुरक्षा परिषद् की सहमति से ही की जा सकती है।[41] हवाना में 2006 में सम्पन्न 14वें शिखर सम्मेलन में गुटनिरपेक्ष राष्ट्रों के बीच एकजुटता की बात की गई तथा भारतीय प्रधानमंत्री मनमोहन सिंह ने गुटनिरपेक्ष आंदोलन को सभ्यताओं के बीच संवाद स्थापित करने का एक मंच कहा।[42] गुटनिरपेक्ष राष्ट्रों का 15वां सम्मेलन जुलाई 2009 में शर्म अल शेख (मिश्र) में सम्पन्न हुआ। सम्मेलन में जलवायु परिवर्तन, आतंकवाद से निपटने तथा वैश्विक वित्तीय ढांचे में सुधार हेतु तत्काल उपाय करने पर बल दिया गया।[43]

अतः स्पष्ट है कि इस जटिल विश्व व्यवस्था में गुटनिरपेक्ष आन्दोलन वास्तव में अधिक प्रासंगिक है। इसे सच्चे अर्थों में, एक अन्योन्याश्रित विश्व के निर्माण, नवीन आर्थिक समाजवाद, शस्त्र–नियंत्रण, नए सांस्कृतिक प्रहारों एवं बढ़ते हुए सामाजिक विखण्डन, मानवाधिकारों की रक्षा, पर्यावरण एवं प्राकृतिक संसाधनों के बेहतर प्रबन्धन में महत्वपूर्ण भूमिका का निर्वाह करना होगा।

जहाँ तक भारत का प्रश्न है, वह केवल गुटनिरपेक्ष आन्दोलन का सदस्य मात्र नहीं है वरन् इसको निरन्तर सुदृढ़, प्रभावशाली एवं प्रासंगिक बनाने हेतु सतत् प्रयासरत नेतृत्वकर्ता भी है।

भारत एवं पंचशील

पंचशील और शांतिपूर्ण सह–अस्तित्व

विविध विचारधाराओं में विश्वास करने वाले देश के रूप में शांतिपूर्ण सहअस्तित्व का आदर करना भारत की विदेश नीति का एक प्रमुख सिद्धान्त है। सितम्बर 1955 ई. में लोकसभा को संबोधित करते हुए नेहरू ने कहा था कि विश्व

मामलों में पंचशील सिद्धान्त का विशेष महत्व है जिसका श्रेय भारत कुछ सीमा तक ले सकता है, जिसका अर्थ है समस्याओं का शांतिपूर्ण समाधान एवं अहस्तक्षेप, जिसके अन्तर्गत प्रत्येक देश को आत्म-निर्णय का अधिकार होना चाहिए।[44] नेहरू के अनुसार पंचशील के अन्तर्गत उन्नति के रास्ते अलग-अलग हो सकते हैं, अलग-अलग दृष्टिकोण हो सकते हैं, परन्तु अंतिम उद्देश्य एक ही है—समस्याओं का शांतिपूर्ण समाधान। उन्हीं के शब्दों में "हमें विश्वास है कि पंचशील के सिद्धान्तों के आधार पर देशों के सम्बन्ध स्वस्थ, शांतिपूर्ण एवं सहयोगात्मक होंगे क्योंकि यह सिद्धान्त समानता, पारस्परिक सम्मान एवं शांतिपूर्ण सहअस्तित्व पर निर्भर करता है एवं आक्रमण तथा आंतरिक हस्तक्षेप की संभावना से इंकार करता है।"[45] उन्होंने स्पष्ट किया कि शांतिपूर्ण सहअस्तित्व का विचार भारत के लिए नया विचार नहीं है, यह हमारे जीवन का तरीका है और यह उतना ही पुराना है, जितनी हमारी संस्कृति। भारतीय दर्शन के इस मूल सिद्धान्त को 1954 ई. में तब औपचारिक मान्यता दी गई, जब भारत और चीन ने आपसी सम्बन्धों के आधार के रूप में पंचशील के सिद्धान्तों की घोषणा पर हस्ताक्षर किए। समझौते की प्रस्तावना में निम्नलिखित पाँच सिद्धान्तों का उल्लेख किया गया :

(1) एक दूसरे की क्षेत्रीय अखण्डता और सम्प्रभुता का आदर करना,
(2) एक दूसरे के विरुद्ध आक्रमण न करना,
(3) एक दूसरे के आंतरिक मामलों में हस्तक्षेप न करना,
(4) समानता और परस्पर मित्रता की भावना, तथा
(5) शांतिपूर्ण सह-अस्तित्व।

भारतीय संसद में बोलते हुए प्रधानमंत्री नेहरू ने कहा था कि उनका विश्वास है कि, यदि विभिन्न देश इन पाँच सिद्धान्तों के आधार पर अपने पारस्परिक सम्बन्ध निर्धारित करें तो संसार की अनेक समस्याओं का आसानी से निराकरण हो सकेगा।

चीन के प्रधानमंत्री के सम्मान में दिए गए भोज, 26 जून, 1954 ई. में नेहरू ने कहा "I hope our two countries will stand for peace and will live amicably together and co-operate together in the cause of peace and human advance as they have done through the past thousand years of human history."[46] 1954 में पंचशील के जिन पाँच सिद्धान्तों की घोषणा की गई, वे विदेशी सम्बन्धों में प्रभुसत्ता सम्पन्न राष्ट्रों के आचरण के सिद्धान्त थे। पंचशील में जिन सिद्धान्तों पर अधिक बल दिया गया, वे निम्न हैं—एक दूसरे के आन्तरिक मामलों में हस्तक्षेप न करना, एक दूसरे के विरुद्ध आक्रमण न करना और एक दूसरे की प्रादेशिक अखण्डता और सम्प्रभुता का आदर करना। इन सिद्धान्तों को भारत-चीन समझौते में शामिल करने का उद्देश्य यही था कि, दोनों देश इन सिद्धान्तों का दृढ़ता से पालन करते हुए बेहतर सम्बन्ध स्थापित करें परन्तु कुछ ही वर्षों के अन्दर चीन ने भारतीय सीमा में हस्तक्षेप करना शुरू कर दिया एवं सन् 1962 ई. में भारत पर आक्रमण करके पंचशील के सिद्धान्तों की अवहेलना की। चीन के इस आक्रमण को विपक्षी दलों/नेताओं द्वारा भारतीय विदेश नीति की विफलता कहा गया। आचार्य कृपलानी तथा उनके विरोधी नेताओं ने नेहरू पर आरोप लगाया कि उनकी नीति के फलस्वरूप भारत का कोई मित्र नहीं है, आज भारत अलग-थलग पड़ गया है। अत: उन्होंने भारत की विदेश नीति में आदर्शवाद के स्थान पर यथार्थवाद पर बल दिए जाने की वकालत की।

संयुक्त राष्ट्र संघ और भारत

भारत उन कुछ चुनिंदा देशों में शुमार है जिसकी विदेश नीति एवं अनेक देशों से सीधा सम्बन्ध औपनिवेशिक काल में भी था, शायद यही कारण है कि ब्रिटिश सरकार ने भारत को राष्ट्र संघ में प्रतिनिधित्व करने की अनुमति दी थी। पराधीन राष्ट्र होते हुए भी भारत बहुपक्षीय सहयोग के माध्यम से विश्वशांति एवं न्यायपूर्ण विश्व व्यवस्था बनाने हेतु प्रतिबद्ध था। इसीलिए भारत द्वितीय विश्वयुद्ध के बाद स्थापित संयुक्त राष्ट्र संघ का संस्थापक सदस्य बना। 3 नवम्बर 1948 को पेरिस में आयोजित संयुक्त राष्ट्र संघ की महासभा को संबोधित करते हुए पं. जवाहरलाल नेहरू ने कहा "मैं अपने देश की जनता और सरकार की ओर से इस सभा को यह बताना चाहूँगा कि, हम पूरी तरह से संयुक्त राष्ट्र के चार्टर के सिद्धान्तों और प्रयोजनों का पालन करते हैं। इन सिद्धान्तों तथा

प्रयोजनों की प्राप्ति के लिए हम भरसक प्रयास करेंगे।[47] दिलचस्प बात यह है कि, साठ वर्षों के बाद भी संयुक्त राष्ट्र के प्रति भारत का यह दृष्टिकोण नहीं बदला है।

संयुक्त राष्ट्र संघ के कार्यकलापों में भारत की भागीदारी से जुड़ी अनेक घटनाएँ हैं। मूलतः भारत ने उन सभी स्वतन्त्र राष्ट्रों को संयुक्त राष्ट्र संघ में प्रवेश दिए जाने का भरपूर समर्थन किया जिन्हें शीतयुद्ध के पारस्परिक विरोध के कारण सदस्यता से वंचित रखा जा रहा था। भारत ने विकासशील देशों के एक समूह का नेतृत्व किया, जिसके आग्रह पर 1956 में 16 देशों को संयुक्त राष्ट्र की सदस्यता प्रदान की गई। भारत ने अनेक वर्षों तक चीन के प्रतिनिधित्व का समर्थन किया। एशिया और अफ्रीका के विभिन्न देशों में उपनिवेशवाद के उन्मूलन की प्रक्रिया को गति देने के लिए भारत ने अथक प्रयास किए।[48]

भारत ने संयुक्त राष्ट्र संघ की शांति स्थापना मिशन एवं सैन्य कार्यवाही में प्रभावी भूमिका निभाई। भारत ने कोरिया युद्ध के दौरान संयुक्त राष्ट्र की सेना के भाग के रूप में चिकित्सा बटालियन भेजी। भारतीय सेनाओं को संयुक्त राष्ट्र के न्यूट्रल नेशंस रिपेट्रिशन कमिशन के अन्तर्गत उत्तर और दक्षिण कोरिया के कैदियों की स्वदेश वापसी का कार्य सौंपा गया। इस कमीशन के अध्यक्ष जनरल के.एस. थिमैया थे। शीतयुद्ध में भाग न लेने के कारण भारत की निष्पक्ष तथा शांतिप्रिय देश के रूप में साख इतनी बढ़ गई थी कि भारतीय सशस्त्र सेनाओं ने कांगो, गाजा, लेबनान, साइप्रस तथा मध्य-पूर्व क्षेत्रों में संयुक्त राष्ट्र के शांति प्रयासों में प्रमुख रूप से हिस्सा लिया। पांचवें दशक में ही हिन्द-चीन संकट सुलझाने के लिए आयोजित जेनेवा सम्मेलन में भारत ने अग्रणी भूमिका निभाई। शांति स्थापना की यह प्रक्रिया वर्तमान दशक में भी जारी रही। जनरल विजय कुमार जेटली के नेतृत्व में सियरा लियोन में शांति स्थापना के लिए भारतीय सेना लम्बे समय तक कार्यरत रही, जबकि मोजांबिक, अंगोला, सोमालिया, रवांडा तथा बरुंडी एवं हैती में भारतीय सेना ने शांति कार्यों में महत्वपूर्ण एवं सक्रिय भूमिका निभाई। 17-19 मार्च 1999 ई. को नई दिल्ली के विज्ञान भवन में आयोजित 'इंटरनेशनल सेमिनार ऑफ यू.एन. पीस कीपिंग' में तत्कालीन थलसेनाध्यक्ष जनरल वेद प्रताप मलिक ने स्वागत भाषण में कहा कि, भारत ने शुरू से ही संयुक्त राष्ट्र के शांति रक्षक बलों के रूप में महत्वपूर्ण

भूमिका निभाई है। अब तक भारत ने विश्व में 29 संयुक्त राष्ट्र अभियानों में 50,000 सैनिक भेजे हैं, जिनमें विश्व के सबसे अधिक जटिल क्षेत्रों में भी भारतीय सेनाओं ने कार्य किया है।[49]

इस सम्मेलन के समापन समारोह में भारत के तत्कालीन रक्षामंत्री जार्ज फर्नांडीस ने कहा कि, भारत सदैव शांति के लिए प्रतिबद्ध है एवं शांति की स्थापना नि:शस्त्रीकरण के आधार पर हो सकती है।[50] संयुक्त राष्ट्र संघ के लोकतांत्रिक एवं सुरक्षा परिषद् में विकासशील देशों को पर्याप्त प्रतिनिधित्व देने की आवश्यकता पर भारत ने सदैव प्रयास किया है। इस सन्दर्भ में संयुक्त राष्ट्र के 50वीं वर्षगाँठ के अवसर पर महासभा को संबोधित करते हुए तत्कालीन प्रधानमंत्री पी. वी. नरसिंहराव ने कहा कि, "विकासशील देशों को निर्णय निर्माण की शक्तियाँ प्रदान की जाएँ क्योंकि विश्व शांति और खुशहाली संयुक्त राष्ट्र की निर्णय प्रक्रिया से जुड़ी हुई है।"[51] भारत संयुक्त राष्ट्र संघ के सुधार प्रक्रिया में अपनी सक्रिय और रचनात्मक भागीदारी निभाने के साथ-साथ जलवायु परिवर्तन तथा 'सहस्राब्दी विकास लक्ष्य' प्राप्त करने के प्रति कटिबद्ध है।[52]

संयुक्त राष्ट्र में लोकतांत्रिक व्यवस्था कायम रखने तथा इस संगठन की कार्य प्रणाली को प्रभावित करने वाली विवादास्पद प्रवृत्तियों से निपटने में भारत को सर्जनात्मक तथा अग्रणी भूमिका अभिनीत करनी है। इस सम्बन्ध में अधिक कारगर ढंग से कार्य करने के लिए हमें विकासशील देशों के साथ नेटवर्क स्थापित कर नीतिगत समन्वय स्थापित करना होगा ताकि अधिकांश सदस्यों की ओर से संयुक्त राष्ट्र में सुधार के लिए सामूहिक रूप से दबाव डाला जा सके। हालांकि भारत ने संयुक्त राष्ट्र के प्रत्येक शांति प्रयासों का समर्थन किया है। भारत की सूझबूझ एवं रचनात्मक भूमिका के कारण जहाँ एक ओर अन्तर्राष्ट्रीय समुदाय तीसरे महायुद्ध की विभीषिका से बचा है, वहीं दूसरी ओर तीसरी दुनिया के गरीब राष्ट्र अनेक नई चुनौतियों का मुकाबला करने में अधिक समर्थ हुए हैं। नई अन्तर्राष्ट्रीय अर्थव्यवस्था की तलाश, परमाणु निरस्त्रीकरण, पर्यावरण-संरक्षण, विश्व शांति, उत्तर-दक्षिण संवाद, आदि सभी मसलों पर भारत संयुक्त राष्ट्र संघ रूपी विश्व पंचायत के जरिए अपना दृष्टिकोण जोरदार ढंग से प्रस्तुत करता रहा है, जिसके सकारात्मक परिणाम देखने को मिल रहे हैं।

निरस्त्रीकरण एवं भारत

निरस्त्रीकरण की धारणा विश्व शांति से जुड़ी हुई है क्योंकि जब तक शस्त्रों की अंधी दौड़ जारी रहेगी, विश्व शांति को निरापद नहीं माना जा सकता, इसलिए भारत सदैव जनसंहारक अस्त्रों के निरस्त्रीकरण की वकालत करता रहा है एवं पूर्ण उन्मूलन चाहता है। इस सम्बन्ध में भारतीय परमाणु नीति पर बोलते हुए पं. जवाहरलाल नेहरू ने कहा "आज परमाणु बम और मानवता की भावना में संघर्ष विद्यमान है। मुझे आशा है कि भारत इस क्षेत्र में निस्संदेह एक बड़ी भूमिका निभाएगा तथा वह सदैव मानवता की भावना पर ही बल देगा।[53] इसी भाषण में नेहरू जी ने निरस्त्रीकरण और परमाणु प्रौद्योगिकी के मुद्दों के प्रति भारतीय दृष्टिकोण को स्पष्ट रूप से व्यक्त किया है। उन्होंने यह संकेत दिया कि, भारत उत्पादन तथा विकासोन्मुख लक्ष्यों की प्राप्ति के लिए परमाणु प्रौद्योगिकी सहित उन्नत प्रौद्योगिकियों को प्राप्त करने तथा विकसित करने के लिए सक्रिय रूप से कार्य करेगा। फिर भी भारत की मानवता के प्रति वचनबद्धता के परिणामस्वरूप ऐसी प्रौद्योगिकियों का हिंसक अथवा सैन्य उद्देश्यों के लिए प्रयोग करने के मार्ग का त्याग करना होगा।

नेहरू ने परमाणु मुद्दों के प्रति नीतियों तथा दृष्टिकोण को अभिव्यक्त करते हुए कहा कि "यह पूर्णतया स्पष्ट है कि परमाणु ऊर्जा का मानवता के हित में शांतिपूर्ण उद्देश्य से प्रयोग किया जा सकता है[54] लेकिन 16 अक्टूबर 1964 ई. को चीन द्वारा परमाणु विस्फोट के बाद तत्कालीन सूचना मंत्री श्रीमती इन्दिरा गाँधी ने एक टेलीविजन भेंट में (22 अक्टूबर 1964 ई.) को कहा कि भारत भी परमाणु बम बनाने की स्थिति में है, इसी सभा में उन्होंने यह भी कहा कि भारत को परमाणु ऊर्जा के शांतिपूर्ण उपयोग के उद्देश्य से नहीं हटना चाहिए। दक्षिण एशिया एवं इसके आसपास के क्षेत्रों में बदलते सामरिक और सुरक्षा को ध्यान में रखते हुए भारत ने अपने परमाणु विकल्प को खुला रखा। 18 मई, 1974 ई. को श्रीमती इन्दिरा गाँधी के प्रधानमंत्रित्व काल में पोखरण में पहला परमाणु-परीक्षण किया गया। इस विस्फोट को लेकर पश्चिमी देशों ने विशेषकर अमेरिका ने भारत की कड़ी आलोचना की और कहा कि इससे दक्षिण एशिया में तनाव व शस्त्रों की होड़ को बढ़ावा मिलेगा किन्तु श्रीमती गाँधी ने पोखरण

परीक्षण के सुरक्षा मानकों को देखते हुए परीक्षण को शांतिपूर्ण कहा, परन्तु अमेरिका ने इस तर्क से सहमत न होते हुए तारापुर परमाणु भट्ठी के लिए दिए जा रहे यूरेनियम की सप्लाई पर रोक लगा दी। सन् 1981 ई. के बाद फ्रांस ने भारत के साथ अगस्त 1993 ई. तक यूरेनियम की सप्लाई जारी रखने सम्बन्धी समझौता किया। भारत की परमाणु नीति इन्दिरा गाँधी से लेकर अप्रैल 1998 तक अस्पष्ट थी। 1998 में भाजपा के नेतृत्व में बनी केन्द्रीय सरकार ने परमाणु विकल्प का प्रयोग करते हुए भारतीय वैज्ञानिकों को परमाणु परीक्षण की अनुमति दी। 11 व 13 मई 1998 को भारत ने पाँच बहुउद्देशीय परमाणु विस्फोट सफलतापूर्वक किए।

भारत के परमाणु परीक्षणों का 14 मई 1998 को सुरक्षा परिषद्, अमेरिका, जापान, ऑस्ट्रेलिया तथा जी-8 के देशों ने कटु आलोचना करते हुए भारत के खिलाफ कड़े आर्थिक प्रतिबंध लगाने की घोषणा की।

प्रधानमंत्री अटल बिहारी बाजपेयी ने मई 1998 को भूमिगत परमाणु परीक्षण (पोखरण) को राष्ट्रीय सुरक्षा की दृष्टि से न्यायोचित ठहराया। 27 मई 1998 ई. को लोकसभा में बोलते हुए उन्होंने कहा कि इस परीक्षण से राष्ट्रीय गौरव व आत्मविश्वास को बढ़ावा मिला है। उन्होंने यह भी कहा कि हमारे नेताओं की परमाणु शस्त्र मुक्त विश्व की अपील न केवल भारत की सुरक्षा के लिए अपितु समस्त राष्ट्रों की सुरक्षा के लिए है। यही कारण है कि निरस्त्रीकरण हमारी विदेश नीति का एक महत्वपूर्ण अंग है। प्रधानमंत्री ने कहा कि परमाणु अप्रसार संधि पर हस्ताक्षर न करने का हमारा निर्णय मूलभूत उद्देश्यों से जुड़ा हुआ था। 1980-90 के दशक में परमाणु एवं प्रक्षेपास्त्र फैलाव के कारण हमारा सुरक्षा माहौल बिगड़ता गया। हमारे पड़ोसी राष्ट्रों के परमाणु हथियारों में वृद्धि हुई जिससे भारत की सुरक्षा खतरे में पड़ गई। भारत बाह्य शक्तियों द्वारा समर्थित आतंकवाद का शिकार बना। वाजपेयी ने आगे कहा कि इन परिस्थितियों को ध्यान में रखते हुए भारत को ऐसा कठिन निर्णय लेना पड़ा, परन्तु हमारा इरादा, इन हथियारों का उपयोग करके किसी भी देश के खिलाफ, आक्रमण करना नहीं है। यह हथियार आत्मरक्षा के लिए है जो यह सुनिश्चित करता है कि भारत किसी भी परमाणु चुनौती एवं दबाव में न आए। हमारा उद्देश्य परमाणु-शस्त्र होड़ में शामिल होना नहीं है।[55]

भारतीय परमाणु नीति

सन् 1998 ई. में किए गए परमाणु परीक्षण के बाद राष्ट्रीय सुरक्षा सलाहकार बोर्ड की ओर से भारत के परमाणु सिद्धान्त के प्रारूप की घोषणा अगस्त 1999 ई. में की गई। यह पहला अवसर था जब सरकारी स्तर पर परमाणु सिद्धान्त की घोषणा की गई।[56]

(1) विश्वसनीय परमाणु प्रतिरोधन–विश्व परमाणु निःशस्त्रीकरण के अभाव में भारत के सामरिक हितों के लिए प्रभावशील, विश्वसनीय प्रतिरोधन एवं पर्याप्त Retaliatory क्षमता की आवश्यकता है। यह संयुक्त राष्ट्र के अनुरूप है जो आत्मरक्षा का अधिकार प्रदान करता है।

(2) प्रतिरोधन की आवश्यकताओं का सावधानीपूर्वक मूल्यांकन किया जाना चाहिए, जो अधिकतम विश्वसनीयता, प्रभावशीलता एवं सुरक्षा के अनुरूप हो।

(3) भारत विश्वसनीय न्यूनतम परमाणु प्रतिरोधन के सिद्धान्त पर चलेगा। इस Retaliation की नीति का प्रयोजन हमारे शस्त्रागारों की रक्षा करना है। जहाँ तक परमाणु शस्त्रों को तैनात करने का प्रश्न है, वह अनेक कारणों पर निर्भर करता है जिसमें भारत के खिलाफ परमाणु शस्त्र के उपयोग की धमकी एवं भारत पर परमाणु आक्रमण शामिल हैं।

(4) भारतीय परमाणु शस्त्रों का मौलिक उद्देश्य किसी भी देश द्वारा भारत के खिलाफ परमाणु शस्त्रों के उपयोग एवं चुनौती को प्रतिरोधित करना है।

(5) भारत परमाणु शस्त्रों का उपयोग उन देशों के खिलाफ नहीं करेगा जिनके पास परमाणु हथियार नहीं हैं या जो परमाणु शस्त्र शक्तियों से जुड़े हुए नहीं हैं।

(6) प्रतिरोधन के तहत भारत पर्याप्त परमाणु शस्त्र रखेगा, एक शक्तिशाली प्रभाव और नियंत्रण प्रणाली कायम रखेगा, प्रभावी खुफिया और पूर्व

चेतावनी क्षमता कार्यवाही के लिए योजना और प्रशिक्षण जारी रखेगा एवं परमाणु हथियारों की तैनाती की दृढ़ इच्छा का परिचय देता रहेगा।

(7) भारत अप्रसार के प्रति अपनी बचनबद्धता प्रदर्शित करने के लिए नाभिकीय हथियार निर्माण सामग्री एवं प्रौद्योगिकी का हस्तान्तरण नहीं करेगा तथा निर्यात नियन्त्रण की एक कठोर प्रणाली का पालन करेगा।

(8) भारत निरस्त्रीकरण सम्मेलन में सच्ची भावना से नाभिकीय हथियार तथा अन्य नाभिकीय विस्फोट यन्त्र के निर्माण के उद्देश्य से विखण्डनीय सामग्री के उत्पादन पर रोक लगाने के लिए सन्धि वार्ताओं में शामिल होगा।

(9) भारत का नाभिकीय शस्त्रागार नागरिक अधिकार और नियन्त्रण में रहेगा।

(10) एक राष्ट्रीय सुरक्षा परिषद की स्थापना की गई तथा उसे सामरिक प्रतिरक्षा की समीक्षा करने के लिए कहा गया।[57]

राष्ट्रीय सुरक्षा सलाहकार बोर्ड ने निरस्त्रीकरण और शस्त्र-नियंत्रण के सम्बन्ध में स्पष्ट किया है कि एक भेदभाव रहित परमाणु निरस्त्रीकरण व्यवस्था भारत की राष्ट्रीय सुरक्षा का एक प्रमुख उद्देश्य है।[58]

परमाणु अप्रसार संधि (N.P.T.) एवं व्यापक परमाणु परीक्षण प्रतिबंध संधि (C.T.B.T.) पर भारत का दृष्टिकोण

सैद्धान्तिक दृष्टि से भारत परमाणु निरस्त्रीकरण एवं समग्र परमाणु परीक्षण निषेध व्यवस्था का सदैव समर्थन करता रहा है, परन्तु भारत अपने इस दृष्टिकोण को विश्व-समुदाय के समक्ष दोहराता भी रहा है कि वह परमाणु अप्रसार संधि व समग्र परमाणु परीक्षण निषेध संधि का विरोध इस आधार पर कर रहा है कि ये संधियाँ एक भेदभावरहित अप्रसार व्यवस्था के निर्माण में सहायक नहीं हैं।

भारत ने परमाणु अप्रसार संधि पर हस्ताक्षर करने से इंकार कर दिया है। भारत के इस सम्बन्ध में तीन प्रमुख तर्क हैं।

प्रथम—यह संधि भेदभावपूर्ण (Discriminatory) है। यह सन्धि पाँच परमाणु शस्त्र सम्पन्न देशों (अमेरिका, रूस, ब्रिटेन, फ्रांस एवं चीन) व गैर-परमाणु शस्त्र देशों के बीच स्पष्ट भेद करती है जो अन्तर्राष्ट्रीय कानून व सम्प्रभुता के सिद्धान्त के विरुद्ध है।

द्वितीय—भारत का यह मानना है कि जब तक परमाणु शस्त्र सम्पन्न देश अपने विशाल परमाणु आयुध भंडारों को नष्ट नहीं कर देते, तब तक उन्हें अन्य देशों को परमाणु अप्रसार संधि पर हस्ताक्षर के लिए बाध्य करने का कोई नैतिक अधिकार नहीं है।

तृतीय—भारत परमाणु अप्रसार संधि को अन्दरूनी तौर पर दोषपूर्ण मानता है। इराक व उत्तरी कोरिया ऐसे दो देश हैं जिन्होंने एक ओर तो इस संधि पर हस्ताक्षर कर दिए हैं तथा दूसरी ओर वे परमाणु कार्यक्रम में लगे हुए हैं। अत: भारत का कहना है कि ऐसी संधि पर हस्ताक्षर करने से कोई प्रयोजन सिद्ध नहीं होगा।

व्यापक परमाणु परीक्षण प्रतिबन्ध संधि (C.T.B.T.) पर एक निरस्त्रीकरण सम्मेलन जनवरी 1994 ई. में जनेवा में शुरू हुआ। इस सम्मेलन का उद्देश्य इस संधि के प्रारूप को तैयार करना था ताकि परमाणु हथियारों के फैलाव को सम्पूर्ण रूप से रोका जा सके। जनेवा में C.T.B.T. के प्रारूप पर अंतिम बहस के दौरान भारत ने इस संधि को भेदभावपूर्ण मानते हुए हस्ताक्षर करने से मना कर दिया। जिसके निम्न कारण हैं—

1. भारत C.T.B.T. के उस प्रावधान का विरोधी है जिसके अन्तर्गत यह शर्त लगाई गई है कि जब तक भारत, पाकिस्तान व इजरायल इस संधि पर हस्ताक्षर नहीं करते तब तक यह संधि लागू नहीं मानी जाएगी।
2. भारत का कहना था कि इस संधि में परमाणु शस्त्रों को नष्ट करने के सम्बन्ध में कोई निश्चित समयावधि का उल्लेख नहीं है।
3. यह संधि केवल ऐसे परमाणु परीक्षणों पर रोक लगाती है जिसमें विस्फोट हो। इस प्रकार परमाणु परीक्षण का प्रयोगशालाओं में कम्प्यूटर द्वारा किए गए परीक्षण पर पूरी तरह छूट है।

अतः इन्हीं कमियों एवं भेदभावपूर्ण नीतियों के कारण भारत ने अभी तक इस संधि पर हस्ताक्षर नहीं किया है। सितम्बर 1999 की संयुक्त राष्ट्र की महासभा को संबोधित करते हुए विदेश मंत्री जसवंत सिंह ने कहा कि इस संधि पर अंतिम निर्णय राष्ट्रीय आम सहमति प्राप्त करने के बाद ही लिया जाएगा। इस सन्दर्भ में भारत ने अनेक शर्तों को रखा है। जिसमें भारत को परमाणु शस्त्र सम्पन्न देश का कानूनी दर्जा तथा उच्च एवं बेहतरीन तकनीकी का स्थानान्तरण है, लेकिन इसके लिए भारत को अन्तर्राष्ट्रीय समुदाय को आश्वस्त करना पड़ेगा कि उसके द्वारा हस्ताक्षर के बदले की गई मांग उचित एवं न्यायपूर्ण है।

साम्राज्यवाद, उपनिवेशवाद व रंगभेद का विरोध

भारतीय विदेश नीति का एक प्रमुख सिद्धान्त साम्राज्यवाद, उपनिवेशवाद तथा सभी प्रकार के भेदभाव को मिटाने के लिए विश्व में सैद्धान्तिक भूमिका के साथ-साथ व्यवहारमूलक भूमिका का भी निर्वहन करना है। इस सन्दर्भ में भारत का यह दृष्टिकोण था कि एशिया एवं अफ्रीका के नव स्वतन्त्र राष्ट्रों में लोकतंत्र के प्रति वचनबद्धता, धर्म को राजनीति से अलग करने तथा अपने समाज की बहुलता बनाए रखने की भावना विकसित हो, इसके लिए सतत् प्रयास भी करने चाहिए। भारत ने सदैव यह प्रयास किया कि एशिया, अफ्रीका के नव स्वतन्त्र देश लोकतांत्रिक हों तथा अतार्किक धार्मिक अतिवाद से दूर रहें और ऐसी जातिगत या भाषाई अथवा धार्मिक ताकतों का विरोध करें जिससे उनकी सांस्कृतिक, बहुजातीय तथा भौगोलिक एकता खंडित होती हो।

फरवरी 1927 ई. में "साम्राज्यवाद विरोधी तथा राष्ट्रीय स्वतन्त्रता" नामक संगठन का द्वितीय अन्तर्राष्ट्रीय सम्मेलन ब्रुसेल्स में आयोजित हुआ, जिसमें भारत का प्रतिनिधित्व पं. जवाहरलाल नेहरू ने किया। नेहरू ने इस अन्तर्राष्ट्रीय कांग्रेस के विषय में कहा था कि "यह परस्पर सहयोग की तीव्र आकांक्षा की बाह्य अभिव्यक्ति है जो विश्व के समस्त शोषित, वंचित और दलित समुदायों का प्रतिनिधित्व करता है।" लखनऊ और फैजपुर के कांग्रेस अधिवेशनों में 1936 में नेहरू ने अपने ऐतिहासिक अध्यक्षीय भाषणों में राष्ट्र की स्वतन्त्रता के लिए संगठित होकर संघर्ष करने का आह्वान किया। उन्होंने अपनी पुस्तक

"भारत की खोज" में लिखा—"हमारा संघर्ष विश्वव्यापी स्वतन्त्रता संग्राम का एक हिस्सा है, जो ताकत हमारे अन्दर उभर रही है, वही विश्व की लाखों संघर्षरत् जनता में विद्यमान है और उन्हें आन्दोलनों के लिए प्रेरित करती है।''[59] 23 मार्च 1947 ई. को नई दिल्ली में एशियाई सम्बन्धों पर उपनिवेशवाद की समाप्ति तथा स्वतन्त्रता के सन्दर्भ में एक सम्मेलन का आयोजन हुआ। जिसमें एशियाई देशों के नेताओं ने भाग लिया, इनमें अधिकांश विदेशी सत्ता के गुलाम थे। इस सम्मेलन में भाषण देते हुए पं. नेहरू ने कहा—"शांति तभी आ सकती है जब सभी देश आजाद होंगे तथा सभी मनुष्य स्वतन्त्र एवं सुरक्षित होंगे और उन्हें आगे बढ़ने का मौका मिलेगा, इसलिए शांति और स्वतंत्रता पर राजनीतिक तथा आर्थिक दोनों पहलुओं से विचार करना होगा।"[60] उन्होंने यह भी स्पष्ट किया कि विश्वशांति को सबसे बड़ा खतरा साम्राज्यवाद, उपनिवेशवाद एवं नस्लवाद से है। भारत ने गुटनिरपेक्ष आंदोलन के माध्यम से संयुक्त राष्ट्र संघ का भी इस गंभीर समस्या की ओर ध्यान आकृष्ट कराया। परिणामस्वरूप, भारत को उपनिवेशवाद समाप्ति समिति का पहला अध्यक्ष नियुक्त किया गया। 24 सदस्यीय समिति के सदस्य के रूप में भारत ने उपनिवेशवाद को समाप्त करने के लिए अनवरत संघर्ष किया। भारत ने नामीबिया की स्वतन्त्रता एवं दक्षिण अफ्रीका के जाति-रंगभेद तथा नस्लवाद के विरुद्ध डॉ. नेल्सन मंडेला के संघर्ष का पूर्ण समर्थन किया।

इस प्रकार स्पष्ट है कि भारत ने नव स्वतन्त्र देशों को संगठित करके उन्हें अन्तर्राष्ट्रीय समुदाय की मुख्य धारा से जोड़ा, साथ ही उनकी स्वतन्त्रता, विकास तथा राजनीतिक स्थायित्व के लिए सामूहिक रूप से कार्य किया। वर्तमान समय में भी भारत विकासशील देशों के हितों को बड़े जोरदार ढंग से संयुक्त राष्ट्र संघ के समक्ष प्रस्तुत करता है।

पर्यावरण, सतत् विकास एवं भारत

समकालीन समाज की एक प्रमुख समस्या पर्यावरण का क्षरण है। अब यह मान्यता विकसित हुई है कि व्यक्ति की आवश्यकताओं की पूर्ति केवल उत्पादन तथा उपभोग में निरन्तर वृद्धि द्वारा नहीं की जा सकती वरन् पर्यावरण एवं विकास में सामंजस्य स्थापित करके ही पूरा किया जा सकता है।

आज विकास के सन्दर्भ में एक ऐसे समाज की कल्पना की जा रही है जो पर्यावरण के साथ सन्तुलन बनाए रखे एवं सीमित स्रोतों वाले संसार में एक ऐसे विकास की कल्पना हो जो असीमित अवधारणा से इतर हो। अतः विकास के संवर्धनोन्मुख सभी सिद्धान्तों को सम्पोषित विकास (Sustainable Development) में बदलने की आवश्यकता है।

पर्यावरण आन्दोलन का सैद्धान्तिक आधार है सामाजिक न्याय। यह सिद्धान्त इस तथ्य पर ज्यादा जोर देता है कि जीवन की गुणवत्ता का स्थान आर्थिक संवृद्धि से ऊपर है। महात्मा गांधी भी अनेक सन्दर्भों में इस तरह के सामाजिक विकास के विरुद्ध थे जो भौतिक एवं आर्थिक विकास के नाम पर पर्यावरण को असंतुलित बना देता हो। विकास का गांधीवादी दृष्टिकोण पश्चिमी प्रतिमानों के विपरीत अधिक उत्पादन के बजाय आवश्यकता आधारित उत्पादन पर था। उनके अनुसार विकास का मानदण्ड सुख और केवल शारीरिक सुख नहीं होता। सभ्यता का वास्तविक अर्थ आवश्यकताओं में वृद्धि नहीं है बल्कि जानबूझ कर और स्वेच्छा से उनमें कमी करना है। इच्छाओं का स्वेच्छा से दमन ही वास्तविक सुख-सन्तोष प्रदान कर सकता है।[61]

गांधी के लिए विकास, नैतिक, सामाजिक और भौतिक सम्बन्धों का ताना-बाना है। इसका नैतिक पक्ष सत्य, अहिंसा, निडरता, स्वदेशी काम के लिए श्रम, धार्मिक सहिष्णुता, प्राकृतिक चिकित्सा, सहकारिता तथा सादे जीवन पर आधारित है। सामाजिक पक्ष से अभिप्राय—पुरुष-नारी की समानता, छुआछूत की समाप्ति, शराबबन्दी, शिक्षा, साम्प्रदायिक सद्भाव तथा शहर और गाँव में सन्तुलन है और अन्त में भौतिक विकास का अर्थ कुटीर और ग्राम उद्योगों द्वारा सामाजिक धन में वृद्धि, आर्थिक उत्पादन का विकेन्द्रीकरण और गरीब तथा अमीर में न्यासधारिता द्वारा धन का वितरण है।[62]

भारत पर्यावरण संरक्षण एवं स्थायी विकास के सन्दर्भ में संयुक्त राष्ट्र द्वारा किए गए सभी प्रयासों का समर्थक रहा है। सन् 1972 ई. में स्टॉकहोम में आयोजित प्रथम शिखर सम्मेलन में भारत ने भाग लिया जिसमें भारत का प्रतिनिधित्व तत्कालीन प्रधानमंत्री श्रीमती इन्दिरा गांधी ने किया। सन् 1992 ई. में रियो डी जेनेरियो में आयोजित "पृथ्वी शिखर सम्मेलन" में भारत ने महत्वपूर्ण भूमिका निभाई तथा इस सम्मेलन में स्वीकृत एजेंडा 21 के (जिसमें विश्व की

पारिस्थितिकी सुरक्षा एवं पर्यावरण प्रबन्धन सुनिश्चित करने से संबंधित मूलभूत विषय निर्धारित किए गए) हस्ताक्षरकर्ता देशों में प्रमुख था। दस वर्ष बाद पुनः 26 अगस्त 2002 में जोहान्सबर्ग में आयोजित पृथ्वी सम्मेलन में भी भारत ने सक्रिय भूमिका निभायी। सतत् विकास के बारे में विश्व शिखर सम्मेलन में तीन महत्वपूर्ण बिन्दु थे।

पहला—रियो घोषणा की तरह एक राजनीतिक घोषणा,
दूसरा—एक कार्यान्वयन योजना नामक दस्तावेज, और
तीसरा—निजी भागीदारी सम्बन्धी पहल की सूची के रूप में था, जिसे "टाइप-II" पहल नाम दिया गया। विश्व स्तर पर "सतत् विकास" के प्रयासों को सर्वोच्च प्राथमिकता दिलाने के लिए भारत ने विकासशील देशों में गरीबी उन्मूलन और विकसित देशों में उत्पादन तथा उपभोग के गलत तौर-तरीकों पर प्रतिबन्ध सुनिश्चित करने का प्रयास किया, जिससे विकासशील देशों को वित्तीय संसाधन और पर्यावरण की दृष्टि से श्रेष्ठ तकनीक उपलब्ध हो सके।

भारत, निष्कर्ष दस्तावेज में श्रम और पर्यावरण सम्बन्धी मानदण्डों को व्यापार के साथ जोड़ने के प्रयासों का प्रतिरोध करने में भी सफल रहा। सतत् विकास शिखर सम्मेलन की एक महत्वपूर्ण सफलता भारत के प्रयासों से हुई, जिसमें "जैव-विविधता" के बारे में संयुक्त राष्ट्र संधि के ढाँचे के भीतर आनुवंशिक संसाधनों से होने वाले फायदों के न्यायोचित और समता पर आधारित बंटवारे के लिए अन्तर्राष्ट्रीय व्यवस्था बनाने की आवश्यकता पर विचार करने की बात कही गयी।

कार्यान्वयन योजना के कुछ महत्वपूर्ण लक्ष्य इस प्रकार हैं—साफ-सफाई और स्वच्छ पेयजल की सुविधा से वंचित लोगों को सुविधाएँ मुहैया कराकर उनकी संख्या सन् 2015 ई. तक आधी करनी है।

सन् 2010 ई. तक जैव विविधता के नुकसान को न्यूनतम स्तर पर लाना। सन् 2015 ई. तक मत्स्य संसाधनों के स्तर को बहाल करना। सन् 2020 ई. तक मानव स्वास्थ्य और पर्यावरण को रसायनों से उत्पन्न खतरे को कम करने के लिए रसायनों का बेहतर प्रबन्धन प्रमुख है।[63]

भारत संयुक्त राष्ट्र के जलवायु परिवर्तन संधि का महत्वपूर्ण सदस्य है। जलवायु परिवर्तन के बारे में भागीदार देशों का आठवाँ शिखर सम्मेलन सन् 2002 ई. में नई दिल्ली में आयोजित हुआ। सम्मेलन का उद्घाटन प्रधानमंत्री अटल बिहारी वाजपेयी ने किया। इस अवसर पर अपने भाषण में उन्होंने स्पष्ट किया कि संधि के तहत भारत कोई शर्त स्वीकार नहीं करेगा क्योंकि अभी इस तरह की शर्तें लगाने का कोई वैज्ञानिक या तर्कसंगत आधार नहीं है। सम्मेलन की मुख्य उपलब्धि "दिल्ली घोषणा" के रूप में सामने आयी। घोषणा में पहली बार सतत् विकास को जलवायु परिवर्तन से जोड़ा गया। भारतीय पक्ष यह सुनिश्चित कराने में सफल रहा कि सम्मेलन का मुख्य जोर अनुकूलन और क्षमता निर्माण पर हो।[64] 9–18 दिसम्बर 2009 ई. कोपेनहेगन में संयुक्त राष्ट्र जलवायु सम्मेलन सम्पन्न हुआ जिसमें 192 राष्ट्रों ने भाग लिया। सम्मेलन का मुख्य उद्देश्य यह था कि अमीर देश अपने यहां कार्बन उत्सर्जन में भारी कटौती करें और गरीब देशों को आर्थिक सहायता तथा प्रौद्योगिकी उपलब्ध करायें। कोपेनहेगेन सम्मेलन के अंतर्गत भारत ने पहली बार यह घोषणा की कि वह 2020 तक अपने कार्बर्न उत्सर्जन में 20 से 25 प्रतिशत तक स्वेच्छा से कटौती करेगा।[65]

स्वीडिश विदेश नीति के मौलिक सिद्धान्त

लगभग 150 वर्षों से स्वीडन एक लघु शक्ति के रूप में अपनी महत्वपूर्ण भूमिका का निर्वाह शांति एवं अन्तर्राष्ट्रीय विकास के क्षेत्र में कर रहा है। वह आसानी से अपनी अर्थव्यवस्था सुदृढ़ करने एवं आन्तरिक शांति बनाये रखने में समर्थ रहा है। इस सन्दर्भ में उसकी विदेश नीति की एक महत्वपूर्ण विशेषता यह रही है कि वह इन वर्षों में अपने आपको युद्ध से पूरी तरह बचाए रखा। साथ ही वह किसी विश्व–शक्ति के साथ संधियों के आधार पर गुटबंदी का शिकार नहीं हुआ। उसे इस तरह की विदेश नीति के विकास में उसकी भौगोलिक स्थिति का बहुत बड़ा लाभ मिला क्योंकि वह महान् शक्तियों के विस्तार से दूर रहा है।[66]

इस आधार पर यह स्पष्ट होता है कि स्वीडन की विदेश नीति सीमित रही और इसका हित भी सीमित रहा है, वह यूरोप के उत्तरी क्षेत्रों में शक्ति सन्तुलन बनाने एवं युद्ध के समय तटस्थ रहने में सफल रहा है।

भौगोलिक आधार के अतिरिक्त स्वीडन की विदेश नीति में दूसरा महत्वपूर्ण कारक अन्तर्राष्ट्रीय व्यापार का भी है, क्योंकि उसकी आर्थिक स्थिति भी इसी पर आधारित है, इसलिए वह शांतिपूर्ण सहअस्तित्व में अधिक विश्वास रखता है। इन्हीं महत्वपूर्ण कारकों के परिणामस्वरूप, स्वीडन लगातार विश्व राजनीति में अन्तर्राष्ट्रीय विवादों का शांतिपूर्ण समाधान, संयुक्त राष्ट्र के बाहर एवं अन्दर अन्तर्राष्ट्रीय सहयोग की भावना बनाए रखने, विकासशील देशों के प्रति सौहार्द्रपूर्ण दृष्टिकोण अपनाने एवं विश्व शांति के लिए परमाणु अप्रसार एवं हथियारों पर रोक लगाने हेतु पूर्णतः प्रतिबद्ध है।

ये कुछ ऐसे मुद्दे हैं जो भारत एवं स्वीडन की विदेश नीति में समानता को दर्शाते हैं। भारत भी स्वीडन की भांति उपरोक्त सभी मुद्दों पर लगभग समान दृष्टिकोण रखता है।

तटस्थता एवं संधियों की स्वतन्त्रता

तटस्थता स्वीडन की विदेश नीति का मुख्य सार है। तटस्थता का तात्पर्य यहाँ इस आशय से है कि युद्ध के समय स्वीडन किसी गुट या किसी देश के साथ सैनिक गुटबंदी में सम्मिलित नहीं होगा परन्तु शांति के समय वह विश्व के समस्त देशों के साथ परस्पर सहयोग बनाए रखेगा।

अन्तर्राष्ट्रीय सम्बन्धों में तटस्थता और गुटनिरपेक्षता दो भिन्न अवधारणाएं एवं स्थितियाँ हैं। अन्तर्राष्ट्रीय कानून के अन्तर्गत तटस्थता वह स्थिति है, जिसमें युद्ध में कोई देश किसी का पक्ष नहीं लेता। संघर्ष की स्थिति में तटस्थ राज्य न तो किसी पक्ष को सहायता देता है और न ही किसी राज्य के साथ संधि अथवा मित्रता करता है। युद्ध के समय तटस्थ राज्य निष्क्रिय और कर्मनिरपेक्ष बने रहते हैं। इसकी अवधारणा युद्ध विरोधी है तथा तटस्थ राज्य अन्य राज्यों के झगड़ों एवं मतभेदों में किसी का पक्ष नहीं लेते। राज्यों की तटस्थता शताब्दियों से युद्ध सम्बन्धी अन्तर्राष्ट्रीय कानून का एक अंग रही है।

तटस्थता की प्रासंगिकता मात्र युद्धकालीन स्थिति में होती है। जबकि गुटनिरपेक्षता की प्रासंगिकता शांतिकाल एवं युद्धकाल दोनों में बनी रहती है। गुटनिरपेक्षता अन्तर्राष्ट्रीय तनाव तथा सैन्य गुटों एवं शक्तियों के बीच संभावित संघर्ष में सम्मिलित न होने की स्थिति है, जबकि तटस्थता युद्ध में सम्मिलित न

होने की स्थिति है। 'तटस्थता' शब्द के प्रयोग व अवधारणा का उदय 18वीं तथा 19वीं शताब्दी के उस दौर में हुआ जब यूरोप के राष्ट्र दो या दो से अधिक राज्यों के मध्य संघर्ष की स्थिति से स्वयं को दूर रखने के इच्छुक थे। गुटनिरपेक्षता की अवधारणा का उदय 20वीं सदी के मध्य में द्वितीय विश्व युद्ध के समाप्त होने के उपरांत तब हुआ जब अमरीका और उसके सहयोगी राष्ट्र तथा पूर्व सोवियत संघ एवं अन्य समाजवादी देशों के बीच शीतयुद्ध का दौर आरम्भ हुआ।

अत: जहाँ तटस्थता, युद्ध में किसी का पक्ष न लेने के कारण एक नकारात्मक अवधारणा है, वहीं दूसरी ओर गुटनिरपेक्षता एक सकारात्मक अवधारणा है जो गुटबंदी का विरोध और महाशक्तियों की अधीनता को अस्वीकार करती है। इसके साथ ही वह स्वतन्त्र विदेश नीति, विश्वशांति राष्ट्रों के मध्य समानता एवं न्याय पर आधारित परस्पर सहयोग तथा मानव कल्याण हेतु आर्थिक विकास जैसे मुद्दों के प्रति सकारात्मक रूप से वचनबद्ध है।[67]

जहाँ तक स्वीडन की तटस्थता का प्रश्न है, वह पूर्ण रूप से भिन्न है। शांतिकाल में सैनिक गुटबंदी से मुक्त रहना एवं युद्ध की अवस्था में तटस्थ रहना स्वीडिश तटस्थता का मुख्य सार है। शीतयुद्ध काल में स्वीडन ने व्यावहारिक रूप से अपने आपको किसी दबाव एवं गुटबन्दी से मुक्त रखकर किसी सैन्य गुट की सदस्यता नहीं स्वीकार की। इससे स्पष्ट होता है कि स्वीडन 'गुट मुक्त' (Alliance Free) नीति का समर्थक है, परन्तु हम यह भी नहीं कह सकते हैं कि इस अवधि में या पूर्व शीतयुद्ध काल में स्वीडन ने विश्व में समय-समय पर उठने वाली समस्याओं से अपने को पूरी तरह से अलग रखा हो। स्वीडन की तटस्थता की नीति दुनिया के गुटनिरपेक्ष देशों की भाँति भी नहीं है, क्योंकि स्वीडन जिस राजनीतिक, एवं आर्थिक परिवेश में है, वह विश्व के विकासशील देशों के परिवेश से बिल्कुल भिन्न है। आज स्वीडन ने अपना स्थान विकसित देशों के श्रेणी में बना लिया है। ऐसी दशा में जहाँ विश्व के गुटनिरपेक्ष राष्ट्र अपने आर्थिक विकास एवं स्वतन्त्र विदेश नीति के लिए गुटनिरपेक्ष नीति का अनुसरण करते हैं, वहीं स्वीडन ने आर्थिक दबाव से मुक्त होकर तटस्थता की नीति का अनुसरण करते हुए विकसित एवं विकासशील देशों से किसी गुट एवं सैन्य संधि में बिना शामिल हुए समान दूरी बनाए रखने का प्रयास किया एवं विश्व में उठने वाली ज्वलंत समस्याओं के समाधान हेतु सहयोगात्मक दृष्टिकोण अपनाया।

स्वीडन की तटस्थता की नीति स्विट्जरलैण्ड की तटस्थता की नीति से भी बिल्कुल भिन्न है। स्विट्जरलैण्ड की तटस्थता को महान् देशों द्वारा संवैधानिक रूप से प्रत्याभूत किया गया है एवं उसे कानूनी रूप से तटस्थ घोषित किया गया है, जबकि स्वीडन की तटस्थता की नीति उसके स्वयं के इच्छा पर या राजनीतिकरण पर आधारित है एवं किसी भी महान् शक्ति द्वारा प्रत्याभूत नहीं की गई है। स्वीडन ने अन्य स्कैन्डिनेवियाई राष्ट्रों की भांति अपनी तटस्थता की नीति को औपचारिक रूप से सन् 1914 ई. में घोषित किया।[68] इसका व्यावहारिक पक्ष हम विभिन्न कालों में स्वीडन द्वारा अन्तर्राष्ट्रीय स्तर पर निभाई गई भूमिकाओं में देख सकते हैं। सन् 1920 ई. में स्वीडन राष्ट्र संघ का सदस्य बना एवं अन्तर्राष्ट्रीय समस्याओं के समाधान में खुलकर हिस्सा लेने लगा, जो तटस्थता की नीति के विरुद्ध था, परन्तु जब सन् 1938 ई. में यह प्रतीत होने लगा कि राष्ट्र संघ एक असहाय संस्था बन गई है एवं आक्रमणकारियों के विरुद्ध कोई कार्यवाही करने में असमर्थ है, तो स्वीडन ने अन्य स्कैन्डिनेवियाई राष्ट्रों की भांति उस समय यूरोप में बनने वाली गुटबंदियों से अपने को दूर रखना ही उचित समझा, क्योंकि उस समय उसके अस्तित्व एवं सुरक्षा के लिए यही उचित था।[69] इससे स्पष्ट होता है कि प्रथम विश्व युद्ध की अवधि में स्वीडन द्वारा अपनायी गयी तटस्थता की नीति तटस्थता की कानूनी मान्यताओं से भिन्न है। जब द्वितीय विश्व युद्ध प्रारम्भ हुआ तो स्वीडन ने हर हाल में युद्ध की विभीषिका से अपने को अलग रखा एवं कई यूरोपीय राष्ट्रों की भाँति अपने को तटस्थ घोषित किया परन्तु वह इस घोषणा के प्रति पूरी तरह प्रतिबद्ध नहीं रह सका क्योंकि जब 1939 के सर्दियों में रूस द्वारा फिनलैण्ड पर आक्रमण किया गया तो स्वीडन का फिनलैण्ड से पारंपरिक एवं सांस्कृतिक समानता के कारण, स्वीडन की जनता का झुकाव फिनलैण्ड के प्रति था, ऐसी दशा में स्वीडन सरकार द्वारा रूस का प्रतिरोध करना स्वाभाविक था। स्वीडन ने संकट के इस घड़ी में फिनलैण्ड का खुलकर समर्थन किया एवं फिनलैण्ड की रक्षा हेतु वहाँ सेनाएँ भेजीं तथा महत्वपूर्ण आर्थिक सहयोग भी दिया। सन् 1940 ई. में जब डेनमार्क एवं नार्वे पर जर्मनी का आक्रमण हुआ, उस समय स्वीडन की जनता जर्मनी के विरुद्ध थी, जिसकी प्रतिक्रिया सरकार द्वारा भी व्यक्त की गई, परन्तु इस अवधि में स्वीडन ने जर्मनी से कच्चे लोहे का व्यापार जारी रखा। यहाँ यह

भी उल्लेखनीय है कि स्वीडन ने जर्मन सेनाओं एवं सैन्य सामग्री को अपनी भूमि से आवागमन की अनुमति प्रदान की थी।[70] स्वीडन का यह व्यवहार विशुद्ध रूप से अपने हित को ध्यान में रखकर अपनाया गया जो उसकी तटस्थता की नीति के विरुद्ध था, लेकिन ये सारी सुविधाएँ स्वीडन द्वारा जर्मनी को उस वक्त दी गईं जब जर्मनी में एडोल्फ हिटलर का एक शक्ति के रूप में उद्भव हो चुका था परन्तु जैसे ही हिटलर का पतन आरम्भ हुआ, स्वीडन पुनः अपनी स्वतन्त्र इच्छा को प्रदर्शित करते हुए तटस्थता की नीति की तरफ उन्मुख हुआ एवं सन् 1944 ई. तक जर्मन सेनाओं को दी जाने वाले सारी सुविधाओं को बंद कर दिया।[71] संभवतः स्वीडन द्वारा अपनायी गई यह नीति इस बात पर आधारित थी कि यदि वह जर्मन इच्छाओं की अवहेलना करेगा तो वह भी उसके आक्रमणकारी एवं विस्तारवादी नीति का कोप भाजन बनेगा। अतः, उसने इस अवधि में हिटलर की इच्छाओं का सम्मान करना श्रेयस्कर समझा।[72]

स्वीडन ने द्वितीय विश्व युद्ध के बाद शीतयुद्ध काल में तटस्थता के साथ-साथ गुटबंदियों से दूर रहने की नीति (Freedom from Alliance) का अनुसरण किया। यद्यपि उसे ऐसी नीति अपनाने में कई कठिनाईयों का सामना करना पड़ा क्योंकि द्वितीय विश्व युद्ध से पहले की गुटबंदी युद्ध के पश्चात् बदल चुकी थी। इस क्षेत्र के राष्ट्रों ने बदलते परिवेश में अपने हितों को ध्यान में रखकर विभिन्न नीतियों का अनुसरण किया। जो मुख्य रूप से तीन भागों में विभाजित थीं।

फिनलैण्ड ने ऐसे प्रभाव में आकर तटस्थता की कानूनी नीति को अपनाया। डेनमार्क, नार्वे एवं आइसलैण्ड ने पश्चिमी देशों के गुट में शामिल होना स्वीकार किया। ऐसी परिस्थिति में स्वीडन की स्थिति विकट हो गई और उसने बाध्य होकर Alliance Free नीति का अनुसरण कर लिया।

फरवरी 1948 ई. में जब प्राग में साम्यवादी विरोध हुआ तो स्कैन्डिनेवियन क्षेत्र के राजनेताओं ने पहली बार सोवियत रूस के विस्तारवादी दस्तक को महसूस किया और सन् 1948 ई. के अन्तिम दिनों में स्वीडन द्वारा डेनमार्क के साथ मिलकर इस क्षेत्र में सैनिक सहयोग संधि बनाने की पहल की। सन् 1949 ई. में वह इन देशों के साथ दस वर्ष के लिए इस शर्त पर सैनिक गुट बनाने को राजी हुआ कि ये देश विश्व के अन्य सैनिक संगठनों से स्वयं को अलग कर

लेंगे, परन्तु जब नार्वे एवं डेनमार्क को यह अनुभव हुआ कि अमेरिका मात्र अपने सैनिक गुट में शामिल राष्ट्रों को ही सहयोग देगा, तो उन्होंने स्वीडन के इस प्रस्ताव को नामंजूर कर दिया एवं अप्रैल 1949 ई. में NATO के सदस्य बन गए। स्वीडन की जनता ने इसको एक अपमान माना एवं सरकार पर दबाव बनाया कि वह नार्वे एवं डेनमार्क की इस नीति का परित्याग करे, फलतः, स्वीडन ने अपने आपको NATO से अलग रखा। स्वीडन ने ऐसा करके स्वयं को शीतयुद्ध से अलग रखा।[73] स्वीडन की इस नीति ने उसे स्कैन्डिनेवियन क्षेत्र के अन्य देशों से अलग-थलग कर दिया। फिर भी, वह इस क्षेत्र के देशों से सामाजिक, सांस्कृतिक एवं आर्थिक रूप से जुड़ा रहा। स्वीडन द्वारा इस नीति के अनुसरण से उसका अपना विकास हुआ एवं इस क्षेत्र के अन्य राष्ट्र जहाँ पश्चिमी गुट पर आश्रित रहे, वहीं स्वीडन अपनी सुरक्षा हेतु अपने उपलब्ध संसाधनों पर ही आश्रित रहा, जिससे वह इस क्षेत्र का महत्वपूर्ण राष्ट्र बन गया।[74]

ऐसा प्रतीत होता है कि सन् 1920 ई. से पहले स्वीडन की विदेश एवं सुरक्षा नीति स्वयं के द्वारा अपनायी गई तटस्थता की नीति पर आधारित थी। 19वीं सदी में यह नीति संतुलन निर्माण के आधार पर संचालित हुई। इस नीति के तहत स्वीडन सर्वप्रथम इंग्लैण्ड, सोवियत संघ एवं बाद में जर्मनी के बीच सन्तुलन बनाने का कार्य किया। बीसवीं सदी में स्वीडन के व्यापार में वृद्धि हुई, जिससे वह आर्थिक रूप से समृद्ध देश बना। फलस्वरूप, स्वीडन ने एक स्वतन्त्र सुरक्षा नीति अपनाना प्रारम्भ किया। प्रथम विश्व युद्ध के बाद स्वीडन द्वारा तटस्थता की नीति अपनायी गई, जिसे संक्षिप्त में शांति काल में 'असंलग्नता की नीति' एवं युद्ध काल में 'तटस्थता की नीति' कही जा सकती है।

स्वीडन एवं संयुक्त राष्ट्र संघ

स्वीडन 1946 में संयुक्त राष्ट्र संघ का सदस्य बना। वह संयुक्त राष्ट्र के उद्देश्यों का पूर्ण समर्थन करता है तथा संयुक्त राष्ट्र की कार्यवाही में स्वीडन तटस्थता की नीति का अनुसरण करता है, इसके बावजूद स्वीडन ने बीजिंग सरकार (चीन) द्वारा संयुक्त राष्ट्र में की गई सदस्यता की मांग का समर्थन किया तथा 1956 में हंगरी में रूस के हस्तक्षेप की भर्त्सना की।

संयुक्त राष्ट्र संघ में स्वीडन ने सदैव विश्व निरस्त्रीकरण के लिए प्रयास किया। स्वीडन मुख्य रूप से परमाणु हथियारों पर पाबंदी लगाने हेतु आंशिक परमाणु परीक्षण संधि (P.T.D.T.) 1963 ई. एवं परमाणु अप्रसार संधि (N.P.T.) 1968 ई. का समर्थन किया, तथा 1963 ई. में संयुक्त राष्ट्र निरस्त्रीकरण समिति का भारत के साथ सदस्य रहा।[75] निरस्त्रीकरण के अलावा स्वीडन ने पूर्व एवं पश्चिम के बीच बढ़ती आर्थिक खाई एवं तनाव को कम करने का प्रयास किया। चूँकि, स्वीडन किसी सैनिक गुट से संबंधित नहीं था, इसलिए जब कभी भी संयुक्त राष्ट्र संघ को तटस्थ पर्यवेक्षक नियुक्त करने या किसी शांति स्थापना में सहयोग देने के लिए सदस्य राष्ट्रों की आवश्यकता होती तो स्वीडन का नाम पहले आता एवं अधिकतर कार्यवाहियों में शामिल होता। एक स्वतन्त्र पर्यवेक्षक के रूप में स्वीडन को कोरिया, कश्मीर, मध्य-पूर्व, कांगों एवं साइप्रस आदि स्थानों में देखा जा सकता है।

सन् 1963 ई. के पश्चात् स्वीडन संयुक्त राष्ट्र संघ के शांति स्थापना कार्य हेतु अपनी सेना को तुरन्त भेजने के लिए प्रतिबद्ध हुआ।[76]

1970 के दशक में स्वीडन की विदेश नीति मुख्य रूप से विकासशील देशों को सहयोग देने, वैश्विक पर्यावरण की सुरक्षा तथा निरस्त्रीकरण के प्रति संयुक्त राष्ट्र संघ द्वारा उठाए गए कदमों को समर्थन देना जैसे विषयों पर केन्द्रित रही। स्वीडन ने शांति एवं सुरक्षा की दृष्टि से गुटनिरपेक्ष राष्ट्रों को सुदृढ़ बनाने पर बल दिया तथा शीतयुद्ध की अवधि में अमेरिकी एवं सोवियत संघ की सैनिक गुटबंदी की नीति का खण्डन किया। स्वीडन अमेरिका द्वारा वियतनाम एवं हिन्द-चीन में किए गए अमानवीय कार्यों की भर्त्सना की। 1975 में जब हेलसिंकी में यूरोपीय सुरक्षा एवं सहयोग सम्बन्धी सम्मेलन [Conference on Security and in Europe (CSCE)] जो बाद में Organization for Security and Co-operation in Europe (OSCE) बना तो स्वीडन ने एक तटस्थ राष्ट्र की हैसियत से इसमें भाग लिया और विश्व शांति की प्रक्रिया में इसके माध्यम से सहयोग देने पर बल दिया।[77] स्वीडन संयुक्त राष्ट्र संघ के माध्यम से विकास, निरस्त्रीकरण, मानवाधिकार एवं पर्यावरण की समस्याओं के समाधान हेतु सदा प्रयासरत् रहा। स्वीडन महिला एवं बाल विकास तथा महिलाओं के सशक्तीकरण हेतु विशेष रूप से प्रतिबद्ध है।

स्वीडन द्वारा इराक में अमेरिकी सैनिक कार्यवाही एवं नीतियों की आलोचना की गई तथा अमेरिकी सेना द्वारा सद्दाम हुसैन के शासन को समाप्त करने के कार्य को अनुचित बताया गया। जनवरी 2003 ई. में इराक युद्ध के सन्दर्भ में किए गए सर्वेक्षण में 50 प्रतिशत लोगों ने युद्ध के विरुद्ध मत व्यक्त किए एवं 37 प्रतिशत लोगों का मत था कि इस तरह के कार्य की अनुमति संयुक्त राष्ट्र संघ से लिया जाना आवश्यक है। मात्र 5 प्रतिशत लोगों ने इराक पर अमेरिका के आक्रमण को उचित माना। 20 मार्च 2003 ई. को संयुक्त राष्ट्र मानवाधिकार आयोग के 59वें अधिवेशन में स्वीडन के विदेश मंत्री Anna Lindh ने इराक में अमेरिकी कार्यवाही के विरुद्ध स्वीडिश मत को व्यक्त करते हुए कहा कि "इराक में अमेरिका द्वारा किए गए अनुचित आक्रमण से समस्या के शांतिपूर्ण समाधान की आशा समाप्त हो गई है, जिससे संयुक्त राष्ट्र संघ एवं उसकी मान्यताओं को गहरा धक्का लगा है।" उन्होंने आगे कहा कि संयुक्त राष्ट्र संघ को इस समस्या में हस्तक्षेप करके इराक के पुनर्निर्माण में कार्य करना चाहिए।"[78] इस प्रकार स्वीडन विश्व शांति, विकास एवं मानवाधिकार की रक्षा हेतु संयुक्त राष्ट्र संघ के उद्देश्यों एवं कार्यों के प्रति कटिबद्ध रहा है। 15 फरवरी 2006 ई. को स्वीडिश संसद रिक्सडॉग को संबोधित करते हुए प्रधानमंत्री गोरान परसन ने अफ्रीका में मानवाधिकार, विकास एवं सुरक्षा की समस्या को सबसे जटिल समस्या बताते हुए कहा कि इस समस्या का समाधान अति आवश्यक है। स्वीडन इस क्षेत्र में अपनी जिम्मेदारी से अवगत है एवं उसका सहयोग संयुक्त राष्ट्र संघ के साथ निरन्तर बना हुआ है। सन् 1953 ई. से कांगो में संयुक्त राष्ट्र महासचिव डेग हमरशेल्ड (Dag Hammarsheld) द्वारा चलाया गया अभियान अभी भी कार्यरत है। स्वीडन की सेना संयुक्त राष्ट्र संघ के नेतृत्व में अफ्रीका में शांति एवं सुरक्षा को बनाए रखने में सहयोग दे रही है। उन्होंने कहा कि सूडान के "दारफुर" में हुए जनसंहार से हम सभी दु:खी हैं और उसकी कड़ी आलोचना करते हैं। अफ्रीका में आज गरीबी, भुखमरी एवं एड्स के कारण लगभग 6 हजार लोग प्रतिदिन मृत्यु के शिकार हो रहे हैं और 12 मिलियन बच्चे एड्स के कारण पिता विहीन हो गए हैं जो गहन चिन्ता का विषय है। हमारी सरकार एवं हमारे लोग इस विकट समस्या के समाधान हेतु तत्पर हैं एवं प्रत्येक प्रकार का सहयोग देने को तैयार हैं।[79]

स्वीडन एवं विकासशील राष्ट्र के साथ सहयोग

स्वीडन का विकासशील राष्ट्रों के साथ विकासात्मक सहयोग वर्षों से जारी है, वर्तमान समय में इन राष्ट्रों को अनुदान देने में उसकी रुचि पहले की अपेक्षा बढ़ी है।[80] स्वीडन आर्थिक सहायता, निवेश व पर्यावरणीय आधार पर विकासशील देशों को सर्वाधिक सहायता करने वाले देशों में तीसरे स्थान पर है (नीदरलैण्ड, डेनमार्क क्रमशः प्रथम एवं द्वितीय स्थान पर हैं।) स्वीडन एक समृद्ध देश है और स्वीडनवासियों की ऐसी धारणा है कि समृद्ध होने के नाते हमारा दायित्व है कि हम उन लोगों को ऊपर उठाएँ जो विश्व में गरीब एवं सुविधा विहीन हैं। इस दृष्टि से स्वीडन द्वारा गरीब एव विकासशील राष्ट्रों को दी जाने वाली अनुदान की राशि निरन्तर बढ़ रही है। स्वीडन द्वारा दिया गया अनुदान यद्यपि विकसित देशों की तुलना में (मुख्य रूप से संयुक्त राज्य अमेरिका से) कम है परन्तु जब जनसंख्या तथा क्षेत्रफल को ध्यान में रखकर उसकी तुलना की जाए तो निश्चय ही स्वीडन द्वारा दी गई अनुदान की राशि अपेक्षाकृत अधिक है। स्वीडन आज खुलकर विश्व के गरीब एवं विकासशील राष्ट्रों को अनुदान दे रहा है। इसका मुख्य कारण है कि स्वीडन न तो किसी गुटबंदी में शामिल था और न ही औपनिवेशिक एवं साम्राज्यवादी विस्तार की होड़ में भागीदार था। स्वीडन द्वारा दिए गए अनुदान मुख्यतया मानवाधिकार को सुदृढ़ करने, नागरिक समाज के उन्नयन, पर्यावरण के संरक्षण, सतत् विकास, प्राकृतिक संसाधनों के बेहतर प्रबन्धन, HIV/AIDS से बचाव एवं जागरूकता तथा शैक्षिक एवं तकनीकी विकास के क्षेत्र में अधिक है।[81] अनुदान प्राप्त करने वाले मुख्य देशों में साइबेरिया, पाकिस्तान, भारत, इथोपिया, केन्या, तंजानिया, अफगानिस्तान तथा सूडान का नाम उल्लेखनीय है। यह अनुदान कई देशों के साथ द्विपक्षीय भी है।

सन् 1965 ई. में स्थापित स्वीडिश इंटरनेशनल डेवलपमेंट एजेंसी (SIDA) विकास सम्बन्धी योजनाओं को क्रियान्वित करता है तथा आर्थिक सहयोग देता है। यह संस्था स्वीडन के विदेश एवं वित्त मंत्रालय के प्रति उत्तरदायी है। स्वीडन ने अमेरिका में भी एक शांति मिशन की स्थापना की है जिसे सबसे पहले सन् 1963 ई. में शांति स्थापित करने के लिए प्रयोग में लाया गया। इन

संस्थाओं की सबसे बड़ी समस्या यह है कि स्वीडन की आशाओं के अनुरूप कार्य करने के लिए लोग नहीं मिल रहे हैं। फिर भी स्वीडन अपने आर्थिक संसाधनों द्वारा विकासशील देशों की स्थिति सुधारने में प्रयासरत है तथा कई विकासात्मक कार्यक्रमों को प्रतिबद्धता के साथ संचालित कर रहा है।

निरस्त्रीकरण एवं स्वीडन

निरस्त्रीकरण की समस्या एक विश्वव्यापी समस्या है, जो मानव समाज के विकास में मुख्य बाधक है। एक तरफ जहाँ निरस्त्रीकरण से विश्व शांति स्थापित करने में सहायता मिलती है, वहीं दूसरी तरफ निरस्त्रीकरण को न मानने वाले राष्ट्र इसे अपनी सुरक्षा एवं राष्ट्रीय हित की रक्षा हेतु हानिकारक बताते हुए इस मार्ग पर न चलने का प्रयास करते हैं। इस प्रकार निरस्त्रीकरण के सन्दर्भ में किए गए प्रयास अक्सर राष्ट्रीय सुरक्षा के नाम पर बलि चढ़ा दिए जाते हैं। निरस्त्रीकरण के सम्बन्ध में स्वीडन का प्रयास सदैव सकारात्मक रहा है। स्वीडन ने राष्ट्र संघ एवं संयुक्त राष्ट्र द्वारा किए गए सभी प्रयासों के प्रति पूरी प्रतिबद्धता के साथ सहयोग किया है। स्वीडन सन् 1963 ई. में संयुक्त राष्ट्र के तत्वावधान में आंशिक परमाणु परीक्षण संधि के संस्थापक सदस्यों में एक था, तथा सन् 1968 ई. में परमाणु अप्रसार संधि के हस्ताक्षरकर्ता देशों में प्रथम था। सन् 1970 ई. एवं 1980 ई. के दशक में स्वीडिश नीति में सामान्य सुरक्षा मुख्य बिन्दु था। जिसके माध्यम से यूरोप में सामान्य एवं सम्पूर्ण निरस्त्रीकरण के उद्देश्य को स्वीडन द्वारा पूर्ण समर्थन दिया गया। इस उद्देश्य की प्राप्ति के लिए स्वीडन में एक बहस प्रारम्भ हुई कि शीतयुद्ध की समाप्ति के बाद अब तटस्थता की आवश्यकता नहीं है क्योंकि एक तटस्थ राष्ट्र की हैसियत से स्वीडन विश्व की बहुत सारी समस्याओं के समाधान में खुलकर सहयोग नहीं दे सकता। इसलिए इस स्थिति में स्वीडन को गुटनिरपेक्ष होकर विकास, निरस्त्रीकरण सुरक्षा एवं शांति जैसे मुद्दों पर सहयोग करना चाहिए, क्योंकि तटस्थता, निरस्त्रीकरण एवं परमाणु अप्रसार को हल करने में सकारात्मक दृष्टिकोण नहीं है। यद्यपि सेना के अधिकारियों ने इसका विरोध किया और कहा कि स्वीडन तटस्थ रहकर भी इन समस्याओं के समाधान में मुख्य भूमिका

निभा सकता है, जैसा कि स्वीडन ने इस नीति का पालन करते हुए सन् 1920 ई. में राष्ट्र संघ एवं 1962 ई. में संयुक्त राष्ट्र संघ के द्वारा निरस्त्रीकरण के लिए किए गए प्रयासों एवं चलाए जा रहे कार्यक्रमों में सहयोग दे रहा है। स्वीडन, पूर्ण निरस्त्रीकरण, परमाणु अप्रसार एवं परम्परागत हथियारों के प्रसार को रोकने हेतु प्रतिबद्ध है। 1986 में स्वीडन ने छः राष्ट्रों (जिसमें भारत भी प्रमुख सदस्य था) के साथ मिलकर एक आयोग की स्थापना की जिसका उद्देश्य था—"पूर्ण निरस्त्रीकरण" लेकिन तत्कालीन स्वीडिश प्रधानमंत्री ओल्फ पाल्मे की असामयिक मृत्यु से यह प्रक्रिया आगे नहीं बढ़ सकी। सन् 1993 ई. में जब खतरनाक रासायनिक जनसंहारक हथियारों पर रोक लगाने हेतु एक प्रारूप लाया गया तो स्वीडन उस प्रारूप को अनुमोदित करने वाले राष्ट्रों में पहला था। स्वीडन द्वारा 1996 में समग्र परमाणु परीक्षण निषेध संधि (C.T.B.T.) के विकास में महत्वपूर्ण सहयोग दिया गया। अन्तर्राष्ट्रीय स्तर पर परमाणु अप्रसार संधि, रासायनिक एवं जैविक हथियारों के अप्रसार तथा प्रक्षेपास्त्र तकनीकी के निर्यात पर रोक हेतु बनायी गई व्यवस्थाओं में स्वीडन एक प्रमुख सक्रिय सदस्य है।[82] नवम्बर 2002 ई. में स्वीडन द्वारा यूरोपीय रैपिड एक्शन फोर्स (R.A.F.) में अपनी सेना भेजने की अनुमति दी गई। सन् 2003 ई. में स्वीडन द्वारा एक प्रस्ताव की माँग की गई—अन्तर्राष्ट्रीय स्तर पर एक स्वतन्त्र आयोग का गठन किया जाए, जिसका उद्देश्य जनसंहारक हथियारों के प्रसार को रोकना हो, इसी प्रस्ताव में इस लक्ष्य को सन् 2005 ई. तक प्राप्त करने की प्रतिज्ञा भी की गई। स्वीडन ने ईरान एवं उत्तर कोरिया द्वारा चलाए जा रहे परमाणु कार्यक्रम को शांति के लिए एक अवरोध मानते हुए दोनों देशों की आलोचना की।[83]

इस प्रकार यह स्पष्ट है कि स्वीडन निरस्त्रीकरण के क्षेत्र में चाहे वह आंशिक हो या समग्र, निरन्तर प्रयास करता रहा है।

पर्यावरण संरक्षण एवं स्वीडिश प्रयास

पर्यावरण संरक्षण एवं प्राकृतिक संसाधनों का बेहतर प्रबन्धन वर्तमान विश्व के समक्ष एक प्रमुख चुनौती है। विश्व के प्रायः सभी देश पर्यावरण में तेजी से आए गिरावट को लेकर चिन्तित हैं। इस क्षरण से बचाव के लिए अन्तर्राष्ट्रीय

एवं राष्ट्रीय, दोनों स्तरों पर महत्वपूर्ण प्रयास किए जा रहे हैं। स्वीडन आरम्भ से ही इस गंभीर समस्या के समाधान हेतु संवेदनशील रहा है एवं अन्तर्राष्ट्रीय स्तर पर पर्यावरण सुरक्षा के लिए संयुक्त राष्ट्र संघ तथा अन्तर्राष्ट्रीय संगठनों द्वारा किए गए सभी प्रयासों को पूर्ण समर्थन एवं सहयोग देता आ रहा है। पर्यावरण संरक्षण के सम्बन्ध में स्वीडन का मत है कि इस विश्वव्यापी समस्या के निराकरण के लिए राष्ट्रों का सहयोग अति आवश्यक है और यह प्रयास स्थानीय, राष्ट्रीय एवं वैश्विक स्तर पर होना चाहिए। स्वीडन बाल्टिक सागर एवं उत्तरी सागर के पर्यावरण की सुरक्षा हेतु क्षेत्रीय सहयोग से कार्य कर रहा है। स्वीडन द्वारा कॉनवेंसन ऑन लार्ज ट्रांस बाउन्डरी एयर पौलूशन फॉर यूरोप सन् 1979 ई. में संयुक्त राष्ट्र के तत्वावधान में स्थापित किया गया, जिसमें यह प्रस्ताव रखा गया कि जंगलों की सुरक्षा हेतु वायु प्रदूषण को रोका जाए एवं इसकी विकट समस्या को देखते हुए सन् 2001 ई. में डीजल पर कर बढ़ाया गया, जिससे स्वीडन में डीजल एवं पेट्रोल के दाम में बढ़ोत्तरी की गई ताकि लोग इसका कम से कम उपयोग करें। सर्वप्रथम 1972 में स्वीडन की पहल पर ही संयुक्त राष्ट्र संघ के तत्वावधान में स्टॉकहोम में विश्व पर्यावरण सम्मेलन का आयोजन हुआ, जिसमें भारत भी प्रमुख भागीदार देश था। सर्वप्रथम इसी सम्मेलन में विश्व स्तर पर पर्यावरण एक मुख्य मुद्दा बना एवं इसके संरक्षण हेतु एक प्रस्ताव लाया गया जो "स्टॉकहोम संधि-1972" के नाम से प्रचलित हुआ।[84] इस संधि को एक लम्बे अन्तराल के बाद अन्ततः 16 सितम्बर 2005 ई. को 52 राष्ट्रों द्वारा लागू किया गया[85] जिसमें भारत एवं स्वीडन भी शामिल हैं। स्वीडन संयुक्त राष्ट्र संघ के नेतृत्व में बनायी गई ओजोन रिक्तिकरण संरक्षण समिति का एक सक्रिय राष्ट्र है। पर्यावरण एवं विकास में कैसे सामंजस्य स्थापित किया जाए, इसके प्रति स्वीडन बहुत संवेदनशील है। स्वीडन के प्रस्ताव पर ही संयुक्त राष्ट्र संघ द्वारा सन् 1992 ई. में रियो डि जेनेरियो में पर्यावरण एवं विकास सम्मेलन का आयोजन हुआ, जिसका मुख्य विषय था "पृथ्वी की सुरक्षा"। इस सम्मेलन में लगभग 192 राष्ट्रों ने भाग लिया। प्रायः सभी राष्ट्रों ने पर्यावरण प्रदूषण को विश्वव्यापी समस्या मानते हुए इसके निराकरण हेतु सामूहिक प्रयास पर बल दिया। सन् 2002 ई. में जोहान्सबर्ग में आयोजित पर्यावरण सम्मेलन में भी स्वीडन एक प्रमुख राष्ट्र था। इस सम्मेलन में सतत्

विकास पर विशेष चर्चा हुई तथा यह प्रस्ताव लाया गया कि पर्यावरण की सुरक्षा हेतु विकास एवं पर्यावरण में उचित तालमेल होना आवश्यक है।

उपरोक्त विश्लेषण से यह स्पष्ट है कि भारत-स्वीडन ने विदेश नीति के उद्देश्यों एवं सिद्धान्तों के सन्दर्भ में एक ऐसा रास्ता अपनाया है जिसमें काफी हद तक समानताएँ हैं। कभी-कभी तो ऐसा लगता है कि दोनों देशों की विदेश नीति के मूल आधारों में कोई विभिन्नता है ही नहीं। जब हम स्वीडन की तटस्थता की नीति की तुलना भारत की गुटनिरपेक्षता की नीति से करते हैं एवं भारत तथा स्वीडन द्वारा उन नीतियों के क्रियान्वयन हेतु समय-समय पर किए गए उपायों का अवलोकन करते हैं तो ज्ञात होता है कि सैद्धान्तिक एवं व्यावहारिक स्तरों पर ये दोनों देश एक दूसरे के काफी निकट हैं। भारत एवं स्वीडन की विदेश नीति में गुटनिरपेक्षता/तटस्थता केन्द्रबिन्दु है।

अन्तर्राष्ट्रीय सम्बन्धों में तटस्थता और गुटनिरपेक्षता दो भिन्न अवधारणाएँ एवं स्थितियाँ हैं। एक तरफ जहाँ तटस्थता चारित्रिक रूप से निष्क्रिय है क्योंकि उसमें 'नहीं करो' अधिक है 'करो' कम है। वहीं इसके विपरीत गुटनिरपेक्षता एक बहुत ही क्रियात्मक नीति है जो अन्तर्राष्ट्रीय व्यवस्था को अपने राष्ट्रीय हित के मुताबिक ढालने को तत्पर रहती है। एक बहुत ही क्रियाशील एवं बहु उद्देशीय भूमिका गुटनिरपेक्ष आन्दोलन के नेता निभाते हैं ताकि उनके सिद्धान्त बने रहें।

तटस्थता एवं गुटनिरपेक्षता के उद्देश्य भी अलग हैं, तटस्थों का प्रयास रहता है कि युद्ध में भी उनकी स्थिति तटस्थ बनी रहे। इसलिए हम यह कह सकते हैं कि उनके उद्देश्य सीमित हैं। गुटनिरपेक्षता का लक्ष्य पिछली शताब्दियों के इतिहास की धाराओं को बदलने का होता है जिसमें उपनिवेशवाद एवं साम्राज्यवाद का बोलबाला था। इनका उद्देश्य बहुत विस्तृत है एवं ये न्याय पर आधारित एक अन्तर्राष्ट्रीय व्यवस्था की स्थापना करना चाहते हैं, चाहे वह अर्थशास्त्र हो, सूचना अथवा विज्ञान एवं प्रौद्योगिकी हो।

तटस्थों के विपरीत गुटनिरपेक्ष ज्यादातर गरीब हैं एवं विकासशील देश हैं जो लम्बे समय तक शोषण एवं अन्याय का शिकार बनते रहे। उनकी विशाल आबादी की ओर तत्काल ध्यान देने एवं सुधारने की आवश्यकता है। जबकि यूरोपीय देशों के समक्ष ऐसी स्थिति है ही नहीं।

निरस्त्रीकरण के प्रश्न पर भारत-स्वीडन के दृष्टिकोण लगभग समान हैं तथा दोनों देश सन् 1963 ई. से मिलकर कार्य कर रहे हैं जब आंशिक परमाणु परीक्षण निषेध संधि (P.T.B.T.) लायी गई थी। इस संधि पर भारत-स्वीडन सहित 98 राष्ट्रों ने हस्ताक्षर किए थे। दोनों देशों की पहल पर सन् 1985-86 ई. में नई दिल्ली में 6 राष्ट्रों का एक सम्मेलन सम्पन्न हुआ, जिसकी संकल्पना स्वयं स्वीडन के प्रधानमंत्री ओलाफ पाल्मे ने तैयार की थी। इस सम्मेलन का लक्ष्य एक निश्चित समय-सीमा के भीतर पूर्ण रूप से परमाणु अस्त्रों एवं जनसंहारक हथियारों को नष्ट करने की दिशा में राष्ट्रीय एवं बहुराष्ट्रीय स्तर पर अन्तर्राष्ट्रीय समुदाय को प्रेरित करना था। सन् 1996 ई. में संयुक्त राष्ट्र महासभा द्वारा प्रस्तावित व्यापक परमाणु परीक्षण निषेध संधि (C.T.B.T.) के सन्दर्भ में दोनों देशों के दृष्टिकोणों में कुछ असमानताएँ हैं, जहां भारत इस संधि को भेदभावपूर्ण मानते हुए इस पर हस्ताक्षर करने से इंकार करता है, वहीं स्वीडन का दृष्टिकोण है कि भारत को इस संधि पर हस्ताक्षर कर देना चाहिए। सन् 1998 ई. में जब भारत ने 11 व 13 मई को परमाणु परीक्षण किए तो स्वीडन ने कड़ी आलोचना की और कहा कि इससे दक्षिण एशिया के साथ विश्व में परमाणु हथियारों की होड़ प्रारम्भ होगी जो विश्व शांति के लिए प्रतिकूल है।

जहाँ तक संयुक्त राष्ट्र संघ के समर्थन की बात है, दोनों देश विश्व शांति में इसके केन्द्रीय भूमिका को महत्वपूर्ण मानते हैं। स्वीडन संयुक्त राष्ट्र संघ के माध्यम से विकास, निरस्त्रीकरण, मानवाधिकार एवं पर्यावरण की समस्याओं के समाधान हेतु सदा प्रयासरत रहा है तथा महिला एवं बाल विकास हेतु विशेष रूप से प्रतिबद्ध है, वहीं भारत भी संयुक्त राष्ट्र संघ के माध्यम से इस क्षेत्र में सकारात्मक भूमिका का निर्वहन कर रहा है। दोनों देश शांति स्थापना कार्य हेतु अपनी सेना को तुरन्त भेजने के लिए भी सहमत हुए हैं। जहाँ स्वीडन 1953 से ही कांगों में शांति स्थापना कार्य में लगा है, वहीं भारत भी 1950 से ही कोरिया, कांगो, रवांडा, सियरालियोन, पूर्वी तिमोर आदि देशों में शांति स्थापना का महत्वपूर्ण कार्य कर रहा है। इस प्रकार यह स्पष्ट है कि भारत-स्वीडन की विदेश नीति में काफी हद तक समानताएं हैं तथा दोनों देश मिलकर विकास, विश्वशांति एवं परमाणु अप्रसार के लिए कार्य कर रहे हैं।

NOTES

1. Norman J. Padleform, G.A. Lincoln and L.D. Olvey, *The Dynamics of International Politics*, New York; Macmillan Press; 1976, Third Ed. p. 201.
2. James Rosenau, *The Scientific Study of Foreign Policy*. New York; Free Press, 1971. p. 67.
3. F.S. Northedge, 'The Nature of Foreign Policy' in F.S. Northedge Ed. *The Foreign Politics of The Power*. London; Faber and Faber, 1968, p. 16.
4. Dorothy Pickless. 'France Tradition and Change'. *Ibid*. p. 203.
5. *Op. cit.*, Padleford. p. 201.
6. Cited in N.J. Padleford and G.A. Lincoln, *The Dynamics of International Politics*. New York; Macmillion Press, 1962. p. 234.
7. Hans J. Morgenthau, In *Defence of National Interest*. New York; 1951. p. 242.
8. James N. Rosenau, 'National Interest' in David L. Shills (ed) *International Encyclopaedia of Social Science*, Vol. II, New York; Free Press, 1966, p. 34.
9. C.O. Lerche Jr. and A.A. Said, *Concepts of International Politics*. Indian Reprint, New Delhi, 1972, p. 25.
10. *Ibid*., p. 25.
11. According to Hans J. Morgenthaus, 'International Politics Like All Politics Is A Struggle For Power'. Whatever the ultimate aims of international politics, power is always the immediate behaviour.' see Hans J. Morgenthau, *Politics Among Nations*. New York; Alfred A. Knoff, 1966. p. 25.
12. Werner Levi, 'On the Causes of War and Conditions of Peace'. *The Journal of Conflict Resolution*, California, Vol. IV, December 1960, pp. 411-412.
13. *Op. cit*. Margenthau, p. 26.
14. Inis L. Claude, *Power and International Relations*. New York; Random House, 1962, p. 6.
15. *Ibid*.
16. Power is both, "The capstone among the objectives which states pursue and the cornerstone among the methods which they employ". Vide Vernon Von Dyke, *International Politics*. New York, 1957, p. 174.
17. A. F.K. Organski, *World Politics*, New York: Alfred Knopf, 1968. p. 122.
18. Robert A. Dahl, 'The Concept of Power'. *Behavioural Science*. New York, Vol. 2, 1957. pp. 202-204.

19. Glendon A. Schubert Jr., 'The Public Interest in Administrative Decision-Making: Theorem, Theosophy Or Theory'. *The American Political Science Review*, June 1957, p. 366.
20. Morton A. Kaplan, *System And Process In International Politics*. New York, John Wiley, 1957, p. 155.
21. Roger Hilsman, 'The Foreign Policy Consensus : An Interim Research Report', *The Journal of Conflict Resolution*, Vol. III December 1989, p. 365. Also see Roger Hilsman, *The Politics of Policy Making in Defence And Foreign Affairs*. New York; Harper and Row, 1971.
22. Thomas C. Shelling, 'The Strategy of Conflict : Prospects for A Reorientation of Game Theory', *The Journal of Conflict Resolution*, September 1958, p. 207.
23. *Op. cit*. Hilsman, p. 368.
24. *Ibid.*, p. 267.
25. Stanley Hoffman, 'International Relations : The Long Road to Theory'. *World Politics*, New Haven, Vol. XI, April 1959, pp. 356-368.
26. Lok Sabha Debate, 9 December 1958, V. 23. Debate Ser. 2, December 1-12, pp. 3960-61.
27. *Ibid.*
28. The first consignment of US arms arrived in India on 3 November 1962 even though the formal pact between the two countries was signed on 14 November 1962. See D.R. Mankekar, *The Guilty Men of 1962*, Bombay; 1968, p. 64.
29. Patwant Singh, *India and the Future of Asia*, London; Faber and Fabe, 1960, p. 108.
30. *Ibid.*, p. 112.
31. A.K. Damodaran, 'India and Nonalignment', *International Studies*. New Delhi, Vol. 20, No. 1-2, January-June, 1981, p. 210.
32. For details see, N.M. Ghatate (ed), *Indo-Soviet Treaty*, New Delhi, Deen Dayal Instittue, 1972.
33. महेन्द्र कुमार, *अन्तर्राष्ट्रीय राजनीति के सैद्धान्तिक पक्ष*, आगरा, शिवलाल अग्रवाल एण्ड कम्पनी. 1976, पृ. 355.
34. जे.एन. दीक्षित, *भारतीय विदेश नीति*, नई दिल्ली, प्रभात प्रकाशन, 2001, पृ. 122.
35. Baljit Singh, 'India's Foreign Policy Under New Leadership : A Glimpse into the 1980s', In Lawrence Ziring (ed.) *The Subcontinent in World Politics*. New York, Praeger, 1978, p. 125.
36. Government of India, Prime Minister Rajiv Gandhi's Statement on Foreign Policy, May-August 1985. New Delhi, *Ministry of External Affairs*, 1986, p. 73.
37. *Ibid.*, p. 81.

38. Government of India, Prime Minister Rajiv Gandhi's Statement on Foreign Policy, July-September 1988, New Delhi, *Ministry of External Affairs*, 1988, p. 26.
39. *Ibid.*, p. 27.
40. *Foreign Affairs Record*, New Delhi, Ministry of External Affairs. Government of India, Vol. 44, No. 9, September 1998, pp. 99-100.
41. बी. एम. जैन, *अन्तर्राष्ट्रीय सम्बन्ध*, जयपुर, राजस्थान हिन्दी ग्रन्थ अकादमी, 2003, पृ. 108.
42. बी.एन. खन्ना, *अंतर्राष्ट्रीय संबंध का परिचय*, नई दिल्ली, आर.चंद कंपनी, 2008 पृ. 222.
43. *The Hindu—Editorial* July 21, 2009
44. Lok Sabha, Debate, Vol. 7, Pt. 2, Session 10, 5 September to 21 September 1955, pp. 14195-99.
45. A. Appadorai and M.S. Rajan, *India's Foreign Policy and Relations*, New Delhi, South Asian Publishers, 1985, pp. 114-115.
46. A. Appadorai, *Select Documents on India's Foreign Policy and Foreign Relations*. New Delhi, Oxford University Press, 1982. p. 469.
47. जे.एन. दीक्षित, *भारतीय विदेश नीति*, नई दिल्ली, प्रभात प्रकाशन, पृ. 245.
48. पुष्पेश पंत, *भारत की विदेश नीति*, मेरठ, मीनाक्षी प्रकाशन, 2001, पृ. 105.
49. *Foreign Affairs Record*, New Delhi, Ministry of External Affairs, Government of India, March 1999, pp. 38-39.
50. *Ibid.*
51. *The Times of India*, October 25, 1995.
52. *Foreign Affiairs Report*, 2008-09, New Delhi, Ministry of External Affairs, Government of India, p. 145
53. Speech of Jawahar Lal Nehru, in *Constituent Assembly*, 15 August 1947.
54. जे.एन. दीक्षित. *भारतीय विदेश नीति*, नई दिल्ली, प्रभात प्रकाशन, 2001, पृ. 265.
55. *Foreign Affairs Record*, New Delhi, Ministry of External Affairs, Government of India, Vol. 44, No. 5, May 1998, pp. 41-42.
56. *Annual Report 1998-1999*, New Delhi, Ministry of External Affairs, Government of India, p. 74.
57. *Ibid.*
58. बी.एम. जैन, *अन्तर्राष्ट्रीय सम्बन्ध*, जयपुर, राजस्थान हिन्दी ग्रन्थ अकादमी, 2003, पृ. 287.
59. For details see, Jawahar Lal Nehru, *The Discovery of India*, New Delhi, Penguin Books, 2004.
60. जे.एन. दीक्षित, *भारतीय विदेश नीति*, नई दिल्ली, प्रभात प्रकाशन, 2001, पृ. 27-28.
61. M.K. Gandhi, *Hind Swaraj and other writings*, edit by Anthony. J. Parel, Cambridge University Press. 1997, pp. 34-38.

62. आर.सी. वरमानी, *समकालीन राजनीतिक सिद्धान्तों का परिचय*, नई दिल्ली, गीतान्जली पब्लिशिंग हाउस, 1997, पृ. 397-399.
63. *भारत 2004*, प्रकाशन विभाग, नई दिल्ली, सूचना और प्रसारण, मंत्रालय भारत सरकार, पृ. 448-49.
64. *The Hindu*. New Delhi – October 24, 2002.
65. इंडिया टूडे, *आवरण कथा*, नई दिल्ली अंक 23 दिसम्बर 2009
66. See Karl Birnbaum, *Swedish Foreign Policy*, Stockholm, The Swedish Institute, 1963; Nils Andren and Akl Landruist, *Svensk Utrikes Politik After 1945*, Stockholm, Almeqvist and Wiksell 1965. The letter Deals Primarily with the period after 1945, and consists of an extensive introduction followed by a number of key documents.
67. महेन्द्र कुमार, *अन्तर्राष्ट्रीय राजनीति*, आगरा, शिवलाल अग्रवाल कम्पनी, 1976, पृ. 336-46।
68. *Op. cit*. Andren and Landesuist, p. 20.
69. Brita Ahman. 'Scandinavian Foreign Policy: Past and Present', Henning Frie (ed). *Scandinavia Between East And West*, New York, Cosnell University Press, 1950, pp. 255-305.
70. Annette B. Fox, *The Power of Small States, Diplomacy in World War II*, Chicago, The University of Chicago Press, 1959, pp. 108-146.
71. Two Collections of Documents Published After the War are of Special Interest, *Sveriges Forhallande till Denmark Och Norge Under Krigsaren*. Stockholm, 1945 and Transiteringsfragan, 2 Volumes, Stockholm,1947, in Joseph B. Board, Jr., *The Government and Politics of Sweden*, Boston, Houghton Mifflin Company, 1970, p. 190.
72. See, Gunnar Hagglof, *A test of Neutrality—Sweden in the Second World War*. Stockholm, The Swedish Institute, 1963.
73. *Op. cit.*, Fox, p. 144.
74. A Good Summary of these events can be found in 'Post War Foreign Policy of the Nordic Countries', *Scandinnavia Past And Present*. Odense, Arnkrone, Vol. II, 1959. pp. 1241-1244.
75. See *Documents—On Swedish Foreign Policy*, Stockholm, Swedish Ministry for Foreign Affairs, 1969.
76. Per Hackkerup, 'Scandinavia's Peace-keeping Forces for U.N.', *Foreign Affairs*, 42, July 1964, 675-681. Ole K. Pedersen, Scandinavia and the U.N. 'Stand by Forces', *Cooperation and Conflict*, 1967. pp. 37-46.
77. *Western Europe-2005*, Seventh ed. London, Europa Publication, p. 650.
78. *Ibid.*, p. 652.
79. Ministry of Foreign Affairs, Statement of Government, *Policy in the Parliamentary Debate on Foreign Affairs*, Stockholm, UD, 15 February 2006, http//www.sweden.gov.se.

80. See, Ernst Michanek, *Sweden's Development Assistance Efforts.* Stockholm : The Swedish Institute, 1966. For an example of the Extensive Coverage Devoted By The Swedish Press To The Developing Nations. "US 'U'-Lander" as they are often called in Sweden. See *Dagens Nyheter*, January 30, 1968, p. 17.
81. Our *future with Asia – A Swedish Asia Strategy for 2000 and Beyond.* Stockholm, Ministry of Foreign Affairs.1999, pp. 13-15.
82. Swedish Foreign Policy, *Disarmament and Arms Control*, Government office of Sweden, http://www.sweden.se. p. 1.
83. *Op. cit.* Ministry of Foreign Affairs, *Statement of Government Policy in the Parliamentary Debate on Foreign Affairs.*
84. Michael Redcliff, 'Development and the Environmental Crisis: Red and Green'. *Alternatives*, London, Methuen, 1984, pp. 48-49.
85. *The Times of India*, New Delhi, 16 September 2006.

3

भारत–स्वीडन के बीच राजनीतिक सम्बन्ध

भारत–स्वीडन के बीच राजनीतिक सम्बन्ध भी साझा मूल्यों, समान संवाद और रचनात्मक बातचीत पर आधारित है। लोकतंत्र, मूल अधिकारों तथा आजादी को संरक्षण एवं बढ़ावा देना दोनों राष्ट्रों के लिए केन्द्रीय महत्व के कार्य हैं। भारत, जहाँ विश्व में सबसे बड़े एवं समृद्ध लोकतंत्र के रूप में विख्यात है वहीं स्वीडन भी एक मजबूत लोकतांत्रिक बुनियाद पर टिका है। दोनों राष्ट्र अपने–अपने संवैधानिक ढाँचों में मजबूती से जुड़े हुए हैं। लोकतांत्रिक संस्थाएँ तथा कानून का शासन दोनों समाजों के मुख्य स्तम्भ हैं। दोनों देशों में प्रेस की आजादी एवं मानवाधिकार समाज के मान्य सिद्धान्तों में प्रतिस्थापित हैं। इसलिए दोनों के लिए ही इसे जीवित रखना तथा सम्पूर्ण विश्व में इसका प्रसार करना प्राथमिक उद्देश्य है।

दोनों देशों के आपसी सम्बन्धों का इतिहास यूँ तो बहुत पुराना है परन्तु इन संबंधों की औपचारिक शुरुआत भारत की स्वतन्त्रता प्राप्ति के पश्चात् सन् 1948 ई. में हुई, जब दोनों देशों के बीच राजनयिक सम्बन्ध स्थापित हुए। यह पहला अवसर था जब स्वीडन का विकासशील राष्ट्रों के साथ द्विपक्षीय सम्बन्ध स्थापित हुआ[1] और शुरू से ही दोनों के प्रमुख राजनीतिज्ञों ने एक अच्छा व्यक्तिगत सम्पर्क स्थापित किया। इसलिए दोनों देशों के पारस्परिक सम्बन्ध प्रारम्भ से ही व्यापक एवं मधुर रहे हैं। हालांकि बीच–बीच में इसमें थोड़ी कड़वाहट आयी, लेकिन दोनों देशों द्वारा रचनात्मक एवं क्रियाशील राजनीतिक वार्त्ताओं के माध्यम से पारस्परिक सम्बन्धों को सामान्य बना लिया गया।

सन् 1947 ई. में जब भारत स्वतन्त्र हुआ तो लगभग पूरा विश्व शीतयुद्ध–जन्य राजनीति का शिकार था। ऐसी परिस्थिति में भारत ने गुटनिरपेक्षता

का मार्ग अपनाते हुए विश्व की द्विध्रुवीय दूषित राजनीति से अपने आपको अलग रखा। इसी अवधि में स्वीडन ने भी तटस्थता एवं असंलग्नता की नीति का अनुपालन करते हुए अपने को गुटीय राजनीति से अलग रखा।[2]

इस प्रकार यह स्पष्ट है कि दोनों देशों की विदेश नीति में कुछ मौलिक समानताएँ हैं, एवं दोनों देश विश्वशांति और विकास के मार्ग को अपनाते हुए विश्व स्तर पर ऐसी राजनीति का परित्याग करते हैं, जिससे कोई भी राष्ट्र दूषित राजनीति का शिकार हो सकता हो। इस प्रकार दोनों देशों के बीच द्विपक्षीय सम्बन्धों की एक मजबूत आधारशिला प्रारम्भ से ही तैयार हो जाती है। भारत द्वितीय विश्व युद्ध की अवधि (1939-45) के बाद स्वतन्त्र होने वाले राष्ट्रों में एक महान् राष्ट्र था, तथा एशिया एवं अफ्रीका के विकासशील राष्ट्रों का नेतृत्वकर्ता भी था। ऐसी स्थिति में भारत एवं स्वीडन के बीच स्थापित सम्बन्ध, विकासशील राष्ट्रों के लिए नई संभावनाएँ प्रस्तुत कर रहा था, जिसमें आर्थिक विकास, आत्मनिर्भरता, सुरक्षा एवं शांति का मार्ग दिखाई दे रहा था। भारत-स्वीडन के बीच राजनीतिक सम्बन्धों में और अधिक मधुरता तब आयी जब जून 1957 ई. में तत्कालीन प्रधानमंत्री पं. जवाहरलाल नेहरू ने स्वीडन की यात्रा की। उन्होने अपनी यात्रा के दौरान कहा कि—'भारत एवं स्वीडन के बीच सम्बन्धों की प्रगाढ़ता के कई आयाम हैं, जिसमें मुख्य रूप से यह हमारे औद्योगिक विकास के लिए एक नया मार्ग प्रशस्त करेगा, जिससे उच्च कोटि के सामानों का उत्पादन होगा जो इन दोनों देशों के औद्योगिक अनुभवों की देन मानी जाएगी।'[3] यद्यपि दोनों देशों के बीच सम्बन्धों की शुरुआत नेहरू जी की यात्रा से पूर्व ही हो चुकी थी लेकिन यह यात्रा दोनों देशों को एक ऐसे वैचारिक साम्य-बिन्दु पर लाने की दिशा में ठोस पहल के रूप में सहायक सिद्ध हुई, जिस बिन्दु पर दोनों देशों के हितों का परस्पर संरक्षण एवं सम्वर्द्धन सम्भव था, क्योंकि उस समय नेहरू जी पंचशील को अपनाने की उद्घोषणा कर चुके थे जिसमें समानता, परस्पर मित्रता की भावना तथा शांतिपूर्ण सह अस्तित्व की बात की गई थी। नेहरू जी की इस यात्रा के बाद दोनों देशों के बीच कई उच्चस्तरीय वार्ताएँ सम्पन्न हुईं तथा सरकारी एवं गैर-सरकारी स्तर पर कई शिष्टमण्डलों का आवागमन हुआ। इस क्रम में सन् 1959 ई. में स्वीडिश प्रधानमंत्री Tage Erlander's की भारत यात्रा विशेष रूप से उल्लेखनीय है।

अपनी यात्रा में उन्होने पं. नेहरू द्वारा भारत-स्वीडन सम्बन्धों के बीच उल्लिखित बातों के प्रति प्रतिबद्धता दर्शायी तथा इसे विश्वशांति एवं सुरक्षा के लिए उठाया गया उचित कदम बताया।[4] इन दोनों यात्राओं के पश्चात् भारत एवं स्वीडन राजनीतिक रूप से एक दूसरे के बहुत समीप आए और विश्व स्तर पर होने वाले शांति एवं सुरक्षा संबंधी कई सम्मेलनों में भाग लेकर एक बेहतर एवं न्यायपूर्ण विश्व की स्थापना हेतु एक साथ आवाज उठायी। 1961 में जब भारत की पहल पर गुटनिरपेक्ष आन्दोलन की औपचारिक शुरुआत हुई जिसमें नेहरू, मार्शल टीटो और कर्नल नासिर ने महत्वपूर्ण भूमिका निभाई थी, स्वीडन ने भी इसका स्वागत किया और इसे द्विध्रुवीय विश्व से अलग एक तीसरे मार्ग के रूप में देखते हुए विश्वशांति के लिए उचित बताया।[5] 1962 में भारत-चीन युद्ध के समय पश्चिमी देशों खासकर (ब्रिटेन, अमरीका) के साथ स्वीडन भी भारतीय पक्ष का समर्थक था एवं युद्ध समाप्ति के लिए हर संभव प्रयास किया। यद्यपि इस सम्बन्ध में अमेरिका की भांति उसकी कोई स्पष्ट भूमिका नहीं थी परन्तु इस युद्ध को उसके द्वारा चीन की विस्तारवादी नीति के अंग के रूप में देखा गया एवं विश्वशांति के लिए इसे एक खतरा के रूप में रेखांकित किया गया।

5 अगस्त 1963 को हस्ताक्षरित आंशिक परमाणु परीक्षण निषेध संधि (P.T.B.T.) जो निरस्त्रीकरण के साथ-साथ पर्यावरण की सुरक्षा के लिए किया गया पहला विश्वव्यापी समझौता था, जिसमें धरती के नीचे के परीक्षण को छोड़कर सभी प्रकार के परमाणु शस्त्र, विस्फोटों पर सदा के लिए प्रतिबंध लगाने का प्रावधान था। संधि के तीन प्रारम्भिक हस्ताक्षरकर्ताओं (ब्रिटेन, अमेरिका और सोवियत संघ) तथा भारत-स्वीडन सहित संयुक्त राष्ट्र के 98 देशों द्वारा इस संधि को अनुमोदित किया गया था।[6] उसी दशक में आरम्भ निरस्त्रीकरण सम्मेलन (C.D.) जिसका गठन आगे चलकर 18 राष्ट्रों की एक निरस्त्रीकरण समिति के रूप में हुआ, जिसके माध्यम से भारत-स्वीडन ने एक साथ मिलकर निरस्त्रीकरण के लिए संयुक्त प्रयास किए। जब सन् 1965 ई. में पाकिस्तान द्वारा भारत पर आक्रमण किया गया तो स्वीडन ने एक तटस्थ राष्ट्र की हैसियत से दोनों देशों से शांति बनाए रखने की अपील की। इस युद्ध में जहाँ ब्रिटेन एवं अमरीका का दृष्टिकोण पाकिस्तान समर्थक था, वहीं स्वीडन ने एक तटस्थ राष्ट्र की सार्थक भूमिका का निर्वहन करते हुए दक्षिण एशिया के लिए

इसे अत्यन्त हानिकारक बताया एवं कश्मीर समस्या को दोनों देशों के बीच आपसी बातचीत के आधार पर सुलझाने के लिए प्रेरित किया। इससे स्पष्ट है कि स्वीडन विश्व राजनीति में तटस्थता की नीति को अपनाते हुए विकास, शांति एवं सुरक्षा का पक्षधर है। दक्षिण एशिया में जब सन् 1969 ई. के पश्चात् भारत एवं पाकिस्तान के बीच तनाव बढ़ने लगा और ताशकंद समझौते का आधार धूमिल पड़ने लगा तो विश्व में एक बार पुनः भारत-पाक सम्बन्ध चर्चा के केन्द्र-बिन्दु बने। पाकिस्तान को पश्चिमी देशों द्वारा दी जाने वाली सैनिक सहायता से इस क्षेत्र की स्थिति एक बार पुनः असंतुलित हो गई, यद्यपि 1968 ई. के परमाणु अप्रसार संधि पर विश्व के 52 राष्ट्रों ने हस्ताक्षर किए थे, जिसमें अमरीका एवं ब्रिटेन महत्वपूर्ण थे, फिर भी उन्हीं के द्वारा सैनिक सहयोग देकर इस संधि के प्रावधानों का अतिक्रमण किया जा रहा था। स्वीडन भी परमाणु अप्रसार संधि पर हस्ताक्षरकर्ता राष्ट्र होने के नाते पश्चिमी राष्ट्रों के इस भेदभावपूर्ण नीति से क्षुब्ध था। ऐसी स्थिति में जब 1971 ई. में भारत एवं पाकिस्तान के बीच युद्ध आरम्भ हुआ तो 1965 ई. की ही भांति जहां पश्चिमी राष्ट्र (अमरीका, ब्रिटेन) पाकिस्तान के पक्षधर के रूप में सामने आए, वहीं स्वीडन ने एक तटस्थ राष्ट्र की भूमिका अपनाते हुए भारत एवं पाकिस्तान से यह अपील की, कि वे शांति बनाए रखने की हर संभव कोशिश करें साथ ही पाकिस्तान पर बांग्लादेश की समस्या को शांतिपूर्ण ढंग से सुलझाने के लिए भी दबाव बनाया। इसके साथ संयुक्त राष्ट्र संघ तथा विश्व की अन्य संस्थाओं एवं अभिकर्ताओं के माध्यम से भारत में बांग्लादेश से आए शरणार्थियों एवं स्वयं बाग्लादेश में पीड़ित एवं वंचित लोगों के पुनर्वास हेतु सहायता पहुँचाने के लिए महत्वपूर्ण प्रयास किया, क्योंकि उसकी दृष्टि में बांग्लादेश पाकिस्तान का सबसे गरीब एवं तिरस्कृत क्षेत्र था।[7] इस प्रकार यह स्पष्ट है कि सन् 1947 ई. से लेकर 1971 ई. तक जब भी भारत पर संकट की स्थिति आयी, उस संकट में स्वीडन का दृष्टिकोण भारत के प्रति या तो सौहार्दपूर्ण रहा या एक तटस्थ राष्ट्र की नीति अपनाते हुए उसने भारत को किसी न किसी रूप में समर्थन दिया, जिससे सौहार्दपूर्ण नीतियों के कार्यान्वयन में भारत को एक नैतिक समर्थन मिला।

भारत एवं स्वीडन अपने अन्तर्राष्ट्रीय दृष्टिकोण में कई महत्वपूर्ण मुद्दों पर समान हैं, जिनमें मुख्य रूप से विश्व शांति, गरीबी उन्मूलन, विकासशील

राष्ट्रों के विकास की समस्याएँ एवं पर्यावरण संरक्षण आदि मुख्य हैं। जून 1972 ई. में स्टॉकहोम में मानवीय पर्यावरण पर संयुक्त राष्ट्र का सम्मेलन हुआ जिसमें 113 राष्ट्रों ने भाग लिया। इस सम्मेलन का मुख्य उद्देश्य प्रदूषण की रोकथाम और प्राकृतिक संसाधनों तथा वन्य जीवन के संरक्षण के लिए विश्वव्यापी अभियान की आवश्यकता की ओर ध्यान आकर्षित कराना था।[8] सम्मेलन का सकारात्मक परिणाम यह था कि पर्यावरण के प्रति जागरूकता का विश्वव्यापी प्रसार हुआ साथ ही विकास, संसाधनों के प्रबन्धन और नियोजन के समय पर्यावरण को ध्यान में रखने हेतु, कार्ययोजना का निर्माण प्रारम्भ हुआ। एक विश्व पर्यावरण दिवस (5 जून) की घोषणा हुई तथा संयुक्त राष्ट्र का पर्यावरण कार्यक्रम (U.N.E.P.) प्रारम्भ हुआ जिसके अन्तर्गत पर्यावरणीय प्रदूषण की रोकथाम के लिए अनेक आयोगों, संस्थानों और सम्मेलनों के माध्यम से विश्व पर्यावरण के बेहतर प्रबन्धन के लिए प्रयत्न प्रारंभ किए गए। भारत ने भी इस सम्मेलन में भाग लिया जिसमें श्रीमती इन्दिरा गांधी ने भारतीय प्रतिनिधिमंडल का नेतृत्व किया। भारत, सम्मेलन में प्रस्तावित संधि के हस्ताक्षरकर्ता राष्ट्रों में से एक था और इस संकल्प का सहभागी था कि मानवीय पर्यावरण का संरक्षण और सुधार सभी राष्ट्रों का पावन कर्तव्य है।[9]

उल्लेखनीय है कि भारतीय पक्ष का समर्थन स्वीडन ने भी किया एवं दोनों देश पर्यावरण संरक्षण के मुद्दे पर एक जुट होकर कार्य करने के लिए प्रतिबद्ध हुए। अपनी इस यात्रा में श्रीमती इदिरा गांधी ने तत्कालीन स्वीडिश प्रधानमंत्री ओलाफ पाल्मे से विशेष भेंटवार्ता की जिससे भारत एवं स्वीडन के सम्बन्धों में एक नई प्रगाढ़ता आयी। दोनों देश निरस्त्रीकरण एवं विश्वशांति के लिए विश्व स्तर पर उपाय करने के लिए कटिबद्ध हुए। भारतीय प्रधानमंत्री श्रीमती इदिरा गांधी द्वारा की गई स्वीडन की यह यात्रा भारत-स्वीडन सम्बन्धों को सुमधुर बनाने में एक मील का पत्थर साबित हुई, क्योंकि इस यात्रा के पश्चात् भारत एवं स्वीडन के बीच व्यापार में बढ़ोत्तरी हुई और कई क्षेत्रों जैसे निवेश, वैज्ञानिक एवं तकनीकी विकास के क्षेत्र में और अधिक सहयोग बढ़ाने में सहयोग मिला।[10]

श्रीमती इंदिरा गांधी की स्वीडन यात्रा के बाद सरकारी स्तर पर दोनों देशों के बीच कई उच्चस्तरीय शिष्टमण्डलों का आवागमन हुआ। इसी क्रम में जून

1973 ई. में भारतीय विदेश मंत्री सरदार स्वर्ण सिंह ने स्वीडन की यात्रा की, जहाँ उनकी मुलाकात स्वीडिश विदेश मंत्री क्रायस्ट विकमैन से हुई। उनके सम्मान में स्वीडिश विदेश मंत्री द्वारा दिए गए रात्रि-भोज के दौरान दोनों देशों के बीच सम्बन्धों को प्रगाढ़ बनाने वाले मुख्य बिन्दुओं पर विचार विमर्श हुए।[11] दोनों देशों के बीच विज्ञान एवं तकनीकी के क्षेत्र में एक महत्वपूर्ण समझौते पर हस्ताक्षर भी हुआ। इस प्रकार वार्ताओं, यात्राओं एवं समझौतों के आधार पर भारत-स्वीडन का यह राजनैतिक सफर धीरे-धीरे सकारात्मक दिशा में अग्रसर होता रहा। इस कड़ी में सन् 1974 ई. में तत्कालीन भारतीय विदेश मंत्री वाई. वी. चव्हाण द्वारा राजनीतिक एवं आर्थिक क्षेत्र में आपसी सम्बन्धों को सुमधुर करने के लिए कई बातों को इंगित किया गया। इन बातों का समर्थन स्वीडिश विदेश मंत्री शुवेन एण्डरसन ने भी किया। सन् 1976 में एण्डरसन ने भारत की यात्रा की एवं कई क्षेत्रीय तथा वैश्विक मुद्दों पर चर्चा की। स्वीडिश विदेश मंत्री के सम्मान में वाई. वी. चव्हाण द्वारा दिए गए रात्रिभोज में दोनों देशों के बीच विकासात्मक सहयोग बढ़ाने पर बल दिया गया। इस यात्रा के महत्व को बताते हुए विदेश मंत्रालय के उप-सचिव विपिन पाल दास ने लोकसभा में प्रश्नकाल के दौरान कहा कि स्वीडन का भारत के प्रति लगाव दिन-प्रति-दिन बढ़ रहा है।[12] इसी यात्रा के परिणामस्वरूप मई 1977 ई. में दोनों देशों के बीच एक महत्वपूर्ण समझौते पर हस्ताक्षर हुआ जिसके अन्तर्गत स्वीडन ने भारत को 48,00,000 करोड़ रुपए की राशि का अनुदान देने का वादा किया। सन् 1978 ई. में वन-प्रवन्धन से संबंधित एक अन्य महत्वपूर्ण समझौता हुआ। इसी वर्ष दोनों देशों के बीच रक्षा के क्षेत्र में भी महत्वपूर्ण समझौता हुआ जिसके तहत स्वीडन भारत को Uiggen Fighter Jet (यूजन फाइटर जेट) देने को सहमत हुआ। इस सामरिक समझौते को अमेरिका द्वारा अनुचित कहा गया एवं इसे रोकने का हर संभव प्रयास भी किया गया, लेकिन इसके बावजूद भी स्वीडन समझौते के प्रति प्रतिबद्ध रहा।[13] 1979 में भारत एवं स्वीडन के बीच कुछ और महत्वपूर्ण क्षेत्रों में समझौते हुए, जिनमें मुख्य रूप से जनवरी 1979 ई. में भारत स्वीडन तकनीकी सहयोग, जून 1979 ई. में आपसी विकास सम्बन्धी समझौता तथा दिसम्बर 1979 ई. में वन विकास हेतु आर्थिक अनुदान समझौता मुख्य रूप से उल्लेखनीय हैं। इन समझौतों से सम्बन्धों का यह क्रम लगातार मधुरता

की ओर अग्रसर रहा। सन् 1981 ई. के आरंभ में स्वीडन ने भारत को 1200 मिलियन रुपए का सहयोग प्रदान किया।[14] फरवरी 1982 ई. में स्वीडिश प्रधानमंत्री Thorbjorn Falldin (थोरवजोन फॉल्डिन) ने भारत की यात्रा की। इस यात्रा में तकनीकी एवं सामाजिक वानिकी के क्षेत्र में महत्वपूर्ण समझौते हुए। तत्कालीन भारतीय प्रधानमंत्री श्रीमती इन्दिरा गांधी द्वारा सम्मान में दिए गए रात्रि भोज में दोनों देश आपसी सहयोग को और अधिक मजबूत करने के लिए दृढ़ संकल्प किए, साथ ही औद्योगिक विकास, आर्थिक एवं व्यापारिक सहयोग को और अधिक बढ़ाने पर भी सहमत हुए। इस सन्दर्भ में फरवरी 1982 ई. में दोनों देशों ने एक प्रेस विज्ञप्ति निकाली जिसमें आपसी सम्बन्धों पर प्रकाश डाला गया।[15] अक्टूबर 1984 ई. में श्रीमती इन्दिरा गांधी की हत्या कर दी गई, जिस पर स्वीडिश सरकार द्वारा गहरी संवेदना प्रकट की गई एवं संयुक्त राष्ट्र महासभा में स्वीडिश प्रतिनिधि ने इन्दिरा गांधी की याद में विशेष श्रद्धांजलि अर्पित की। श्रीमती गांधी के निधन के बाद ऐसा लगने लगा कि दोनों देशों के मधुर सम्बन्धों के एक युग का अवसान हो गया है, लेकिन उनके उत्तराधिकारी राजीव गांधी ने सम्बन्धों में कड़वाहट नहीं आने दी और सम्बन्धों को सुमधुर बनाने के लिए हर संभव प्रयास किया। तत्कालीन स्वीडिश प्रधानमंत्री ओलाफ पाल्मे एवं राजीव गाँधी के बीच अच्छी मित्रता थी एवं दोनों नेताओं के दृष्टिकोण में भी समानता थी, जिसके कारण दोनों नेताओं के असमायिक मृत्यु तक सम्बन्ध बेहतर बने रहे। इस प्रकार भारत एवं स्वीडन के बीच दिन-प्रति-दिन कुछ नए आयाम जुड़ते गए। फरवरी 1985 ई. मे स्वीडन ने यक्ष्मा नियंत्रण के लिए एक विशेष कार्यक्रम की घोषणा जिसके अन्तर्गत इस रोग के निदान हेतु उसने आर्थिक अनुदान देने की व्यवस्था की थी।[16] सन् 1985 ई. में ही बिहार में सामाजिक वानिकी के विकास हेतु एक विशेष प्रोजेक्ट पर स्वीडन द्वारा हस्ताक्षर किया गया। सन् 1985-88 ई. का वर्ष भारत-स्वीडन के आपसी सम्बन्धों के लिहाज से प्रमोदकाल (Honeymoon Period) कहा जा सकता है क्योंकि इसी वर्ष स्वीडन के प्रधानमंत्री ओलाफ पाल्मे ने भारत की दो बार यात्रा की एवं स्वीडन के साथ 'बोफोर्स तोप सौदा' हुआ तथा इसी वर्ष राजीव गांधी ने भी स्वीडन की दो बार यात्रा की।

सन् 1985-86 ई. में नई दिल्ली में छह देशों के निरस्त्रीकरण सम्मेलन का आयोजन हुआ, जिसकी संकल्पना स्वयं स्वीडन के प्रधानमंत्री ओलाफ पाल्मे ने तैयार की थी। इस सम्मेलन का लक्ष्य एक निश्चित समय-सीमा के भीतर पूर्ण रूप से परमाणु अस्त्रों तथा जनसंहारक हथियारों को नष्ट करने की दिशा में (राष्ट्रीय एवं बहुराष्ट्रीय स्तर पर) अन्तर्राष्ट्रीय समुदाय को प्रेरित करना था।[17] सम्मेलन को संबोधित करते हुए प्रधानमंत्री राजीव गाँधी ने कहा कि अभी तक परमाणु अप्रसार के क्षेत्र में हुए समझौते परमाणु शस्त्रविहीन राष्ट्रों को शांतिपूर्ण कार्यों के लिए भी परमाणु परीक्षण से रोकते हैं, जबकि वे परमाणु शस्त्र सम्पन्न देशों को अपनी घातक क्षमता बढ़ाने पर किसी भी प्रकार से प्रतिबंधित नहीं करते। भारत सदा इस प्रकार के भेद-भावपूर्ण नीति की आलोचना करता रहा है।[18] सम्मेलन में भाग लेने आए स्वीडिश प्रधानमंत्री ओलाफ पाल्मे ने पूर्ण निरस्त्रीकरण के लिए दिल्ली सम्मेलन में शामिल छह राष्ट्रों को एक जुट होकर लम्बे समय तक कार्य करने के लिए प्रेरित किया। सम्मेलन सम्पन्न होने के बाद स्वीडिश प्रधानमंत्री ओलाफ पाल्मे ने अलग से भारतीय प्रधानमंत्री राजीव गाँधी से भेंट की एवं सम्बन्धों को और अधिक बेहतर बनाने हेतु सहयोग बढ़ाने पर बल दिया। ओलाफ पाल्मे की भारत से वापसी के बाद 28 फरवरी 1986 ई. को हत्या कर दी गई। पाल्मे के असामयिक मृत्यु से भारत को गहरा धक्का लगा। भारतीय प्रधानमंत्री राजीव गाँधी ने ओलाफ पाल्मे के अंतिम संस्कार में भाग लेने हेतु स्वीडन की यात्रा की। 15 मार्च 1986 ई. में उन्होंने एक शोक सभा में अपनी संवेदना प्रकट की। राजीव गाँधी ने संयुक्त राष्ट्र महासभा के महासचिव के साथ आयोजित शोक-सभा में भी अपना शोक-संदेश व्यक्त किया। राजीव गाँधी ने इस सभा में दो साल पहले अपनी माँ की हत्या का उल्लेख करते हुए स्वीडिश प्रधानमंत्री की हत्या को अति अमानवीय कहा। उन्होंने स्वीडनवासियों को संबोधित करते हुए कहा कि इस गंभीर संकट की स्थिति में लोगों को संयम बनाने की आवश्यकता है। हमें हिंसा के मार्ग को कतई नहीं अपनाना चाहिए। उन्होंने यह भी कहा कि व्यक्ति एवं व्यक्ति के बीच, व्यक्ति एवं राज्य के मध्य तथा राज्य एवं विश्व के बीच सम्बन्धों को स्थापित करने में कानून का बहुत महत्व होता है, इसलिए हमें हर परिस्थिति में विधिसम्मत नियमों का अनुपालन करना चाहिए।[19] इस यात्रा

के दूसरे चरण में राजीव गाँधी ने स्वीडन के नए प्रधानमंत्री H.E. Karlsson (एच. ई. कॉर्लसन) से भी मुलाकात की एवं बोफोर्स तोप सौदा सम्बन्धी कुछ समस्याओं पर बातचीत की। राजीव गाँधी की इस यात्रा को स्वीडन में काफी महत्वपूर्ण माना गया और कहा गया कि वे एक ऊर्जावान्, लक्ष्यों के प्रति प्रतिबद्ध, संजीदा, ईमानदार तथा लोगों को लुभाने वाले व्यक्तित्व के मालिक हैं। सचमुच, उन्होंने अपने इस व्यक्तित्व से विश्व में बच्चों से लेकर महान् नेताओं को भी सम्मोहित किया।[20] राजीव गाँधी की इस यात्रा के बाद भारत एवं स्वीडन के बीच सम्बन्धों में बहुत तेजी से सुधार हुआ। इस यात्रा के बाद बोफोर्स की फाइल को मार्च 1986 में अंतिम स्वीकृति मिली, तथा भारत एवं स्वीडन एक नए सूत्र में बंधे, लेकिन बोफोर्स तोप सौदा सम्पन्न होने के कुछ ही समय बाद इस समझौते पर प्रश्नचिन्ह लगने लगा और यह आरोप लगाया जाने लगा कि इस सौदे में हेरा-फेरी हुई है। बाद में इस समझौते को बोफोर्स घोटाले के नाम से जाना जाने लगा। भारत-स्वीडन सम्बन्धों पर इस घोटाले का नकारात्मक प्रभाव पड़ा और आदान-प्रदान के मामले में दलाली का प्रश्न एक विवाद का बिन्दु बन गया। उसी समय तत्कालीन मानव संसाधन विकास मंत्री श्री पी. वी. नरसिम्हा राव ने 'भारत महोत्सव' (Festival of India) में भाग लेने के लिए स्वीडन की यात्रा की। इस महोत्सव को पहली बार श्रीमती इन्दिरा गाँधी ने प्रारम्भ किया था। नरसिम्हा राव की इस यात्रा से पुनः सम्बन्धों में मधुरता आने लगी। यद्यपि बोफोर्स घोटाले का विवाद आने वाले वर्षों में भी जारी रहा लेकिन भारत महोत्सव के द्वारा भारत की संस्कृति एवं कला के प्रदर्शन से स्वीडनवासियों का भारत के प्रति लगाव निरन्तर बढ़ने लगा।[21]

सन् 1987 ई. में श्री भजन लाल ने स्वीडन की यात्रा की एवं भारत-स्वीडन के बीच उद्योग एवं सामाजिक-वानिकी के क्षेत्रों में चल रहे सहयोगों की पुनरावृत्ति पर सहमति हुई। जनवरी 1988 ई. में दोनों देशों के सम्बन्धों में पुनः एक नया मोड़ तब आया जब राजीव गाँधी ने निरस्त्रीकरण सम्मेलन में भाग लेने के लिए स्वीडन की यात्रा की। इस यात्रा में राजीव गाँधी की सुरक्षा को लेकर काफी संशय की स्थिति थी क्योंकि कुछ आतंकवादी संगठन राजीव गाँधी की इस यात्रा से खुश नहीं थे और ऐसी संभावना थी कि वे राजीव गाँधी को क्षति पहुँचा सकते हैं, इसलिए सुरक्षा को देखते हुए भारतीय विदेश मंत्रालय

तथा Research Analysis Wing (RAW) से सहयोग लिया गया। राजीव गाँधी की यह यात्रा बिना किसी व्यवधान के सुरक्षित सम्पन्न हो गई। इस यात्रा में स्वीडन एवं भारत के बीच परमाणु निरस्त्रीकरण के सम्बन्ध मे विशेष परिचर्चा हुई और राजीव गाँधी ने परमाणु अप्रसार से संबंधित भारतीय पक्ष को रखते हुए कहा कि विश्व शांति के लिए परमाणु शस्त्रों पर पूर्ण प्रतिबंध लगाने की आवश्यकता है। दिलचस्प बात यह है कि राजीव गाँधी की इस तीन दिवसीय यात्रा में बोफोर्स सौदे सम्बन्धी कोई बातचीत नहीं हुई। स्टॉकहोम में आयोजित छह राष्ट्रों के (भारत, स्वीडन, मैक्सिको, तंजानिया, ग्रीस, अर्जेन्टिना) निरस्त्रीकरण सम्मेलन के बाद एक संयुक्त प्रेस कान्फ्रेंस किया गया जिसमें जनसंचार माध्यम के लोगों द्वारा राजीव गाँधी से बोफोर्स सौदे से संबंधित कई प्रश्न पूछे गए लेकिन स्वीडिश प्रधानमंत्री H.E. Karlsson (एच. ई. कॉर्लसन), जो कांफ्रेंस की अध्यक्षता कर रहे थे, ने प्रश्न को यह कहते हुए खारिज कर दिया कि यह कांफ्रेंस परमाणु निरस्त्रीकरण से संबंधित है, इसमें किसी द्विपक्षीय प्रश्न पर विचार नहीं किया जाएगा, परन्तु राजीव गाँधी ने हस्तक्षेप करते हुए कहा कि "भारत की संयुक्त संसदीय समिति द्वारा इस घोटाले की जाँच की जा रही है और जल्दी ही सभी तथ्य सामने आ जाएंगे। मैं इस प्रश्न पर इससे अधिक कुछ कहना उचित नहीं समझता, हाँ इस जांच में जो भी दोषी पाया जाएगा उसके विरुद्ध उचित कार्यवाही एवं कड़ी सजा दी जाएगी।" आगे उन्होंने यह भी कहा कि "बोफोर्स घोटाले से भारत-स्वीडन के सम्बन्धों पर कोई नकारात्मक प्रभाव नहीं पड़ेगा, वरन् इसमें दिन-प्रति-दिन मधुरता आ रही है और आने वाले वर्षों में भी यह मधुरता बनी रहेगी।"[22] राजीव गाँधी की यह भविष्यवाणी भारत-स्वीडन सम्बन्धों के सन्दर्भ में अक्षरशः सही साबित हुई और 1988 ई. में ही दोनों देशों के बीच स्वास्थ्य एवं परिवार कल्याण के क्षेत्र में सहयोग, तमिलनाडु में वानिकी क्षेत्र में आर्थिक सहायता देने तथा विज्ञान एवं तकनीकी के क्षेत्र में महत्वपूर्ण समझौते हुए। सन् 1989 ई. में दोनों देश कुछ वस्तुओं के व्यापार पर दोहरे कराधान की व्यवस्था को समाप्त करने पर भी सहमत हुए। सन् 1991 ई. में स्वीडन ने टेक्सटाइल कोटा की समाप्ति की घोषणा की। इस अवधि में दोनों देशों के बीच कला एवं संस्कृति के क्षेत्र में नए आयाम स्थापित हुए। जिसमें SIDA द्वारा 1965 ई. से चलाए गए विकासात्मक

कार्यक्रमों को और अधिक व्यापक करना मुख्य है। इस योजना के अन्तर्गत 1992 ई. में SIDA ने राजस्थान, उड़ीसा तथा तमिलनाडु में चल रहे वृक्षारोपण योजनाओं के लिए 24.74 करोड़ रुपए का अनुदान देने की घोषणा की।[23]

इस प्रकार यह स्पष्ट है कि 1980-90 ई. का दशक भारत-स्वीडन सम्बन्धों के सन्दर्भ में कई दृष्टियों से महत्वपूर्ण है, क्योंकि इस अवधि में दोनों के बीच आपसी सम्बन्धों में कई उतार-चढ़ाव देखने को मिलते हैं, जिसका विश्लेषण ऊपर किया जा चुका है। इस विश्लेषण से यह स्पष्ट होता है कि एक तरफ जहाँ बोफोर्स तोप सौदा घोटाला दोनों देशों के सम्बन्धों में दूरी का कुछ कारण बना, वहीं दोनों देशों के राजनेताओं जिनमें मुख्य रूप से राजीव गाँधी की दो बार स्वीडन यात्रा एवं स्वीडिश प्रधानमंत्री ओलाफ पाल्मे की भारत यात्रा से सम्बन्धों के प्रगाढ़ होने में सहायता मिली और बोफोर्स घोटाले की छाया द्विपक्षीय सम्बन्धों पर नहीं पड़ी।

अन्तर्राष्ट्रीय स्तर पर भी इसी अवधि में गुणात्मक परिवर्तन देखने को मिलते हैं। इस अवधि में रूस में मिखाइल गौर्बाचोव के आगमन से अमेरिका एवं रूस में निकटता आने लगी एवं गौर्बाचोव की 'ग्लासनोस्त' (खुलापन) और 'पेरेस्त्रोइका' (पुनर्निर्माण) की नीति से शीतयुद्ध की कटुता में कमी आयी जिससे तनाव-शैथिल्य एवं शिथिल द्विध्रुवीय व्यवस्था का युग प्रारम्भ हुआ, जो 1991 ई. में रूस के विघटन तक चला। इसी अवधि में विश्व में एक नई उदारीकृत अर्थव्यवस्था का प्रादुर्भाव भी हुआ जिसका अधिकतर देशों ने स्वागत किया। स्वीडन प्रारम्भ से ही इस अर्थव्यवस्था का अनुयायी रहा है परन्तु भारत ने भी विश्व के बदलते परिवेश में इस नई अर्थव्यवस्था को अपनाया। ऐसी स्थिति में इन सभी परिवर्तनों का प्रभाव भारत-स्वीडन द्विपक्षीय सम्बन्धों पर पड़ना स्वाभाविक था। इस बदलाव को सन् 1990 ई. के बाद दोनों देशों के बीच हुए राजनीतिक, आर्थिक, सामाजिक, सांस्कृतिक, औद्योगिक और वैज्ञानिक एवं तकनीकी आदि कई क्षेत्रों में देखा जा सकता है, जिसका वर्णन करना यहाँ प्रासंगिक होगा।

अक्टूबर सन् 1993 ई. में स्वीडन के राजा Carl Gustaf XIV एवं रानी Selina (सेलिना) ने भारत की यात्रा की, जहां उनकी मुलाकात भारतीय प्रधानमंत्री पी. वी. नरसिम्हा राव एवं अन्य गणमान्य व्यक्तियों से हुई। राजा

द्वारा सन् 1992 ई. में लातूर (महाराष्ट्र) में आए भूकम्प में मरने वालों के प्रति गहरी संवेदना व्यक्त करते हुए पीड़ितों के पुनर्वास हेतु विशेष सहायता देने की घोषणा की गयी। राजा गुस्तॉफ एवं भारतीय प्रधानमंत्री नरसिम्हा राव के बीच स्वीडन के सहयोग से भारत में चल रही आर्थिक योजनाओं के क्रियान्वयन में आने वाली समस्याओं के बारे में विशेष चर्चा हुई एवं इसे दूर करने के लिए सहमति भी बनी। नरसिम्हा राव ने भारत के बदलते आर्थिक परिवेश से राजा के माध्यम से स्वीडिश उद्योगपतियों, निवेशकों एवं व्यापारियों को अवगत कराया तथा अनुरोध किया कि वे भारत के नए आर्थिक कार्यक्रम में भाग लें। नरसिम्हा राव ने इस सम्बन्ध में दूर-संचार एवं ऊर्जा के क्षेत्र में अधिक से अधिक निवेश करने का प्रस्ताव भी रखा। इस यात्रा की एक महत्वपूर्ण बात यह भी है कि भारतीय प्रधानमंत्री ने विश्व के बदलते राजनीतिक परिवेश, बढ़ते हुए आतंकवाद एवं दक्षिण एशिया की वास्तविक स्थिति से राजा को अवगत कराया। स्वीडिश राजा गुस्ताफ XIV एवं भारतीय प्रधानमंत्री नरसिम्हा राव ने कश्मीर में चल रही आतंकवादी गतिविधियों पर विशेष चर्चा की। राजा ने इन राजनीतिक स्थितियों के प्रति अपनी चिन्ता प्रकट की एवं भारत से संयम बनाने की अपील की तथा दक्षिण एशिया में शांति बनाए रखने में भारत की भूमिका की सराहना की।[24] इस प्रकार स्वीडन के राजा एवं रानी की भारत यात्रा दोनों देशों के आपसी सम्बन्धों को मधुर बनाने में सहायक साबित हुई एवं दक्षिण एशिया में शांति स्थापना के मार्ग में एक महत्वपूर्ण कदम सिद्ध हुआ।

कार्ल गुस्ताफ XIV की यात्रा के पश्चात् जहाँ एक तरफ दोनों देशों के बीच राष्ट्रीय एवं अन्तर्राष्ट्रीय मुद्दों पर सहमति बनी, वहीं दूसरी तरफ दोनों देश अपनी-अपनी क्षेत्रीय समस्याओं की बाध्यता के कारण कई बिन्दुओं पर अलग-अलग दृष्टिकोण रखते हैं। स्वीडन अपनी आर्थिक एवं क्षेत्रीय समस्याओं के कारण जनवरी सन् 1995 ई. में यूरोपीय संघ का पूर्ण सदस्य बना जिससे उसका झुकाव विश्व के अन्य राष्ट्रों की अपेक्षा यूरोपीय राष्ट्रों के प्रति अधिक होना स्वाभाविक था।[25] इसी अवधि में परमाणु अप्रसार संधि के क्रियान्वयन की बात उठायी गई तो स्वीडन ने इस संधि के प्रति सकारात्मक दृष्टिकोण रखते हुए हस्ताक्षर किया, जबकि भारत ने अपनी क्षेत्रीय एवं सामरिक समस्याओं तथा संधि की नीतियों के भेद-भाव पूर्ण होने के कारण, संधि के पक्ष में अपना

समर्थन नहीं दिया।[26] यद्यपि स्वीडन, भारत से यह अपेक्षा करता था कि वह संधि पर हस्ताक्षर करेगा परन्तु संधि में दोहरे प्रावधान की वजह से ऐसा संभव नहीं हुआ, लेकिन इस मतभेद से दोनों देशों के द्विपक्षीय सम्बन्धों पर कोई प्रभाव नहीं पड़ा वरन् इसमें लगातार प्रगति होती रही। 5 फरवरी सन् 1996 ई. को दिल्ली में दोनों देशों के बीच सचिव स्तर की वार्ता सम्पन्न हुई, जिसमें यह तय हुआ कि आर्थिक सहयोग बढ़ाने एवं दोनों देशों के बीच लगातार उच्चस्तरीय आदान-प्रदान तथा परस्पर बातचीत राजनीतिक सम्बन्धों को प्रगाढ़ करने हेतु चलते रहेंगे। स्वीडन के प्रतिनिधि ने इस सम्मेलन में एक महत्वपूर्ण बिन्दु उठाया और कहा कि संयुक्त राष्ट्र संघ की सुरक्षा परिषद् का विस्तार आवश्यक है, जिसमें विकासशील राष्ट्रों का प्रतिनिधित्व होना बहुत जरूरी है। उनका यह भी मत था कि भारत सुरक्षा परिषद् का स्थायी सदस्य बनने का स्वाभाविक एवं उपयुक्त दावेदार है। समग्र परमाणु परीक्षण निषेध संधि (C.T.B.T.) के सम्बन्ध में भी इस बैठक में चर्चा हुई और प्रतिनिधियों ने अपनी समस्याओं एवं स्थिति के अनुसार इसका विश्लेषण किया। साथ ही सन् 1996 ई. में जेनेवा (स्विट्जरलैंड) में होने वाले निरस्त्रीकरण सम्मेलन के सन्दर्भ में दोनों देश आपस में निरन्तर सम्पर्क बनाए रखने पर सहमत हुए।[27] इस उच्चस्तरीय वार्ता का प्रभाव दोनों देशों के सम्बन्धों पर बहुत सकारात्मक पड़ा तथा स्वीडन ने, दक्षिण एशिया की राजनीतिक समस्याओं से अवगत होकर भारत की परेशानियों को समझने का विशेष प्रयास किया। सन् 1996 ई. में ही स्वीडन के जनसंचार माध्यमों में कश्मीर समस्या को एक नए रूप में प्रस्तुत किया गया एवं प्रेस द्वारा यह संभावनाएँ व्यक्त की जाने लगीं कि स्वीडन सरकार आजाद कश्मीर को मान्यता देने के पक्ष में सकारात्मक दृष्टिकोण रखती है। इस गंभीर प्रश्न से भारत सरकार ने स्वीडिश सरकार को अवगत कराया और अपनी विशेष आपत्ति व्यक्त की। स्वीडिश सरकार ने भी इस समस्या एवं भारतीय आपत्ति को गंभीरता से लेते हुए कहा कि कश्मीर समस्या के बारे में उसके दृष्टिकोण में कोई परिवर्तन नहीं आया है। जहां तक जनसंचार माध्यमों में आजाद कश्मीर शब्द आने की बात है, वह स्वतः स्फूर्त या अनायास ही आ गयी है, इसके पीछे कोई राजनीतिक उद्देश्य नहीं है। स्वीडिश सरकार ने इसको एक दुर्भाग्यपूर्ण घटना मानते हुए आशा व्यक्त की कि इसका प्रभाव भारत-स्वीडन के द्विपक्षीय

सम्बन्धों पर नहीं पड़ेगा।[28] इस स्पष्टीकरण से भारत को पूर्णत: संतुष्टि नहीं हुई और उसने स्वीडिश सरकार से अनुरोध किया कि मीडिया के लोगों को ऐसे कार्यों की पुनरावृत्ति न करने की चेतावनी दी जाए। स्वीडिश सरकार द्वारा भारत के इस अनुरोध को स्वीकार करते हुए इस दिशा में सकारात्मक एवं उचित कार्यवाही की गई।

इस घटना की कड़वाहट थोड़े ही दिनों में समाप्त हो गई एवं दोनों तरफ से महत्वपूर्ण यात्राएँ सम्पन्न हुईं। इस कड़ी में 6–11 जून सन् 1997 ई. में लोक सभा अध्यक्ष पी.ए. संगमा के नेतृत्व में एक शिष्टमण्डल ने स्वीडन की यात्रा की, जहाँ उनकी औपचारिक मुलाकात स्वीडिश संसद रिक्सडॉग के अध्यक्ष एवं अन्य सदस्यों से हुई। शिष्टमंडल ने दक्षिण एशिया के क्षेत्रीय समस्याओं से उन लोगों को अवगत कराया।[29] जून सन् 1997 ई. में ही स्वीडिश कराधान मंत्री श्री थाम्स ओस्टस ने भारत की यात्रा की एवं सीमा-शुल्क सम्बन्धी द्विपक्षीय समझौते पर हस्ताक्षर करने पर सहमत हुए। इस सन्दर्भ में नवम्बर सन् 1997 ई. में भारतीय उद्योग मंत्री मुरासोली मारन के नेतृत्व में एक शिष्टमण्डल ने स्वीडन का दौरा किया, जहाँ दोहरे काराधान समाप्त (BIPA) करने की दिशा में महत्वपूर्ण कदम उठाए गए।[30] इस प्रकार दोनों देशों के द्विपक्षीय सम्बन्ध निरन्तर सकारात्मक दिशा में आगे बढ़ते रहे।

सन् 1998 ई. में दोनों देशों के आपसी सम्बन्धों में उस वक्त तनाव आया जब भारत ने 11 एवं 13 मई सन् 1998 ई. को परमाणु परीक्षण किया। इस परमाणु परीक्षण पर स्वीडन द्वारा गंभीर नाराजगी प्रकट की गई तथा सभी विकास कार्यक्रमों को दी जाने वाली सहायता तत्काल प्रभाव से बंद कर दी गयी तथा स्वीडन ने इस परीक्षण को द्विपक्षीय सम्बन्धों में एक अवरोध माना।[31] स्वीडन के इस निर्णय से भारत को दु:ख हुआ। भारत का यह मानना था कि यह परीक्षण दक्षिण एशिया के बदलते परिवेश में भारत की सुरक्षा मानदण्डों को देखते हुए किया गया है, जिससे क्षेत्रीय अखण्डता एवं अपनी सुरक्षा को सुनिश्चित किया जा सके, परन्तु स्वीडन ने भारतीय पक्ष को अनुचित ठहराया और इसे परमाणु अप्रसार के विरुद्ध मानते हुए कहा कि इससे दक्षिण एशिया में परमाणु शस्त्रों की होड़ बढ़ जाएगी। भारत ने अपने पक्ष को कई प्रकार से स्वीडिश सरकार तक पहुँचाने का प्रयास किया। इस सन्दर्भ में 27–28

जुलाई सन् 1999 ई. को स्टॉकहोम के विदेश कार्यालय में दोनों देशों के बीच एक उच्चस्तरीय वार्ता का आयोजन हुआ, जिसमें सार्वभौमिक महत्व के साथ आपसी मतभेदों के बारे में विशेष चर्चा हुई। भारतीय प्रतिनिधियों ने परमाणु परीक्षण के वास्तविक तथ्यों को स्वीडन के समक्ष स्पष्ट किया। फलस्वरूप, स्वीडन के विचारों में सकारात्मक बदलाव आना प्रारम्भ हुआ एवं सन् 1999 ई. के पश्चात् प्रतिबंधों में धीरे-धीरे कटौती की जाने लगी तथा विकास कार्यक्रमों, विशेष रूप से शिक्षा, तकनीकी विकास, अनुसंधान, पर्यावरण, मानवाधिकार आदि क्षेत्रों में पुनः सहयोग प्रारम्भ हुए।[32] जुलाई सन् 2000 ई. में दोनों देशों के बीच द्विपक्षीय निवेश संरक्षण सम्बन्धी समझौता सम्पन्न हुआ, इसी वर्ष नवम्बर में स्वीडिश पर्यावरण मंत्री केजैन लारसन ने भारत यात्रा की जो सन् 1998 ई में उत्पन्न हुए गतिरोध को समाप्त करने में काफी सार्थक रहा और दोनों देशों के बीच उच्चस्तरीय यात्राओं एवं वार्तालापों का दौर शुरू हुआ।[33] जून सन् 2001 ई. में तत्कालीन विदेश एवं रक्षा मंत्री श्री जसवंत सिंह ने स्वीडन की यात्रा की और सन् 1998 ई. में किए गए परमाणु परीक्षण के सम्बन्ध में भारतीय पक्ष को बहुत तर्कपूर्ण ढंग से स्वीडन के समक्ष रखा।

इस सन्दर्भ में उन्होंने इस क्षेत्र के दो परमाणु सम्पन्न राष्ट्र (चीन, पाकिस्तान) से भारत की सुरक्षा-खतरों से लोगों को अवगत कराया एवं कहा कि परमाणु परीक्षण को शांतिपूर्ण उद्देश्यों के लिए किया गया है। जसवंत सिंह की इस यात्रा से स्वीडन की भारत के प्रति उत्पन्न गलत धारणाओं में गुणात्मक बदलाव आया और भारतीय पक्ष को उचित रूप से समझा गया एवं परीक्षण को भारत की सुरक्षा के लिए उचित मानते हुए सभी प्रकार के गतिरोध एवं विवादों को सुलझा लिया गया। इस प्रकार दोनों देश सुचारू रूप से आपसी सम्बन्धों को मजबूत बनाने के मार्ग पर अग्रसर हुए।[34] अक्टूबर सन् 2002 ई. में भारतीय उद्योग परिसंघ (CII) के प्रतिनिधियों ने स्वीडन की यात्रा की, जिससे व्यापारिक क्षेत्र में आए गतिरोध को दूर करने में सहायता मिली और स्वीडिश सरकार द्वारा दोनों देशों के बीच व्यापार को और अधिक बढ़ाने के लिए सकारात्मक कदम उठाए गए। अक्टूबर सन् 2002 ई. में रॉयल इंस्टीट्यूट ऑफ टेक्नोलॉजी स्टॉकहोम के अध्यक्ष तथा अप्रैल सन् 2003 ई. में स्वीडन के व्यापार एवं उद्योग मंत्री Leif Pagrotsky (लैफ पेगरोत्सकी) के साथ एक स्वीडिश व्यापार-मण्डल

की भारत यात्रा हुई और इसने दिल्ली में सम्पन्न 14वें भारत-स्वीडन संयुक्त व्यापार आयोग में भाग लिया। इस बैठक में दोनों देशों के बीच Memorandum of Understanding (MoU) पर हस्ताक्षर हुए। Leif Pagrotsky (लैफ पेग्रोत्सकी) ने दोनों देशों के सम्बन्धों को मधुर बनाने में भारत के प्रयासों की सराहना की एवं विश्व के बदलते परिवेश में भारत एवं स्वीडन के बीच व्यापारिक सम्बन्धों को और प्रगाढ़ करने की इच्छा व्यक्त की तथा दोनों देशों के बीच व्यापारिक सम्बन्धों में आने वाली समस्याओं पर विचार करते हुए इसे और अधिक उदार एवं लाल फीताशाही से मुक्त करने पर बल दिया। उन्होंने कहा कि मुझे इस बात की बहुत प्रसन्नता है कि भारत ने अर्थव्यवस्था के क्षेत्र में उदारवादी नीतियों को अपना लिया है एवं व्यापार तथा निवेश के क्षेत्र में आने वाली बहुत सी समस्याओं को दूर कर लिया है, जिससे भारत की आर्थिक समृद्धि दिन-प्रति-दिन बढ़ती जा रही है जो एक उत्साहवर्धक बात है। इससे स्वीडन एवं विश्व के अन्य देशों पर सकारात्मक प्रभाव पड़ा है तथा भारत वैश्विक अर्थव्यवस्था के आकर्षण का केन्द्रबिन्दु बन गया है।[35] Leif Pagrotsky (लैफ पेग्रोत्सकी) ने अपनी इस यात्रा में विदेश, उद्योग एवं सूचना तथा प्रौद्योगिकी मंत्री से मुलाकात की। यात्रा की एक महत्वपूर्ण बात यह है कि स्वीडिश व्यापार एवं उद्योग मंत्री ने बंगलोर में 'स्वीडिश महोत्सव' (Swedish days) का उद्घाटन किया और दोनों देशों के बीच वैज्ञानिक एवं तकनीकी क्षेत्र में और अधिक सहयोग बढ़ाने पर बल दिया।[36] इस यात्रा के पश्चात् भारत के एक विशिष्ट प्रतिनिधिमंडल ने जल संसाधन मंत्री अर्जुन चरण सेठी के नेतृत्व में 10-16 अगस्त सन् 2003 ई. में 13वें 'जल महोत्सव' में भाग लेने हेतु स्टॉकहोम की यात्रा की जहाँ उनकी मुलाकात स्वीडिश पर्यावरण मंत्री Lina Semualse (लिना सेमुअल्स) एवं नार्वे की पर्यावरण मंत्री Bary Baten (बेरी बाटेन) से हुई। इस बैठक में दोनों देशों के बीच पर्यावरण सम्बन्धी समस्याओं पर बातचीत हुई एवं प्रतिनिधिमंडल ने विश्व स्तर पर पर्यावरण संरक्षण के लिए भारतीय पक्ष को दोनों नेताओं के समक्ष रखा।[37]

इस प्रकार 21वीं सदी के प्रारम्भ से ही दोनों देशों के सम्बन्धों में मधुरता आने लगी और सन् 1998 ई. में भारत द्वारा किए गए परमाणु परीक्षण से सम्बन्धों में आए तनाव धीरे-धीरे धूमिल होते गए, जिससे भारत में स्वीडिश

निवेश बढ़ा एवं स्वीडन के व्यापारियों ने कई क्षेत्रों में सहयोग के लिए प्रतिबद्धता व्यक्त की। सम्बन्धों में इस सकारात्मक बदलाव का इतना प्रभाव हुआ कि 9-11 जनवरी सन् 2004 ई. को स्वीडिश प्रधानमंत्री गोरान परसन ने भारत की यात्रा की। इस यात्रा से दोनों देशों के सम्बन्धों को एक "नया जीवन" (Fresh Stimulus) मिला। स्वीडिश प्रधानमंत्री ने अपने प्रतिनिधियों के साथ भारतीय प्रधानमंत्री से मुलाकात की। इस भेंट में दोनों देशों के आपसी सम्बन्धों को और अधिक मजबूत बनाने के साथ-साथ क्षेत्रीय एवं वैश्विक समस्याओं पर भी वार्ता हुई। स्वीडिश प्रधानमंत्री ने अलग से भारतीय विदेश मंत्री, विपक्ष की नेता सोनिया गाँधी एवं मनमोहन सिंह से भेंट की तथा मुख्य रूप से दक्षिण एशिया के राजनीतिक एवं सामरिक स्थिति पर विशेष वार्ता की। इस यात्रा की एक महत्वपूर्ण बात यह थी कि स्वीडिश प्रधानमंत्री ने गुड़गाँव में 10 जनवरी सन् 2004 ई. को Ericsson की एक नई शाखा का शिलान्यास किया।[38]

यात्रा के अगले चरण में व्यापार एवं औद्योगिक क्षेत्र की नई दिशाएँ इंगित की गईं तथा सूचना प्रौद्योगिकी, संचार, जैव प्रौद्योगिकी, वैज्ञानिक, तकनीकी एवं गैर परम्परागत ऊर्जा के क्षेत्रों को विशेष महत्व देने की बात की गई। यह यात्रा राजनीतिक दृष्टि से बहुत महत्वपूर्ण है क्योंकि बोफोर्स घोटाले के लगभग 17 साल बाद एवं सन् 1998 ई. में हुए परमाणु परीक्षण के छह साल बाद किसी स्वीडिश प्रधानमंत्री की भारत यात्रा हुई। चूंकि, इन दोनों घटनाओं से दोनों देशों के सम्बन्धों में थोड़ी कड़वाहट आ गई थी लेकिन इस यात्रा से आपसी सम्बन्धों को मधुर बनाने हेतु निरन्तर उच्चस्तरीय बैठक जारी रखने के लिए दोनों देश सहमत हुए तथा सम्बन्धों को व्यापक एवं सुदृढ़ बनाने हेतु सक्रिय कदम उठाने के लिए प्रतिबद्ध हुए। प्रधानमंत्री गोरान परसन ने इच्छा व्यक्त की कि स्वीडन, भारत के साथ व्यापक, निकटतम एवं दीर्घकालिक सम्बन्ध स्थापित करना चाहता है।[39] इस यात्रा से स्वीडिश प्रधानमंत्री बहुत प्रभावित हुए और भारत की समस्याओं के साथ-साथ दक्षिण एशिया की राजनीतिक स्थिति से अवगत होकर भारत-स्वीडन सम्बन्धों को बहुआयामी उद्देश्यों पर आधारित बताया एवं इसे निरन्तर मधुर बनाने की इच्छा व्यक्त की। गोरान परसन ने 16 सितम्बर 2004 में स्वीडिश संसद रिक्सडॉग को संबोधित करते हुए कहा कि भारत उन चुनिंदा राष्ट्रों में से है (जैसे—ब्राजील एवं दक्षिण अफ्रीका) जिससे मधुर संबंध

बनाए रखना स्वीडन के लिए अति महत्वपूर्ण है। उन्होंने यह भी कहा कि भारत, स्वीडन के लिए सबसे प्राथमिकता वाले राष्ट्रों में से एक है, जिसके साथ स्वीडन सभी क्षेत्रों में मधुर एवं व्यापक सम्बन्ध स्थापित करना चाहता है।[40]

इस प्रकार यह स्पष्ट होता है कि भारत एवं स्वीडन धीरे-धीरे एक दूसरे के निकट आए और 21वीं सदी के विश्व के बदलते राजनीतिक परिदृश्य में दोनों देशों के आपसी सम्बन्ध निरन्तर मधुर हुए। इस क्रम में नवम्बर सन् 2004 ई. को स्वीडिश व्यापार नीति के महानिदेशक एवं स्वीडन के रक्षा आयोग के एक प्रतिनिधिमंडल ने भारत की यात्रा की। स्वीडन के इस प्रकार के आयोग की यह पहली भारत यात्रा थी। भारत में इस प्रतिनिधि मण्डल की अगवानी रक्षा एवं विदेश मंत्रालय के उच्च अधिकारियों ने किया एवं बोफोर्स के बाद पहली बार स्वीडन की भारत के साथ रक्षा सम्बन्धी समझौते के लिए सहमति बनी।[41] इस प्रतिनिधिमंडल के वापसी के कुछ ही समय बाद 8-16 सितम्बर सन् 2004 ई. को स्वीडिश विदेश सचिव Hans Hohlgran भारत की यात्रा पर आए और उन्होंने भारतीय विदेश मंत्रालय के अधिकारियों को गुरु रवीन्द्र नाथ टैगोर को साहित्य के क्षेत्र में सन् 1914 ई. में दिए गए नोबेल पुरस्कार के मेडल की दूसरी प्रति सौंपी। ज्ञात हो कि नोबेल पुरस्कार की पहली प्रति पिछले वर्ष विश्व भारती विश्वविद्यालय के संग्रहालय से चुरा ली गई थी।[42]

भारत एवं स्वीडन के बीच जैसे-जैसे सम्बन्ध मधुर होते गए, वैसे-वैसे दोनों देशों के बीच सरकारी एवं गैर-सरकारी स्तर पर यात्राएँ बढ़ती गईं। इन यात्राओं से जहाँ दोनों देशों को एक दूसरे को समझने का अवसर मिला, वहीं व्यापार एवं निवेश के क्षेत्र में निरन्तर बढ़ोत्तरी भी हुई एवं विश्व की ज्वलंत समस्याओं जैसे आतंकवाद के उन्मूलन एवं पर्यावरण संरक्षण के क्षेत्र में दोनों देशों द्वारा परस्पर सहयोग दिया गया। एक तरफ, जहाँ भारत स्वीडन में उत्पादित वस्तुओं के लिए एक अच्छा बाजार साबित हो रहा था, वहीं स्वीडन भारत के लिए एक उच्चतर तकनीकी उपलब्ध कराने वाला महत्वपूर्ण राष्ट्र साबित हो रहा था। यह एक ऐसा उद्देश्य था, जिससे दोनों देश एक सीमा तक एक दूसरे पर आश्रित से दिखे। भारतीय संचार एवं सूचना प्रौद्योगिकी मंत्री श्री दयानिधि मारन ने स्वीडन द्वारा भारत के 1,00,000 गांवों को 2006 तक e-Governance से जोड़ने के प्रयास की प्रशंसा की। उन्होंने कहा कि स्वीडन सूचना तकनीकी एवं कम्प्यूटर के क्षेत्र में भारत को निरन्तर सहयोग कर रहा है।[43]

इस सन्दर्भ में और स्पष्टता तब आयी जब नवम्बर सन् 2005 ई. में स्वीडन के राजा कार्ल गुस्ताफ XVI ने रॉयल टेक्नोलॉजी मिशन टू इंडिया में शामिल होने के लिए 50 सदस्यीय व्यापार मण्डल के साथ भारत की यात्रा की। इस प्रतिनिधि मण्डल में शोध एवं तकनीकी से संबंधित सदस्य भी थे। इस यात्रा में भारत एवं स्वीडन के बीच विज्ञान एवं तकनीकी के क्षेत्र में सम्बन्धों को प्रगाढ़ करने हेतु, परस्पर अत्यधिक सहयोग करने की प्रतिबद्धता व्यक्त की गई।[44] इस सहयोग को आगे जारी रखते हुए दोनों देश 10 दिसम्बर को इस सन्दर्भ में MoU पर हस्ताक्षर करने पर सहमत हुए। नोबेल पुरस्कार समारोह में भाग लेने गए भारतीय विज्ञान एवं प्रौद्योगिकी मंत्री कपिल सिब्बल ने स्वीडिश विज्ञान एवं प्रौद्योगिकी मंत्री Leif Pagrotsky (लैफ पेग्रोत्सकी) से मुलाकात की एवं 12 दिसम्बर सन् 2005 ई. को पूर्व निर्धारित MoU पर दोनों नेताओं ने हस्ताक्षर किए, जिसके द्वारा दोनों देश औद्योगिक अनुसंधान एवं विकास के क्षेत्र में परस्पर सहयोग बढ़ाने हेतु प्रतिबद्ध हुए, साथ ही विज्ञान के क्षेत्र में आने वाली समस्याओं के निराकरण हेतु एक संयुक्त समिति के गठन पर सहमत हुए।[45] जनवरी सन् 2006 ई. में स्वीडन के राष्ट्रीय सुरक्षा सलाहकार ने भारत की यात्रा की तथा भारत के राष्ट्रीय सुरक्षा सलाहकार से मुलाकात के दौरान उन्होंने कहा कि स्वीडन, भारत-अमेरिका नागरिक परमाणु समझौते का समर्थन करेगा।[46] सन् 2007 ई. में स्वीडिश विदेश मंत्री ने भारत की यात्रा की और भारत और स्वीडन के बीच व्यापक भागीदारी समझौते पर हस्ताक्षर किया तथा भारत-अमेरिका परमाणु सहयोग के संबंध में परमाणु आपूर्तिकर्ता समूह (एन.एस.जी.) में समर्थन देने की बात की।[47] तत्कालीन विज्ञान एवं प्रौद्योगिकी मंत्री श्री कपिल सिब्बल ने भारत अमरीका असैनिक नाभिकीय सहयोग करार के लिए स्वीडन का समर्थन प्राप्त करने के लिए जुलाई, सन् 2008 ई. में प्रधानमंत्री के विशेष दूत के रूप में स्टॉकहोम की यात्रा की। स्वीडन ने भारत-अमरीका नाभिकीय करार को एन.एस.जी. में अपना स्पष्ट समर्थन दिया।[48]

उपरोक्त विश्लेषण में भारत एवं स्वीडन के राजनीतिक सम्बन्धों पर संक्षिप्त सार प्रस्तुत किया गया है। सैद्धान्तिक रूप से दोनों देशों के आपसी सम्बन्धों की शुरुआत बीसवीं सदी के पूर्वार्द्ध में हुई, लेकिन पारस्परिक मूल्यों की समानता, समय परिस्थितियों एवं वैचारिक समानता के कारण दोनों देश

शीघ्र ही एक दूसरे के बहुत निकट आ गए। यद्यपि सन् 1945 ई. के पश्चात् पूरा विश्व शीतयुद्ध के चपेट में आ गया। सैनिक गुटबंदियों का दौर प्रारम्भ हो गया तथा विश्व के निर्बल राष्ट्रों को अपनी सुरक्षा एवं अखण्डता को अक्षुण्ण रखने के लिए किसी न किसी गुट का प्रश्रय लेना अनिवार्य सा हो गया, परन्तु भारत एवं स्वीडन इस नयी सैनिक गुटबंदी एवं द्विध्रुवीयकरण की दूषित राजनीति से अलग रहते हुए एक दूसरे के साथ परस्पर सहयोग की भावना से आपसी सम्बन्धों को मधुर बनाने हेतु प्रतिबद्ध हुए। जहाँ एक तरफ भारत ने गुटनिरपेक्षता की नीति को अपनाया वहीं स्वीड़न ने तटस्थता या असलंग्नता की नीति को। यद्यपि, इन दोनों देशों के बीच सन् 1947 ई. से लेकर 1980 ई. तक द्विपक्षीय सम्बन्धों में बहुत अधिक आदान-प्रदान नहीं हुए, फिर भी सरकारी एवं गैर-सरकारी स्तर पर होने वाली यात्राओं से दोनों देशों के बीच सम्बन्धों की एक मजबूत पृष्ठभूमि अवश्य तैयार हो गई जिससे उद्योग, व्यापार, तकनीकी-शिक्षा, पर्यावरण एवं कला-संस्कृति के क्षेत्र में परस्पर सहयोगात्मक सम्बन्ध स्थापित हुए। भारत-स्वीडन सम्बन्ध विश्व में चर्चा का केन्द्रबिन्दु तब बना, जब बोफोर्स घोटाले को लेकर दोनों देशों की संसद में इस विषय पर व्यापक चर्चा हुई एवं इस समझौते में दलाली के प्रश्न को लेकर विश्व मीडिया में खबरें आनी शुरू हुईं। तब ऐसा प्रतीत होने लगा कि दोनों देशों के मधुर सम्बन्धों में कुछ गतिरोध आ जाएगा, लेकिन दोनों देशों के राजनेताओं के प्रयास से सम्बन्धों को खराब होने से बचा लिया गया, तथा आगे आने वाले दिनों में भी इस विवाद का द्विपक्षीय सम्बन्धों पर नकारात्मक प्रभाव न पड़े इसके लिए एक निष्पक्ष जाँच समिति, इस घोटाले की जाँच के लिए गठित की गई। जाँच के बाद इसकी सच्चाई धीरे-धीरे सामने आई लेकिन महत्वपूर्ण बात यह है कि इसका नकारात्मक प्रभाव दोनों देशों के आपसी सम्बन्धों पर कम ही देखने को मिलता है।

भारत-स्वीडन सम्बन्धों में एक नया मोड़ उस समय आया, जब स्वीडन 1 जनवरी सन् 1995 ई. को यूरोपीय संघ का सदस्य बना। एक तरफ जहाँ स्वीडन के समक्ष यूरोपीय देशों के साथ अपने सम्बन्ध को बेहतर बनाने एवं यूरोपीय संघ के नियमों के अनुसार संगठन को प्राथमिकता देने का प्रश्न था, तो वहीं दूसरी तरफ उसका एशिया के देशों विशेषकर भारत के साथ चल रहे

उद्योग, व्यापार, वैज्ञानिक, तकनीकी-शिक्षा, अनुसंधान एवं सांस्कृतिक क्षेत्रों में सम्बन्धों को निरन्तर जारी रखने एवं विकासात्मक समझौतों को पूरा करना था। इस सन्दर्भ में स्वीडन के लिए भारत में जो प्राथमिकता वाले क्षेत्र थे उन क्षेत्रों में कहीं-कहीं यूरोपीय संघ की नीतियाँ अवरोधक थीं, परन्तु स्वीडिश सरकार ने इस क्षेत्र में सकारात्मक कदम उठाते हुए अपनी नीतियों में बिना किसी बदलाव के भारत के साथ आपसी सम्बन्ध निरन्तर जारी रखने का निश्चय किया क्योंकि द्विपक्षीय सम्बन्धों को मधुर बनाए रखना भारत के साथ-साथ स्वीडन के लिए भी उतना ही महत्वपूर्ण है। इस समय स्वीडन, यूरोपीय संघ का अध्यक्ष है और स्वीडन के प्रधानमंत्री फ्रेडरिक रैनफैल्ड ने 10वें भारत-यूरोपीय संघ शिखर सम्मेलन में भाग लेने हेतु नई दिल्ली की यात्रा की। जहाँ उन्होंने कहा कि स्वीडन भारत के साथ व्यापक और बेहतर संबंध स्थापित करना चाहता है।[49]

इस प्रकार जहाँ स्वीडन, यूरोपीय संघ के साथ अपने सम्बन्ध मजबूत बनाने की घोषणा पर सन् 1995 ई. में हस्ताक्षर किये वहीं एशिया के राष्ट्रों के साथ चल रही अपनी वर्तमान नीतियों एवं विकासात्मक सहयोगों को भलीभांति प्रगति के मार्ग पर निरन्तर जारी रखने की प्रतिबद्धता पर भी सहमत हुआ।

सन् 1998 ई. में जब भारत द्वारा परमाणु परीक्षण किया गया तो स्वीडन ने इसे शांति के मार्ग में एक नकारात्मक कदम बताते हुए भारत पर कड़े आर्थिक प्रतिबंध आरोपित किए। कुछ ऐसे निर्णय लिए जो दोनों देशों के आपसी सम्बन्धों के लिए उचित नहीं थे, लेकिन इस अवधि में भारतीय राजनेताओं ने काफी धैर्य से काम लिया एवं भारतीय पक्ष के साथ-साथ दक्षिण एशिया में सुरक्षा की वास्तविक स्थिति से स्वीडिश राजनेताओं को अवगत कराया। यात्राओं, वार्ताओं एवं प्रतिनिधियों के आवागमन से जब भारतीय मजबूरी तथा वास्तविक स्थिति स्पष्ट होकर सामने परिलक्षित हुई तो भारत के प्रति स्वीडन के दृष्टिकोण में काफी बदलाव आया, और उसकी नीतियों मे आकस्मिक परिवर्तन देखने को मिला। इस प्रकार दोनों देश पुनः एक दूसरे के समीप आए एवं स्वीडन द्वारा लगाए गए सभी प्रतिबंध समाप्त किए गए। आज भारत एवं स्वीडन राजनीतिक दृष्टि से एक दूसरे के बहुत समीप हैं एवं दोनों देशों की नीतियों में कुछ मौलिक समानताएँ हैं। आज दोनों देश विश्व के ज्वलंत समस्याओं

खासकर आतंकवाद, परमाणु अप्रसार एवं पर्यावरण क्षरण की समस्याओं को मिल-जुलकर हल करने को प्रतिबद्ध हुए हैं। इस प्रकार यह स्पष्ट है कि दोनों देशों की नीतियाँ शांतिपूर्ण एवं परस्पर विकास पर आधारित हैं इसलिए भविष्य में भी दोनों देशों के आपसी सम्बन्ध और अधिक मधुर होने की संभावना है।

NOTES

1. *Our Future With Asia, A Swedish-Asia Strategy for 2000 and Beyond.* Stockholm, Ministry for Foreign Affairs. 1999. p. 154.
2. Nils Andren, *Power-Balance and Non-Alignment: A Perspective on Swedish Foreign Policy*, Stockholm. Almqvist & Wiksell/Gebers Forlag AB, 1967, p. 35.
3. *The Journal of India Electrical and Electronics Manufactures Association.* New Delhi Vol. XXVI. No. 4. April 2006. p. 102.
4. *India-Sweden Relations,* Ministry of Externial Affairs. http://www:mea.india.nic.in
5. एम. एस. राजन, *गुटनिरपेक्षता : आन्दोलन एवं संभावनाएँ*, दिल्ली, हिन्दी माध्यम कार्यान्वयन निदेशालय, दिल्ली विश्वविद्यालय, 1991, पृ. 21-32.
6. वी. एन. खन्ना, *भारतीय विदेश नीति*, नई दिल्ली, विकास पब्लिकेशन, 2000 पृ. 232-33.
7. *Op. Cit.* Our Future with Asia. p. 188.
8. S. Bhatt, *Environmental Protection and International Law*, New Delhi, Radiant Publishers, 1985, p. 1.
9. Michael Redcliff. 'Development and the Environmental Crisis'; Red or Green. *Alternatives*, London, Methuen, 1984, pp. 48-49.
10. *India-Sweden Relation,* Ministry of External Affairs. http://www.meaindia.nic.in
11. *Foriegn Affairs Record,* New Delhi, Ministry of External Affairs. Government of India, Vol. 19, No. 6, June 1973, pp. 257-258.
12. *Foreign Affairs Record,* New Delhi, Ministry of External Affairs, Government of India, Vol. 59, No. 4, April 1976, pp. 23-24.
13. *Defence Minister of State, Statement in Rajya Sabha 29 August 1978,* Debate Ser., Vol. 106, No. 30, 1978, Cols. 78-99.
14. *Foreign Affairs Record,* New Delhi, Ministry of External Affairs. Government of India, Vol. 25, No. 5, May 1981, pp. 160-161.
15. *Foreign Affairs Record,* New Delhi, Ministry of External Affairs. Government of India, Vol. 28, No. 2, February 1982, pp. 53-54.
16. *Foreign Affairs Record,* New Delhi, Ministry of External Affairs, Government of India, Vol. 30, No. 9, September 1984, p. 271.

17. जे.एन. दीक्षित, *भारत की विदेश नीति*, नई दिल्ली, विकास पब्लिशिंग हाउस, 2001, पृ. 195-196।
18. बी. एन. खन्ना, *भारत की विदेश नीति*, नई दिल्ली, विकास पब्लिशिंग हाउस, 2000, पृ. 256-257।
19. B. M. Ojha, *Bofors The Ambassador's Evidence*, New Delhi, Konark Publications Pvt. Ltd., 1997, p. 15.
20. *Ibid.*, pp. 16-17.
21. *Ibid.*, p. 74.
22. *Ibid.*, pp. 96-77.
23. *Foreign Affairs Record*, New Delhi, Ministry of External Affairs, Government of India, New Delhi, Vol. 37, No. 5, 1992, pp. 270-271.
24. *Forign Affairs Record*, New Delhi, Ministry of External Affairs, Government of India, Vol. 42, No. 10, October 1993, p. 310.
25. Lee Miles, *Sweden and Europian Integration*, England, Ashgate Publication, Aldershot, 1997, pp. 264-266.
26. Jasjit Singh, 'India and C.T.B.T.' *Strategic Analysis*. Vol. 9, No. 3, June 1996, p. 836.
27. *Foreign Affairs Record*, New Delhi, Ministry of External Affairs, Government of India, New Delhi, Vol. 62, No. 2, February 1996, p. 48.
28. *Foreign Affair Record*, New Delhi, Ministry of External Affairs, Government of India, Vol. 62, No. 4, April 1996, p. 87.
29. *Annual Report 1997-98*, New Delhi, Ministry of External Affairs, Government of India, p. 76.
30. *Ibid.*, p. 77.
31. *Op. Cit. Our Future with Asia*, pp. 188-189.
32. *Annual Report 1999-2000*, New Delhi, Ministry of External Affairs, Government of India, p. 62.
33. *Annual Report 2000-2001*, New Delhi, Ministry of External Affairs, Government of India, p. 69.
34. *India-Sweden Relation*, New Delhi, Ministry of External Affairs. http://www.mea.india.nic.in
35. Speech Leif Pagrostky, Swedish Minister of Trade and Industry, *14th Indo-Swedish Joint Commission* held in New Delhi, 2 April 2003.
36. *Annual Report 2003-2004*, New Delhi, Ministry of External Affairs, Government of India, p. 83.
37. *Ibid.*
38. *Annual Report-2003-2004*, New Delhi, Ministry of External Affairs, Government of India, p. 83.
39. *Op. Cit.*, *IEEMA- Journal*, Vol – XXVI, No. 04, April 2006, pp. 102-103.
40. *India-Sweden Relation*, New Delhi, Ministry of External Affairs. http://www.wmea.india.nic.in

41. *Annual Report 2004-05*, New Delhi, Ministry of External Affairs, Government of India, p. 93.
42. *Ibid.*
43. *The Hindu*, Print Editions. http://www.hinduonnet.com, 25 September 2005.
44. *The Hindu*, Delhi, 26 November 2005.
45. *The Hindu*, Delhi, 12 December 2005.
46. *Annual Report 2005-06*, Ministry of External Affairs, Government of India p. 54.
47. *Annual Report 2007-08* Ministry of External Affairs, Government of India.
48. *Annual Report 2008-09*, Ministry of External Affairs, Government of India, p. 90.
49. *The Hindu*, November 5, 2009.

4

भारत–स्वीडन के बीच आर्थिक एवं व्यापारिक सम्बन्ध

सैद्धान्तिक रूप से अन्तर्राष्ट्रीय समुदाय का प्रत्येक राष्ट्र आन्तरिक एवं बाह्य रूप से स्वतन्त्र होता है तथा अपनी आर्थिक समृद्धि एवं विकास के लिए स्वतन्त्र नीतियों का अनुसरण करता है। वस्तुत: व्यवहार में कोई भी राष्ट्र अन्तर्राष्ट्रीय समुदाय से अलग होकर अपना पूर्ण विकास नहीं कर सकता है। उसे किसी न किसी रूप में अपने आर्थिक, सामाजिक एवं सांस्कृतिक विकास के लिए दूसरे राष्ट्रों का सहयोग आवश्यक होता है। विश्व के समस्त राष्ट्रों की पारस्परिक निर्भरता से ही अन्तर्राष्ट्रीय व्यवस्था गतिमान रहती है तथा एक राष्ट्र का दूसरे राष्ट्र के साथ सम्बन्ध स्थापित होता है। विश्व का कोई भी राष्ट्र अपने आप में पूर्ण नहीं होता है क्योंकि उसे प्राकृतिक रूप से सभी संसाधन उपलब्ध नहीं हैं। कोई भी देश जब अपनी सुरक्षा, अपने विकास एवं जनता के जीवन–स्तर को समुन्नत करने की चेष्टा करता है, तब उसे आवश्यक संसाधनों की पूर्ति हेतु दूसरे राष्ट्रों का सहयोग अपेक्षित होता है। इस प्रक्रिया में वह आर्थिक, सामाजिक एवं सांस्कृतिक रूप से दूसरे राष्ट्रों से जुड़ जाता है। उसे दूसरे देशों के आयात के ऊपर निर्भर रहना पड़ता है। यह आयात कच्चे माल की प्राप्ति एवं तकनीकी सहयोग के रूप में की जाती है। एक राष्ट्र अपने उपभोग से अतिरिक्त संसाधनों को दूसरे राष्ट्रों को निर्यात करता है, जिससे दूसरे राष्ट्र भी लाभान्वित होते हैं। इस प्रकार विश्व के प्रत्येक राष्ट्र एक दूसरे पर परस्पर आश्रित रहते हैं तथा इसी क्रम में अन्तर्राष्ट्रीय आर्थिक सम्बन्ध स्थापित होते हैं। इससे यह स्पष्ट होता है कि किसी भी देश के विकास एवं अन्तर्राष्ट्रीय समुदाय में उसकी पहचान

उसकी अर्थव्यवस्था पर निर्भर करती है, इसलिए आर्थिक हितों की रक्षा ही विदेश नीति का मुख्य लक्ष्य होता है। हितों के रक्षा करने के सन्दर्भ में ही एक राष्ट्र दूसरे राष्ट्र के समीप आते हैं, जिससे आर्थिक सम्बन्धों की स्थापना होती है।

भारत-स्वीडन के बीच आर्थिक सम्बन्ध भी इसी प्रक्रिया के तहत स्थापित हुए तथा अपनी आवश्यकताओं के अनुसार निरन्तर गतिमान हैं। दोनों देशों ने अपने आर्थिक विकास के लिए लगभग एक समान मार्ग चुना, जिसे स्वीडन में "सामाजिक लोकतंत्र" कहा जाता है, तो भारत में उसे "मिश्रित अर्थव्यवस्था" की नीति। दोनों देशों के बीच आर्थिक सम्बन्धों के इतिहास, व्यापार, निवेश तथा सहयोग के सम्भावित क्षेत्रों का विवेचन करने से पहले यहाँ दोनों देशों की आर्थिक नीतियों का संक्षिप्त विवरण आवश्यक हो जाता है।

भारत की आर्थिक नीति—स्वतन्त्रता प्राप्ति से अब तक

जब भारत स्वतन्त्र हुआ तो उसका आर्थिक भविष्य अनिश्चित था, क्योंकि एक तरफ जहाँ भारत में विभाजन से अव्यवस्था का माहौल उत्पन्न हो गया था, तो दूसरी तरफ अंग्रेजों ने भारत के विकास के लिए कोई ऐसा मॉडल नहीं छोड़ा था, जिसका स्वतन्त्र भारत अनुसरण करता। ऐसे में स्वतन्त्र भारत के प्रथम प्रधानमंत्री पं. जवाहरलाल नेहरू ने भारत की तत्कालीन परिस्थितियों को देखते हुए राज्य द्वारा निर्देशित, नियंत्रित और भारी उद्योगों पर आधारित आर्थिक नीति का अनुसरण किया। नेहरू को यह विश्वास था कि भारत इस बौद्धिक मॉडल के सहारे एक साथ तीन रास्तों पर चल सकता है। वह राज्य द्वारा निर्देशित औद्योगीकरण की मुहिम चला सकता है, संवैधानिक लोकतंत्र कायम रख सकता है और आर्थिक-सामाजिक पुनर्वितरण का भी कार्य कर सकता है। उन्होंने लोकतांत्रिक राजनीतिक व्यवस्था के सन्दर्भ में अन्तर्राष्ट्रीय अर्थव्यवस्था को अपनी समझ बनाकर उसे भारतीय विकास के घरेलू मॉडल से जोड़ा। उनका विश्वास था कि वैश्विक अर्थव्यवस्था की तत्कालीन संरचना में भारत जैसे नए राज्य के लिए अपनी आर्थिक संप्रभुता के समर्पण का जोखिम अधिक था। औद्योगीकरण के चक्कर में वह विदेशी पूंजी पर निर्भर होकर

नवउपनिवेशवादी फंदे में फँस सकता है। अपने इसी अन्तर्राष्ट्रीय दृष्टिकोण के तहत नेहरू ने भारतीय राज्य की मजबूरियों का आंकलन किया और एक ऐसे विचार की पेशकश की जो घरेलू समस्याओं को 'कीन्स' के विचारों के मुताबिक हल करना चाहता था।[1] जिसके अनुसार राज्य को आर्थिक प्रसार के लिए हालात बनाने में सक्रिय भूमिका का निर्वाह करना था। इसका अर्थ था, अधिकाधिक मात्रा में राष्ट्रीयकरण न करके सार्वजनिक क्षेत्र में निवेश और उसे निर्देशित करना। सार्वजनिक क्षेत्र को मिश्रित अर्थव्यवस्था के तहत निजी उद्यमों के साथ-साथ कार्य करना था। जहाँ तक कर लगाने की बात है, भारतीय राज्य कम कर लगाने की परम्परा का वारिस था और कृषि पर कर की बंदिशें संविधान में ही थीं। इसलिए जनहितकारी पुनर्वितरण के लिए संसाधन जुटाने का काम भी उत्पादक सार्वजनिक क्षेत्र से ही किया जाना था। नेहरू का यह भी मानना था कि तेज विकास दर अपने आपमें कोई श्रेयस्कर लक्ष्य नहीं है क्योंकि विकास का तालमेल स्वाधीनता और लोकतन्त्र के लक्ष्यों के साथ बैठाना था। वे लोकतंत्र को अपने आप में एक मूल्य मान कर चलते थे न कि उसका मूल्यांकन एक राजनीतिक प्रणाली के रूप में करते थे कि आर्थिक विकास के लिए सुविधाजनक है या नहीं। इसीलिए नेहरू लोकतंत्र और विकास के बीच किसी सौदेबाजी के लिए तैयार नहीं थे। उनको इस बात का पूरा यकीन था कि अर्थतंत्र को सचेत मानवीय नियंत्रण और कार्यक्रम के तहत चलाया जा सकता है। नेहरू की इस वैकासिक रणनीति के तीन परिणाम हुए। एक साधारण विकास प्राप्त हो गया, दूसरा राजनीति के प्रत्यक्ष दबावों से अलग रहते हुए भी उसकी लोकतांत्रिक साख बरकरार रही, और तीसरा विवेक पूर्ण राजकोषीय प्रबन्धन के कारण आर्थिक स्थिरता भी बनी रही।[2] लेकिन 1991 के आते-आते अर्थव्यवस्था के ये तीनों आधार कमजोर हो गए। स्थिति यह हो गई कि अर्थव्यवस्था मुश्किल में फंसती नजर आ रही थी तथा इसका उत्तरोत्तर क्षय आरम्भ हो चुका था। ऐसी दशा में नेहरू द्वारा बनायी गई नीति पर पुनर्विचार करने की आवश्यकता महसूस होने लगी जो विश्व के लिए तीव्र गति से बदलते हुए आर्थिक परिवेश में संभवतः कुछ अंशों तक उपयुक्त नहीं लग रही थी। अर्थव्यवस्था के इन सभी दीर्घकालीन समस्याओं का कारण नेहरू के निधन के बाद भारत को अपने पास अर्थनीति के नाम पर किसी योजना के अभाव के

सन्दर्भ में देखा जा सकता है। क्योंकि उस समय नियोजन की हैसियत को गिरा दिया गया था और इसे फायदेमंद समझा जाना बंद कर दिया गया। सन् 1966-69 ई. तक योजना अवकाश घोषित कर दिया गया तथा महत्वपूर्ण पदों पर नियुक्तियाँ राजनेताओं के पसंद से होने लगीं। राजकोषीय प्रबंधन कमजोर होने लगा साथ ही राज्य की उत्पादक क्षमताओं में जड़ता का प्रवेश हुआ तथा खर्च और राजस्व दोनों में बढ़ोत्तरी हुई, जिसका परिणाम सन् 1991 ई. में कष्टप्रद राजकोषीय संकट के रूप में सामने आया। इस प्रकार यह स्पष्ट है कि उत्तर नेहरू वर्षों में भारतीय राज्य नियंत्रण और विनियमन की संरक्षणवादी नीतियों पर काफी निर्भर हो गया था, जिसका मकसद विकास न होकर स्वयं को बचाए रखना भर था। अर्थव्यवस्था का यह संकट उस समय आया, जब भारतीय लोकतंत्र राजनीतिक दिक्कतों का सामना कर रहा था। चुनावी राजनीति खंडित जनादेशों, गठजोड़ों एवं अल्पमत सरकारों के दौर में प्रवेश कर चुकी थी। परिणामतः राज्य और अर्थतंत्र को पूरी तरह से बदल डालने की पहल एक अल्पमत की कांग्रेस सरकार ने की, जिसकी बागडोर पी.वी. नरसिंह राव के हाथ में थी, जिन्हें राजीव गांधी की हत्या के बाद पार्टी का नेतृत्व मिला था। वित्त मंत्रालय का नेतृत्व मनमोहन सिंह को दिया गया। नरसिंह राव ने मनमोहन सिंह के साथ मिलकर आजादी के बाद सबसे महत्वपूर्ण सुधारों में से एक का सूत्रपात किया। दरअसल नौकरशाहों द्वारा नियंत्रित अंतर्मुखी और ठहराव में फंसा अर्थतंत्र इतना निरर्थक हो गया था कि इसमें सुधार अनिवार्य था। हालांकि 1960 ई. के दशक में ही मनमोहन सिंह ने कम नियंत्रण और ज्यादा खुलेपन की वकालत की थी।[3] सन् 1991 ई. में इसके लिए जिन उपायों की शुरुआत की गई, वे मुख्यतः व्यापार और उद्योग के क्षेत्र में केन्द्रित थे।

आर्थिक सुधारों की प्रक्रिया में निम्नलिखित बातें शामिल थीं

वित्तीय सुधार—सन् 1991 ई. के बाद शुरू हुए आर्थिक सुधारों में विनिमय दर को बाजार से जोड़ना शुरू किया। व्यापार तथा औद्योगिक नियंत्रणों का उदारीकरण, जैसे—आयात को आसान बनाया जाना, औद्योगिक लाइसेंस, सीमा और उत्पाद शुल्क की दरों में कमी, व्यापार को सुगम बनाना, कोटा का

सरलीकरण, सार्वजनिक उद्यमों का निजीकरण, विदेशी निवेश तथा बहुराष्ट्रीय कम्पनियों पर लगे बंधनों को हटाया जाना, और उनका खुलकर स्वागत, खासकर निवेश आदि मुख्य थे।[4] इस प्रकार जिस तरह पचास के दशक में पूरी बहस नियोजन पर केन्द्रित थी, उसी तरह नब्बे एवं वर्तमान दशक में आर्थिक विचार-विमर्श उदारीकरण के इर्द-गिर्द ही रहा। उदारीकरण के कारण सरकार के नीति-निर्माताओं, राजनेताओं और उद्योगपतियों में इस बात को लेकर काफी उत्साह था कि भारतीय अर्थव्यवस्था अब उड़ान भरने के लिए तैयार है। सरकार का भी मानना था कि इसके माध्यम से अर्थव्यवस्था की विकास दर 10 प्रतिशत सालाना तक बढ़ा कर इसे उसी स्तर पर टिकाया जा सकता है।

इस सुधार प्रक्रिया के नतीजे प्रशंसनीय हैं, हालांकि कई समस्याएं एवं चुनौतियाँ अभी भी बाकी हैं। लेकिन यह बहुत महत्वपूर्ण बात है कि भारत ने बिना अर्थतंत्र या जनता के जीवन स्तर को हानि पहुँचाए, विश्व अर्थतंत्र के साथ धीरे-धीरे एकीकृत होने का अद्‌भुत रास्ता अपनाया।[5]

स्वीडन की अर्थव्यवस्था का संक्षिप्त विवरण

विश्व के किसी देश की आर्थिक नीति उस देश के आय के स्रोतों, अन्तर्राष्ट्रीय व्यापार तथा प्राप्त होने वाले अन्तर्राष्ट्रीय अनुदान आदि पर निर्भर होती है। यदि उन वस्तुओं में कमी आती है या इनमें परिवर्तन आते हैं तो उस देश की आर्थिक नीति भी स्वतः प्रभावित होती है। यही कारण है कि आर्थिक नीति कभी भी एक समान नहीं होती है। स्वीडन के बारे में भी यह बात सही है। जहाँ तक स्वीडन की आर्थिक नीति का सवाल है, सभी देशों की भांति उसकी भी अर्थ नीति कृषि से प्रारम्भ होकर औद्योगीकरण के स्तर तक पहुँचती है।

लगभग 19वीं सदी के अंत तक स्वीडन एक कृषि प्रधान देश था और वहाँ की 75 प्रतिशत जनसंख्या कृषि पर निर्भर थी। क्षेत्रफल की दृष्टि से स्वीडन यूरोप का एक बड़ा देश होने के बावजूद गरीब देश था तथा उसकी आर्थिक स्थिति अधिक अस्थिर थी। जनसंख्या का अधिकांश भाग ग्रामीण इलाकों में रहता था तथा जीविकोपार्जन के लिए कृषि के विभिन्न उत्पादों पर निर्भर रहना पड़ता था। ऐसी स्थिति में सरकार द्वारा निर्मित आर्थिक नीतियाँ

कृषि की उन्नति के उद्देश्य से बनायी जाती थीं एवं उद्योगों के प्रति कम रुझान था। लेकिन स्वीडन की इस स्थिति में तेजी से परिवर्तन आना प्रारम्भ हुआ और कृषि आश्रित समाज बीसवीं सदी के दूसरे दशक में व्यापार और उद्योग की ओर तेजी से उन्मुख होने लगा। उपलब्ध आंकड़ों के अनुसार मात्र 50-60 वर्षों में स्वीडन की 85 प्रतिशत जनता शहरों की ओर पलायन कर गयी और सम्पूर्ण आबादी का लगभग 2 प्रतिशत ही खेती, वानिकी एवं मत्स्य पर आश्रित थी।[6] यह बदलाव स्वीडन के अर्थव्यवस्था में बहुत ही अद्‌भुत था जो विश्व के अन्य देशों के इतिहास में यदा-कदा ही देखने को मिलता है। स्वीडन के लगभग 100 वर्षों के इस इतिहास ने उसकी आर्थिक नीति के निर्धारण में मुख्य भूमिका अदा की। जब द्वितीय विश्व युद्ध के बाद तेजी से विकास एवं औद्योगीकरण का दौर प्रारम्भ हुआ तो स्वीडन बहुत तेजी से इस रास्ते पर अग्रसर हुआ और विश्व के विकसित राष्ट्रों में अपना महत्वपूर्ण स्थान बना लिया। सन् 1870 से 1950 ई. की अवधि में स्वीडन में हुए औद्योगीकरण के कारण वह अपने यहाँ बनने वाली वस्तुओं का एक बड़ा निर्यातक बन गया। निर्यात की जाने वाली वस्तुओं में इस्पात, जंगल की लकड़ियाँ तथा मछलियाँ मुख्य थीं। अब अर्थव्यवस्था कृषि से आभियांत्रिकी उद्योगों में तब्दील हो गई। इस समृद्धि का ही परिणाम था कि बीसवीं सदी के अन्त तक स्वीडन का घरेलू उत्पाद (जी.डी.पी.) 3,05,902 मिलियन अमेरिकी डॉलर हो गई तथा प्रति व्यक्ति आय 33480.05 डॉलर तक पहुँच गई। इस प्रकार स्वीडन ने अपने 150 वर्षों के बदलते इतिहास में कई उतार-चढ़ाव देखे जिसमें मुख्य रूप से सन् 1973-74 ई. में पेट्रोलियम उत्पादन के मूल्य में वृद्धि तथा 1968 ई. में स्वीडिश मुद्रा में अवमूल्यन मुख्य रूप से उल्लेखनीय है। इन दोनों संकटों में स्वीडिश सरकार ने दूरदर्शिता से काम लेते हुए समस्या का सामना किया तथा मूल्य की गिरावट को सरकारी अनुदान से बचाया। साथ ही कुछ सरकार नियंत्रित कम्पनियों ने मुद्रा अवमूल्यन से प्रभावित होने वाले उद्योगों को सहयोग देकर उनके उत्पादन क्षमता को बनाए रखने में महत्वपूर्ण योगदान दिया। इसलिए उस आर्थिक घटना का स्वीडन पर कम प्रभाव पड़ा तथा वह अपने व्यापार, उद्योग एवं समृद्धि की ओर निरन्तर आगे बढ़ता रहा।

सामाजिक लोकतंत्र एवं कल्याणकारी पूंजीवाद

समाजवाद, पूंजीवाद जैसे पारम्परिक शब्द को स्वीडन के वास्तविक, सामाजिक और आर्थिक व्यवस्था में समझा नहीं जा सकता। क्योंकि स्वीडन ने निजी उद्यम और लोक उद्यम के बीच एक जटिल लेकिन अद्‌भुत संतुलन विकसित किया है। उत्पादन एवं सेवा को निजी बाजार के हवाले छोड़ दिया गया, जबकि राज्य का बृहद्‌ प्रभाव उनके निर्धारण एवं वितरण पर बनाए रखा गया है। एक प्रसिद्ध लेखक ने इस छवि को बड़े रोचक शब्दों में व्यक्त किया है–"ऐसा लगता है कि स्वीडन एडम स्मिथ और ब्रिटिश बेव के सुखी वैवाहिक जीवन का आशीर्वाद पा रहा है।"[7]

अगर शब्दों के अर्थ में जाएँ, जैसाकि अमेरिका या ब्रिटेन में प्रयोग होता है तो हम यह कह सकते हैं कि स्वीडन लोक-कल्याणकारी राज्य है। यह उद्देश्यों के मुताबिक एक ऐसे समाज को दर्शाता है जो लोकतांत्रिक सरकार के द्वारा प्रेरित है एवं अपने नागरिकों को सामाजिक सुरक्षा तथा इसकी गारंटी प्रदान करता है। साथ ही उत्पादन की पूंजीवादी प्रणाली को बनाए रखा गया है।[8]

अधिकतर स्वीडनवासी, चाहे उनकी राजनीतिक गतिविधि कुछ भी हो, राज्य के क्रियाकलापों के प्रति कम दुराग्रही हैं तथा सामाजिक कल्याणकारी योजनाओं के प्रति कम प्रतिरोध करते हैं एवं कुछ हद तक अमेरिकन की तुलना में आर्थिक योजनाओं के क्रियान्वयन में कम दखल देते हैं। तुलनात्मक रूप से स्वीडन में गंभीर समस्याओं के प्रति सामाजिक जिम्मेदारी है, जिसका कोई भी व्यक्ति अकेले सामना करने में असुविधा महसूस करेगा। स्वीडिश जनसंख्या की समरूपता एवं स्वीडिश इतिहास ने एक मजबूत सामाजिक ताना-बाना बनाया है, जैसे कि "मानो सभी मानव एक ही नाव में सवार हैं।" महत्वपूर्ण बात यह है कि स्वीडनवासी अपने देश को "लोगों का घर" कहते हैं। स्वीडन को लोक-कल्याणकारी राज्य बनाने के क्रम में सरकार की एकल प्रथा, ईमानदार लोक सेवक, एवं अनिष्टकारी व्यवस्था की अनुपस्थिति का होना मुख्य है। इसलिए स्वीडन में लोक-कल्याणकारी राज्य कोई विदेशी घुसपैठिया नहीं है बल्कि इसे प्राकृतिक रूप से स्वीकार कर लिया गया है और अब यह किसी की वैधता का मोहताज नहीं है।[9]

स्वीडन का लोक-कल्याणकारी राज्य, जैसा दूसरे जगहों पर होता है, यह सामाजिक सुरक्षा कार्यक्रमों से काफी अधिक है। यहाँ केवल बीमा बाध्यता और एक अल्प जीवन-स्तर की गारन्टी, सरकार प्रदत्त ही नहीं करती, बल्कि समाज के स्रोतों का बंटवारा भी करती है। आधुनिक कल्याणकारी राज्य जैसा कि इसका अर्थ लिया जाता है, उन्नीसवीं सदी के उदारवाद (सुधार के साथ) के एक तार्किक विस्तार के रूप में है। इसलिए यह आर्थिक क्षेत्र में निजी एवं लोक उद्योगों में एक जटिल नेटवर्क के रूप में कार्य करता है। इसके अतिरिक्त जो कार्य आता है, वे हैं राज्य के बजट, कर, मकान निर्माण, रोजगार एवं संस्कृति। सारे औद्योगिक राष्ट्र किसी न किसी प्रकार के लोक-कल्याणकारी नीति को अपनाते हैं। वर्तमान में तीन लोक-कल्याणकारी आदर्श है जिनको विभिन्न देशों ने अपनाया है :

(क) उदारवादी एवं बाजार सम्बन्धी आदर्श, जो अमेरिका, ब्रिटेन एवं ऑस्ट्रेलिया में अपनाया गया,

(ख) अनुदारवादी आदर्श, जो यूरोपीय देशों जैसे फ्रांस, जर्मनी और इटली में प्रचलित हैं, तथा

(ग) वे साधारण लोक-कल्याणकारी आदर्श, जिसे स्वीडन और दूसरे स्कैन्डिनेवियन देशों ने अपनाया है।

तीसरे आदर्श के कुछ विचित्र चारित्रिक गुण हैं। यह अपने सभी नागरिकों को उच्चस्तरीय आर्थिक सुरक्षा, जैसे बीमारी के समय, बेरोजगारी के समय, कार्य सम्बन्धी, चोट के समय तथा वयोवृद्ध परिवार एवं बच्चों को मुहैया कराती है। यह आदर्श उच्च रोजगार पर आधारित है, जो कर के स्तर पर नहीं वरन् कर लगाने के तरीके पर केन्द्रित है। सबसे प्रमुख चीज यह नहीं है कि लोक व्यय पर खर्च कितना वृहद् है, बल्कि इस खर्च का उपयोग कैसे किया जा रहा है क्योंकि यह दूसरे आदर्शों से स्रोतों के पुनर्वितरण पर अधिक बल देती है। इसका सबसे प्रमुख लाभ यह है कि यह समान है और न्यायपूर्ण है। यह सभी को सुरक्षा और स्थिरता प्रदान करती है। लोगों को अपने अधिकारों और कर्तव्यों से अवगत कराती है तथा अदृश्य घटनाओं के प्रति भी यह आर्थिक सुरक्षा प्रदान

करती है। इसकी सबसे प्रमुख विशेषता है कि यह संवेदनशीलता की सुरक्षा करती है।[10]

निजी उद्योग

स्वीडन सामाजिक देश होने का दावा उद्योगों पर नियंत्रण और उनके स्वामित्व के आधार पर नहीं करता, कम से कम तब जब हम शब्द के संकीर्ण अर्थ को लें, क्योंकि हर मोड़ पर निजी उद्यम हावी हैं। औद्योगिक रोजगार का 90 प्रतिशत निजी है, 4 प्रतिशत सहकारी, और 6 प्रतिशत स्थानीय सरकार के पास है। लगभग सारे उद्योग निजी स्वामित्व के हैं। जिसमें जहाजरानी और वस्त्र उद्योग 99 प्रतिशत, तकनीकी 98 प्रतिशत, वन उद्योग 94 प्रतिशत, इस्पात एवं धातु 93 प्रतिशत, बैंकिंग और फुटकर व्यापार 83 प्रतिशत। इस प्रकार स्वीडन की आर्थिक व्यवस्था न केवल विशाल रूप से निजी है बल्कि काफी हद तक बड़े निगम प्रभावी भी हैं।[11]

जो भी हो, स्वीडन का पूंजीवाद प्रकाशवान् है और यह बड़े आश्चर्य की बात है कि इतने बड़े धन और शक्ति का केन्द्रण बिना आलोचना किए हो गया है। हालांकि सोशल डेमोक्रेट दल तथा कुछ नैतिक समतावादी इस कार्यक्रम में मुख्य भूमिका निभा रहे हैं। सोशल डेमोक्रेटिक दल ने सामाजिक लोकतंत्र एवं धन के केन्द्रीकरण के असमानताओं को एक राजनीतिक मुद्दा बना लिया है। इसका प्रयास एक तरफ राष्ट्रीयकरण का नहीं है तो दूसरी तरफ एकाधिकार के खिलाफ भी नहीं है, बल्कि निवेशों पर नियंत्रण से है।[12]

सार्वजनिक क्षेत्र

समाजवाद के पारम्परिक सिद्धान्त वर्तमान स्वीडन के आर्थिक स्थिति के लिए अप्रसांगिक हैं। यह भी आवश्यक है कि हम स्वीडन में पारम्परिक उदारवाद के अप्रासंगिकता को भी स्वीकृति दें, क्योंकि सरकार ने विस्तृत राष्ट्रीयकरण एवं दूसरे उपायों में अपने आपको व्यस्त नहीं किया है लेकिन दूसरे तरीकों से स्वीडन की अर्थव्यवस्था पर एक मजबूत बढ़ता हुआ प्रभाव बना लिया है तथा राज्य ने एक निर्णयात्मक आवाज हासिल कर लिया है।

लोक-उद्यम के आकार को परिभाषित करने एवं नापने के बहुत से अलग-अलग रास्ते हैं। वस्तुओं के उत्पादन एवं सेवाओं में लोक-उद्यम सम्पूर्ण का 15 प्रतिशत है, 600,000 लोक-नियुक्तियाँ हैं जो कुल का 18 प्रतिशत हैं, जिसमें 315,000 राष्ट्रीय सरकार के पास एवं 285,000 अलग-अलग स्थानीय सरकारों के पास हैं। सबसे ज्यादा संख्या सेवा कार्य में था जैसे शिक्षा, स्वास्थ्य, कल्याण, इत्यादि। लोक-खपत एवं निवेश, राष्ट्रीय उत्पाद का 25 प्रतिशत तथा सामाजिक बीमा योगदान, राष्ट्रीय उत्पाद का लगभग 33 प्रतिशत था। इस प्रकार यह स्पष्ट है कि हाल के वर्षों में लोक-उद्यम स्थिर रूप से बढ़े हैं।[13]

इस प्रकार उपरोक्त विश्लेषण से यह स्पष्ट होता है कि भारत-स्वीडन की आर्थिक नीतियों में समानता परिलक्षित होती है। उदाहरण के तौर पर दोनों देशों में लोक उद्यम मजबूत स्थिति में है। राजनेता एवं व्यापारिक वर्ग निजी एवं सार्वजनिक, दोनों क्षेत्रों में आपसी सहयोग से काम करने के अभ्यस्त हैं तथा संसाधनों के पुनर्वितरण पर समान महत्व दिया गया है। दोनों देशों में राष्ट्रीयकरण एवं एकाधिकार के बीच अद्‌भुत संतुलन स्थापित किया गया है। इस प्रकार इन समानताओं के आधार पर यह कहा जा सकता है कि दोनों देशों के बीच व्यापार, निवेश एवं सहयोग के लिए अपार संभावनाएँ हैं।

वर्तमान स्वरूप

पिछले दो दशक में भारत ने सराहनीय वृद्धि की है। सन् 1995 से 2009 ई. तक के आंकड़ों के अनुसार भारत ने 8 प्रतिशत की दर से वृद्धि की है जो अपने आप में काफी महत्वपूर्ण है।[14] क्रय-शक्ति के आधार पर यह लगभग 3.3 मिलियन अमेरिकी डॉलर है जो विश्व की चौथी सबसे बड़ी अर्थव्यवस्था है। इसी प्रकार स्थिर मूल्य के आधार पर भारत का सम्पूर्ण घरेलू उत्पाद सन् 2009 ई. में लगभग 810 बिलियन अमेरिकी डॉलर तक पहुँच गया। इस प्रकार यह स्पष्ट है कि यह निरन्तर बढ़ोत्तरी तथा अपार संभावना को इंगित करता है, जहाँ पर्याप्त मात्रा में निवेश किया जा सकता है।

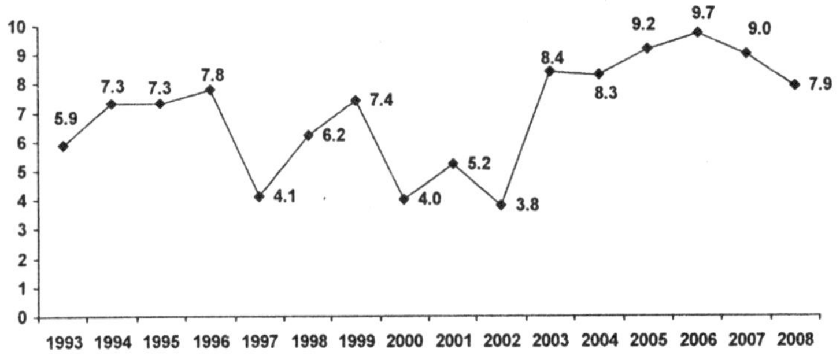

चित्र 4.1

Source: 1. http://dbresearch.com,
2. *The Economist,* World in Figures 2008 Edition.

जहाँ तक स्वीडिश अर्थव्यवस्था का प्रश्न है उसने सम्पूर्ण क्रय-शक्ति के आधार पर 2.5 प्रतिशत की वृद्धि की और यह लगभग 1999 के 280 बिलियन अमेरिकी डॉलर से बढ़कर 2008 में 382 बिलियन अमेरिकी डॉलर तक पहुंच गई,[15] जो यूरोपीय संघ में स्वीडन की अर्थव्यवस्था की तीव्रतम वृद्धि को रेखांकित करती है।

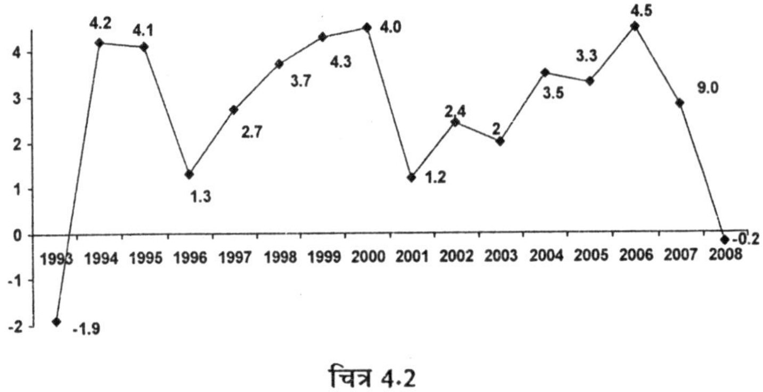

चित्र 4.2

Source: 1. http://dbresearch.com,
2. *The Economist,* World in Figures 2008 Edition.

स्वीडन के सकल घरेलू उत्पाद में जिन क्षेत्रों का महत्वपूर्ण योगदान है उनमें सेवा और उद्योग महत्वपूर्ण हैं, जो क्रमशः 89.0 प्रतिशत तथा 29.0 प्रतिशत

हैं, इसमें कृषि का कम योगदान है जो मात्र 2 प्रतिशत है।[16] जबकि भारत में सकल घरेलू उत्पाद में सेवा एवं उद्योग का क्रमश: 50.5 प्रतिशत, 26.2 प्रतिशत[17] तथा कृषि का योगदान 23.3 प्रतिशत है। ऐसी दशा में भारतीय अर्थव्यवस्था अभी भी कृषि पर स्वीडन की अपेक्षा अधिक आश्रित है।

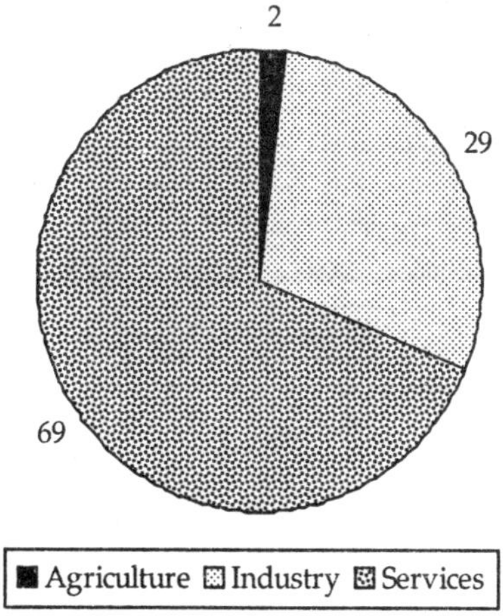

चित्र 4.3

Source: *The Economist,* World in Figures 2009 Edition.

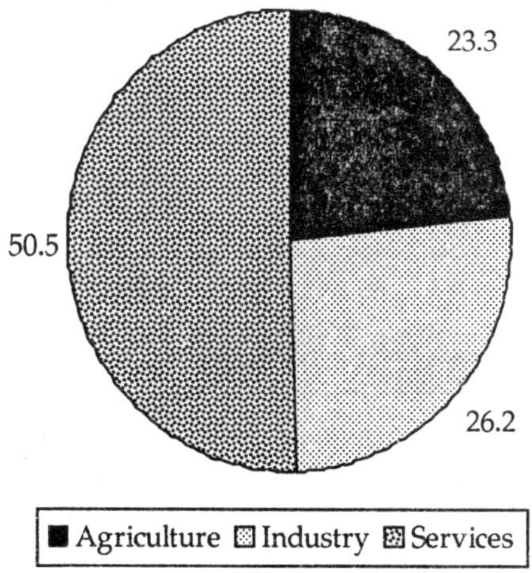

चित्र 4.4

Source: *The Economist,* World in Figures 2009 Edition.

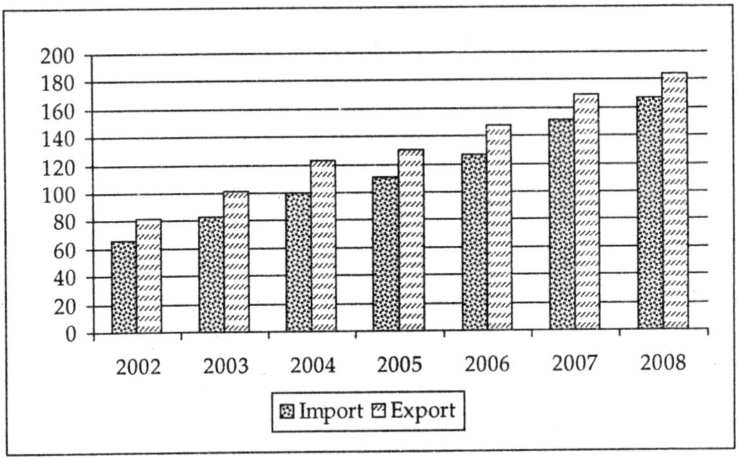

चित्र 4.5

Source: WTO, 2009.

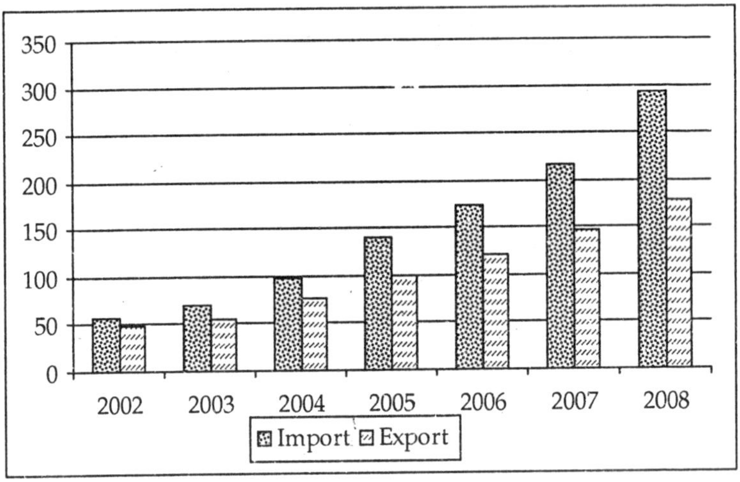

चित्र 4.6

Source: WTO, 2009.

इस प्रकार दोनों देशों की अर्थव्यवस्था के वर्तमान स्वरूपों को देखते हुए ऐसा लगता है कि व्यापार एवं निवेश के क्षेत्र में व्यापक संभावनाएँ हैं। एक

तरफ जहाँ भारत में बाहर से निवेश के लिए समुचित वातावरण है तो दूसरी तरफ स्वीडन को कुछ क्षेत्रों में विशेष दक्षता हासिल है, जो दोनों देशों के आर्थिक सम्बन्धों को बेहतर एवं व्यापक बनाने में काफी फलदायक साबित होगा।

दोनों देशों के बीच आर्थिक सम्बन्धों को तीन वर्गों में विभाजित करके देखने का प्रयास किया जाएगा।

(1) भारत-स्वीडन के बीच व्यापारिक सम्बन्ध,
(2) भारत-स्वीडन के बीच द्विपक्षीय निवेश, तथा
(3) भारत-स्वीडन सहयोग के संभावित क्षेत्र।

(1) भारत-स्वीडन के बीच व्यापारिक सम्बन्ध

भारत और स्वीडन के बीच आर्थिक सम्बन्ध एक सदी से भी ज्यादा पुराना है। दोनों देशों के बीच यह सम्बन्ध सन् 1903 ई. में उस समय स्थापित हुआ जब 1903 ई. में Ericsson ने मानव निर्मित स्विच बोर्ड भारत को निर्यात करना प्रारम्भ किया।[18] इस कम्पनी ने सन् 2003 ई. में भारत के साथ अपने सम्बन्धों का सौ वर्षीय उत्सव मनाया और सम्बन्धों की उपलब्धियों पर चर्चा करते हुए उसे और अधिक बढ़ाने के प्रयास पर बल दिया। 1923 में स्वीडिश माचिस कम्पनी Vimco भारत में Ericsson के बाद आर्थिक सम्बन्ध स्थापित करने वाली दूसरी कम्पनी थी।[19] इस प्रकार भारत की स्वतन्त्रता प्राप्ति के पूर्व ही दोनों देशों के बीच आर्थिक सम्बन्ध स्थापित हो चुके थे। जिन क्षेत्रों में व्यापार बढ़ रहा था उनमें लौह, इस्पात, मशीनरी, तकनीक, दवाएँ, रासायनिक पदार्थ एवं विद्युत उपकरण आदि प्रमुख थे। स्वतन्त्रता प्राप्ति के बाद भारत ने एक स्वतन्त्र आर्थिक नीति को अपनाया जो मिश्रित अर्थव्यवस्था के नाम से निर्दिष्ट हुई, जिसके तहत लोक उद्यम एवं निजी दोनों क्षेत्रों का समान महत्व था। स्वीडन भी भारत के इस नीति का प्रशंसक था क्योंकि स्वयं स्वीडन में भी लोक-उद्यम मजबूत स्थिति में थे।

ऐसे में दोनों देशों के बीच संबंध विकसित होना स्वाभाविक था। स्वतंत्रता प्राप्ति से लेकर अब तक के सफर में भारत के आत्मपहचान में नाटकीय परिवर्तन हुआ है तथा कुछ क्षेत्रों में भारत ने विशेष महारत हासिल किया है। आज विश्व के बदलते परिवेश में पुराने विचार आवश्यक रूप से खरे नहीं

उतरते ऐसे में भारत ने एक नया रास्ता अपनाया जिसे उदारीकरण के नाम से जाना जाता है, जिसका स्वागत स्वीडन के साथ विश्व के अनेक देशों द्वारा किया गया। आज भारत एक बड़ी आर्थिक शक्ति है। यह स्थापित हो चुका है कि अगर वर्तमान आर्थिक धारा चलती रही तो विश्व व्यापार में चीन अमरीका पर हावी हो जाएगा और सन् 2012 ई. तक भारत तीसरा सबसे बड़ा अर्थव्यवस्था वाला राष्ट्र होगा। भारत की G.D.P. वृद्धि-दर 1980 ई. में 5 प्रतिशत से बढ़कर 2008-09 ई. में 7.2 प्रतिशत तक पहुंच गई है तथा इस वृद्धि की धारा निरन्तर गतिमान है। भारत ने विश्व व्यापार संगठन की बाध्यताओं को देखते हुए सभी प्रकार के मात्रात्मक प्रतिबंधों को हटा लिया है तथा प्रत्यक्ष विदेशी निवेश को पिछले कुछ वर्षों से आने के लिए स्वतंत्र कर दिया है। स्पष्ट है, वैश्वीकरण ने उम्मीदों को जगाया है। अब भारतीय गरीबी को नहीं मानते। वे अपने आमदनी के साधनों में ऊपर जाना चाहते हैं और फलना-फूलना अपना अधिकार मानते हैं।[20] वैश्वीकरण विधि को समान अवसर एवं बहुपक्षीय संस्थानों (W.T.O. E.U) के अनुरूप ढालने के भारतीय प्रयास की स्वीडन प्रशंसा करता है।[21] स्वीडिश सरकार की नई एशिया रणनीति के तहत एक प्रमुख आकांक्षा है कि वह अपने बढ़े हुए व्यापार और निवेश को दक्षिण एशिया में, खासतौर से भारत में लाए जो कि विश्वस्तरीय अर्थव्यवस्था में एक चालक के रूप में उभर रहा है। आज भारत दक्ष कारीगरों एवं क्रेताओं की एक विशेष शक्ति के रूप में समृद्ध हुआ है। अतः इस बात पर विश्वास किया जा सकता है कि स्वीडन का भविष्य बहुत हद तक भारत के साथ जुड़ा हुआ है।[22]

व्यापार

भारत एवं स्वीडन के बीच द्विपक्षीय व्यापार निरन्तर विकासमान है। आज लगभग 100 भारतीय-स्वीडिश संयुक्त कार्यदल प्रौद्योगिकी से लेकर औषधि के क्षेत्र तक कार्यरत हैं। इसके अतिरिक्त स्वीडिश कम्पनियों ने लगभग 200 तकनीकी समझौतों पर सहमति प्रदान की है। विश्व में भारत-स्वीडन के व्यापार को 19वें सशक्त व्यापार के रूप में चिन्हित किया गया है। स्वीडन को भारत से निर्यात लगातार प्रगति पर है तथा दोनों देशों का द्विपक्षीय संबंध बहुत सरल (Modest) है। सन् 1991 ई. के बाद आर्थिक सुधारों के पश्चात् जैसे-जैसे

भारत का व्यापारिक वातावरण सुधर रहा है, वैसे-वैसे भारत एवं स्वीडन का आपसी व्यापार बढ़ रहा है।[23] भारत के साथ व्यापार में स्वीडिश कम्पनियों का मुख्यत: शोध एवं विकास, सूचना तकनीकी, जैव तकनीकी, एवं विभिन्न वस्तुओं के निर्माण में मुख्य साझेदारी है।[24] भारत में स्वीडन द्वारा निर्यात निरन्तर बढ़ रहा है और 2008 ई. तक लगभग 1865 मिलियन अमेरिकी डॉलर पहुँच चुका है,[25] इसी प्रकार भारत द्वारा स्वीडन में निर्यात के दर में बढ़ौतरी हो रही है जो आज लगभग 741 मिलियन अमेरिकी डॉलर हो गयी है।[26]

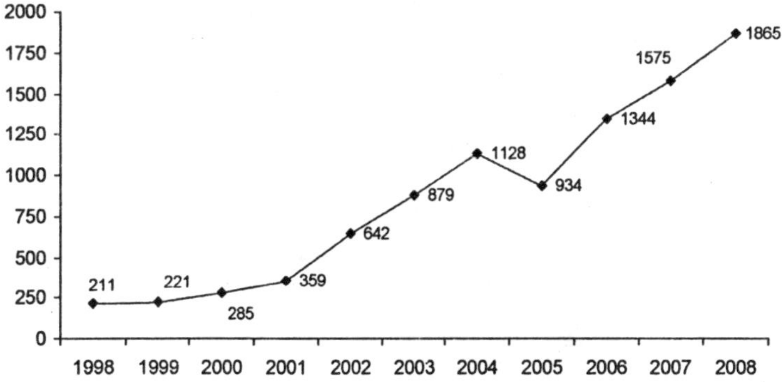

चित्र 4.7

Source : WTO, 2008.

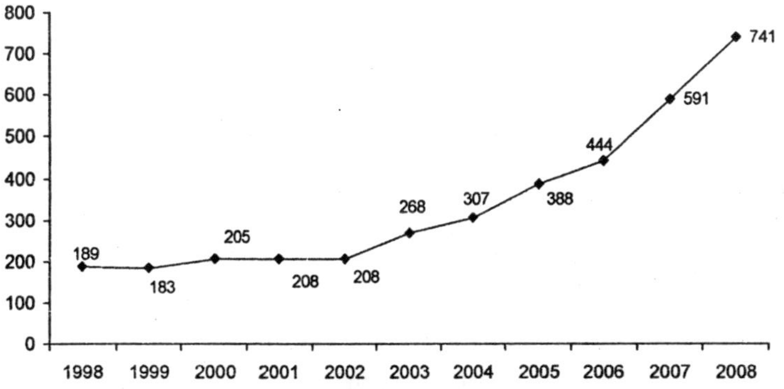

चित्र 4.8

Source : www.icrier.res.in, 2008.

स्वीडन द्वारा जिन मुख्य वस्तुओं का निर्यात भारत में किया जा रहा है, उनमें इंजीनियरिंग सामान एवं केमिकल प्रोडक्ट आदि प्रमुख हैं।[27] इसी प्रकार जिन वस्तुओं को भारत स्वीडन को निर्यात कर रहा है, उनमें प्रमुख है[28]–

Table 4.1: Main Exports to India

	Item	*% Percentage*
1.	Engineering Product	66.98
2.	Semi-Manufactured Products	9
3.	Chemical Products	3.4
4.	Raw Materials	2.0
5.	Other Manufactured goods	18.7

Avrage Customs Duty - 4-2-1- (2)

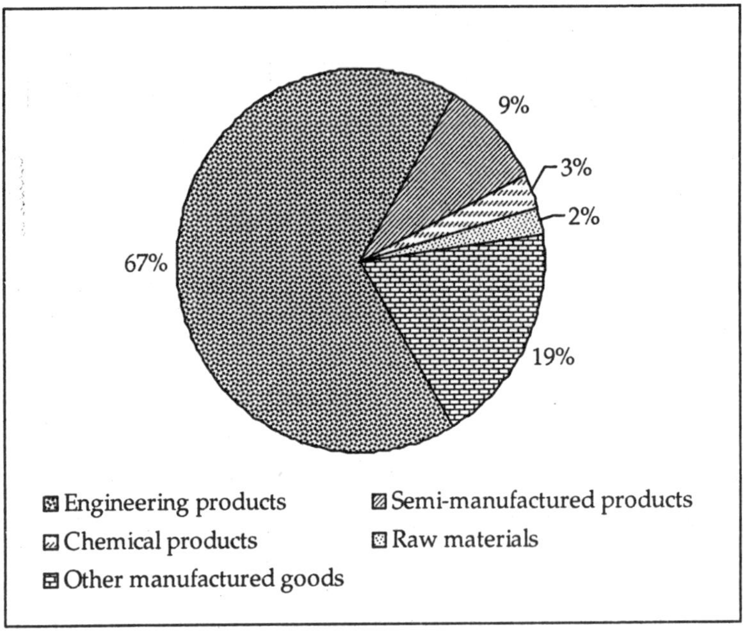

चित्र 4.9 Engineering goods dominate Swedish exports to India (2009)

Source: Swedish Trade Council.

Table 4.2: Main Exports to Sweden-1

Item	*Percentage*
1. Semi Manufactured Products	36.3
2. Engineering Products	18.1
3. Food	4.2
4. Chemical Products	1.7
5. Other Manufactured Goods	38.8

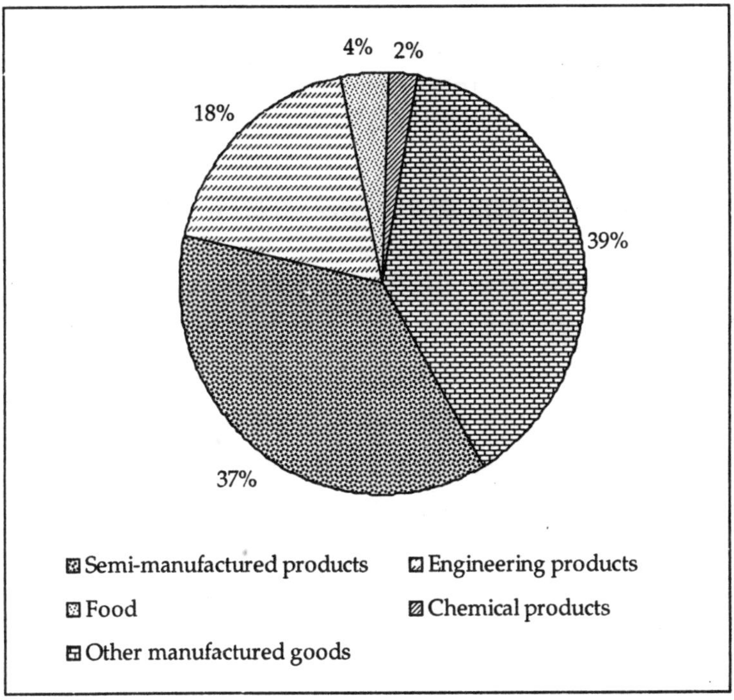

चित्र 4.10: India has fragmented basket of exports to Sweden (2009)

Source: Swedish Trade Council.

ऊपर के आँकड़े सन्तुलन में बढ़ते हुए व्यापार को दिखाते हैं जबकि स्वीडन से भारत को आयात एक उच्च वृद्धि दर्शाता है लेकिन भारत से स्वीडन को निर्यात समान वृद्धि नहीं प्रदर्शित करता है। इसलिए इस बात पर बल दिया

जा रहा है कि स्वीडिश सहयोग जो वर्तमान में भारत को मिल रहा है वो भारत के निर्यात में सहयोग करे। भारत द्वारा स्वीडन से यह निवेदन किया गया कि मौजूदा व्यापारिक अन्तराल को कम करने के लिए विशेष उत्पादों एवं सामग्रियों जैसे—फ्लरेटसन, सागरीय उत्पाद, चर्मशिल्प, कीमती पत्थर, आभूषण, रसायन, औषधि उत्पाद, तकनीकी उत्पाद, इलेक्ट्रानिक कम्प्यूटर, सॉफ्टवेयर, वस्त्र, तथा हस्तकला निर्मित वस्तुओं को विशेष रूप से बढ़ावा देना चाहिए। यह भी सुझाव दिया गया कि स्वीडन को भारत से निर्यात करने के लिए प्रोत्साहित करना चाहिए। भारत के इस निवेदन को स्वीडन ने गंभीरता से लिया और इस बात से सहमत हुआ कि स्वीडिश आयात परिषद् भारतीय कम्पनियों की मदद करेगा।[29]

द्विपक्षीय व्यापार को बढ़ाने के लिए कुछ व्यापारिक करार

(I) द्विपक्षीय निवेश सुरक्षा समझौता—4 जुलाई 2004 ई. को भारत एवं स्वीडन ने इस समझौते पर हस्ताक्षर किए जिसमें निवेश के उचित उपयोग तथा मूल लाभांशों के स्थानान्तरण की गारंटी दी गई, साथ ही यह सुनिश्चित किया गया कि अगर किसी तरह से निवेश व्यर्थ चला जाए तो उसके पूर्ण भरपाई का प्रावधान भी इस करार के तहत किया जा सकेगा।

(II) भारत-स्वीडन व्यापार संघ (SIBC)—भारतीय उद्योग परिसंघ की यात्रा से भारत-स्वीडन व्यापार संघ की स्थापना की गई जिससे व्यापार एवं निवेश सहयोग में और बढ़ोतरी हो सके।

(III) Anti Dumping उपाय—स्वीडन ने आमतौर पर भारत के साथ स्वतन्त्र व्यापार का पक्ष लिया है और सैद्धान्तिक रूप से Anti Dumping और इसके गलत उपयोग को रोकने के लिए मिलकर कार्य करने पर बल दिया है।

(IV) भारतीय उद्योग एवं वाणिज्य संघ का सम्मिलित व्यापार संघ तथा स्वीडिश व्यापार संघ 1995 ई. में स्टॉकहोम में एक समझौते पर सहमत हुए। जिसमें कई क्षेत्रों, जैसे जैव-प्रौद्योगिकी, इलेक्ट्रॉनिक्स, दूर-संचार, ऊर्जा, विज्ञान एवं तकनीकी आदि को भविष्य में सहयोग करने के लिए चिन्हित किया गया।

(V) स्वीडन में निवेश—भारतीय उद्योग परिसंघ के नाम पर एक कार्यालय स्वीडन में खोलने की योजना बन रही है ताकि भारतीय कम्पनियों को स्वीडन में निवेश एवं व्यापार करने के लिए आकर्षित किया जा सके।

(VI) संयुक्त आयोग – दोनों देशों के बीच आर्थिक, वैज्ञानिक, औद्योगिक एवं तकनीकी सहयोग को बढ़ाने के लिए प्रत्येक पाँच वर्ष पर संयुक्त आयोग की बैठक सम्पन्न होती है। इस प्रकार का 14वां संयुक्त सम्मेलन अप्रैल 2003 ई. में नई दिल्ली में सम्पन्न हुआ। Mr. Leif Pagrotsky (लैफ पैग्रोत्सकी) जो स्वीडन के उद्योग एवं रोजगार मंत्री हैं, ने स्वीडन का नेतृत्व किया, जबकि भारतीय पक्ष का नेतृत्व व्यापार एवं उद्योग मंत्री अरुण जेटली ने किया। इस संयुक्त आयोग में एक कार्यकारी समूह को नियुक्त किया गया जो व्यापार तथा सूचना प्रौद्योगिकी पर और अधिक सहयोग बढ़ाने पर विचार करेगा।[30]

(2) भारत-स्वीडन के बीच द्विपक्षीय निवेश

सन् 1991 ई. के आर्थिक सुधारों के बाद भारत में व्यापारिक वातावरण में उल्लेखनीय सुधार हुआ है, जिसका परिणाम यह हुआ है कि भारत, स्वीडिश निवेश के लिए सबसे प्रिय लक्ष्य बन गया है। पारम्परिक रूप से स्वीडन का भारत में निवेश मुख्यत: बहुराष्ट्रीय कम्पनियों जैसे ए.बी.बी, वोल्वो, एरिक्सन, अटलास्पको, एस.के.एफ., सैन्डविक, टेटरापार्क, अल्फालावेल, एलेक्ट्रोलैक्स, हेल्डेक्स, लिनडेक्स इत्यादि तक ही सीमित था तथा इसमें पहले छोटे और मध्यमस्तरीय उद्योग भारत में निवेश नहीं करना चाहते थे, लेकिन बदले हुए व्यापारिक वातावरण में कुछ वर्षों से ये कम्पनियाँ भी भारत में निवेश करने लगी है एवं क्रियाशील भी हैं, क्योंकि यहां उन्हें मूल्यपरक लाभ एवं फलता-फूलता बाजार मिल रहा है। आज लगभग 70 स्वीडिश कम्पनियाँ सब्सिडी के रूप में तथा लगभग 150 कम्पनियाँ प्रतिनिधि वितरक के रूप में भारत में कार्यरत हैं। सन् 1991-2003 ई. तक भारत में निवेश करने वाले राष्ट्रों में स्वीडन 20वें नम्बर पर था, लेकिन दिसम्बर 2009 के अद्यतन आंकड़ों के अनुसार स्वीडन, भारत में निवेश करने वाले राष्ट्रों में 11वें नम्बर पर है।[31]

स्वीडन में भारतीय निवेश

वर्तमान समय में सूचना प्रौद्योगिकी से संबंधित 12 भारतीय कम्पनियाँ स्कैन्डिनेविया सहित स्वीडन में कार्यरत हैं। इन कम्पनियों में एच.सी.एल., सत्यम, लारसन एण्ड टूब्रो (L&T), टाटा कन्सल्टेंसी सर्विस (TCS), विप्रो, इन्फोसिस, मास्कॉट सिस्टम, तथा पतनी कंप्यूटर इत्यादि मुख्य हैं। इन IT कम्पनियों का मुख्य रूप से स्वीडिश कम्पनियों जैसे एरिक्सन, टेलिया सोनेरिया, वौल्वो, तथा माइक्रोसॉफ्ट के साथ महत्वपूर्ण व्यापारिक साझेदारी है जो दूरसंचार, अनुसंधान एवं विकास के क्षेत्र में आपस में मिलकर कार्य कर रहे हैं। सन् 2003 ई. में माइनडट्री कन्सल्टिंग ने एक व्यापक समझौता वोल्वो, पतनी कंप्यूटर, इलेक्ट्रोलेक्स से किया। इस समझौते का व्यापक असर अब देखने को मिला है तथा सन् 2004-05 ई. के दौरान स्वीडन में भारतीय निवेश बढ़ा एवं व्यापक हुआ है। स्वीडन में प्रमुख भारतीय प्राप्तियों में, स्वीडिश कम्पनी ईमित्रा क्लिष्टा को Bharti Forge (भारती फोर्ज) कम्पनी ने खरीदा तथा बैंगलोर की भारतीय कम्पनी केनवल द्वारा उपासला (स्वीडन) में Pfizer (फिफजर) औषधि के एक प्लांट को खरीदा गया। दूसरा प्रमुख अधिग्रहण, सितम्बर 2005 में हुआ जिसमें विप्रो ने स्वीडन की एक प्रमुख कम्पनी Hedotro Group (हेडिट्रो ग्रुप) का अधिग्रहण 142 करोड़ रुपए में करने की घोषणा की[32] तथा Cewe Instruments Ab (किव इंस्ट्रूमेंट एबी) की खरीद भारतीय कम्पनी Geodesic Information System (जीयोडेसिक इन्फॉरमेशन सिस्टम) द्वारा की गई।[33]

वर्तमान समय में कुछ विचारणीय निवेश

(i) एरिक्सन और टाटा टेली सर्विस ने CDMA 2000 IX विस्तार के समझौते के आधार पर यह तय किया है कि, एरिक्सन-AXE आधारित विज्ञान स्नातकों को 12 नए क्षेत्रों के TTSL's CDMA 2000 IX नेटवर्क के अन्तर्गत रखेगी।

(ii) फरवरी सन् 2004 में एरिक्सन एवं भारती टेलिफोन ने तीन साल बाद एक आधार स्थापित किया (आधार ढोया) जो लगभग 400 मिलियन

अमेरिकी डॉलर का प्रोजेक्ट है। इन्होंने इस संबंध में एक व्यापक समझौता किया है जिसके अन्तर्गत भारी टेलीफोन के संचालन में G.S.M., एवं G.P.R.S. नेटवर्क में आवश्यक वृद्धि प्रदान की जाएगी।

(iii) सितम्बर 2002 में एरिक्सन ने विप्रो के साथ एक समझौता पत्र पर हस्ताक्षर किया, जिसमें वह बंगलोर, हैदराबाद एवं नई दिल्ली के सॉफ्टवेयर विकास केन्द्रों से अपने व्यापार के स्रोतों को खरीदेगा।

(iv) वोल्वो, IT एक समझौते के तहत लगभग 600-800 सलाहकारों की नियुक्ति भारत में करेगा, तथा वोल्वो एवी बसों के आयात, ऑटो पार्ट्स और साफ्टवेयर को बढ़ावा देगा।

(v) सन् 2009 ई. तक एलेक्ट्रोलेक्स भारतीय अनुसंधान केन्द्र में 400 मिलियन रुपये का निवेश करेगा।

(vi) सन् 2004 ई. में हेडलेक्स ने आनन्द ग्रुप के साथ मिलकर भारत में अपनी क्रियाशीलता को बढ़ाने के लिए एक व्यापक समझौता किया। दोनों ग्रुपों ने मिलकर एक संयुक्त कार्यदल का भी गठन किया है।

(vii) एस.के.एफ. ने 1300 मिलियन रुपये के लागत से एक उद्योग की स्थापना पुणे में की, जिसका उद्देश्य एस.के.एफ. का भारत में विश्वस्तरीय उत्पादन करना है।

(viii) सन् 2002 ई. में एसकेन्सका ने दो बृहद् निर्माण कार्य का ठेका भारत में लिया जो लगभग 607 मिलियन SEK का है। ए.बी.बी. ने बड़ौदा में ट्रांसफॉर्मर बनाने के कारखाने के लिए 100 मिलियन रुपए खर्च करने की अपनी सहमति प्रदान की।

अप्रैल 2003 में नई दिल्ली में आयोजित भारत-स्वीडन के 14वें संयुक्त आयोग की बैठक में दोनों देशों के बीच निवेश को और अधिक बढ़ाने तथा औद्योगिक सहयोग को पुनर्जागृत करने पर सहमति हुई। दोनों देश इस बात पर भी सहमत हुए कि इनके बीच औद्योगिक सहयोग के विस्तार एवं वृद्धि हेतु बहुत व्यापक अवसर उपलब्ध हैं।[34] भारत और स्वीडन के बीच 15वें संयुक्त आयोग के बैठक जून 2008 में संपन्न हुई। सम्मेलन में स्वीडन की व्यापार मंत्री एवा वोर्लिंग एवं भारत के तत्कालीन वाणिज्य एवं उद्योग मंत्री कमलनाथ

ने भाग लिया। सम्मेलन में यह रेखांकित किया गया कि पिछले पाँच वर्षों में दोनों देशों के बीच व्यापार में 5 गुना की वृद्धि हुई है। सम्मेलन में यह भी विचार किया गया कि आने वाले वर्षों में सहयोग के संभावित क्षेत्रों की पहचान की जायेगी और अधिक से अधिक सहयोग करने का प्रयास किया जायेगा।

इसी सम्मेलन में भारत के तरफ से यह विचार प्रस्तुत किया गया कि आधुनिक तकनीकी से स्वीडन पारम्परिक उद्योगों जैसे पर्यावरण, ऊर्जा, कागज एवं इस्पात उद्योग इत्यादि को पुनर्जीवित कर सकता है। यद्यपि भारत की स्वतन्त्रता प्राप्ति के पश्चात् लगभग 250 स्वीडिश औद्योगिक इकाइयों की स्थापना की जा चुकी है, परन्तु कुल विदेशी निवेश की तुलना में स्वीडन का निवेश लगभग एक प्रतिशत ही है। सम्मेलन में भारत की ओर से आर्थिक सहयोग एवं सहयोगात्मक आदान-प्रदान की बात भी की गई तथा जिन क्षेत्रों के बारे में विशेष चर्चा हुई, उनमें प्रौद्योगिकी, जैव-प्रौद्योगिकी, जैव सूचना, पर्यावरण संबंधी तकनीक, विभिन्न वस्तुएँ, सड़के, बन्दरगाह, ऊर्जा, दूरसंचार, स्वास्थ्य सेवाएँ, औषधि, कागज, खाद्य प्रसंस्करण, सामूहिक अनुसंधान एवं विकास तकनीकी का स्थानान्तरण मुख्य है।

(3) भारत-स्वीडन सहयोग के संभावित क्षेत्र

लगभग 265 मिलियन मध्यमवर्गीय क्रेताओं के लिए भारत एवं स्वीडन का आपसी सहयोग काफी महत्वपूर्ण स्थान रखता है। जहाँ एक तरफ भारत, स्वीडिश कम्पनियों के लिए एक सस्ता एवं अच्छा बाजार साबित हो रहा है, खासतौर से दूरसंचार, आभियांत्रिकी तथा ऑटोमोबाइल के क्षेत्र में। वहीं स्वीडन भारत के लिए एक अच्छा निवेशक तथा उच्चतर एवं विकसित तकनीकी मुहैया कराने वाला राष्ट्र साबित हो रहा है। निम्नलिखित चित्रों में इस सामंजस्य को देखा जा सकता है।

(क) जैव प्रौद्योगिकी एवं सूचना

भविष्य के सूचना प्रौद्योगिकी का क्षेत्र मानी जा रही जैव-प्रौद्योगिकी, भारत-स्वीडन के लिए आपसी सहयोग की अपार संभावनाओं वाला एक

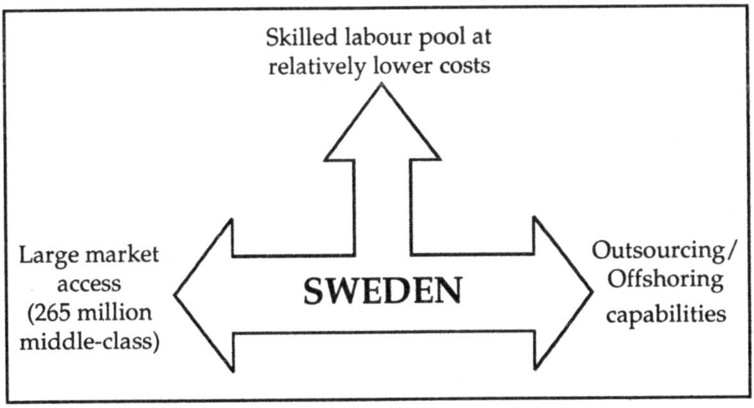

Source: Evalueserve Analysis 2009, p. 6.

चित्र **4.11:** India's Attractiveness to Sweden

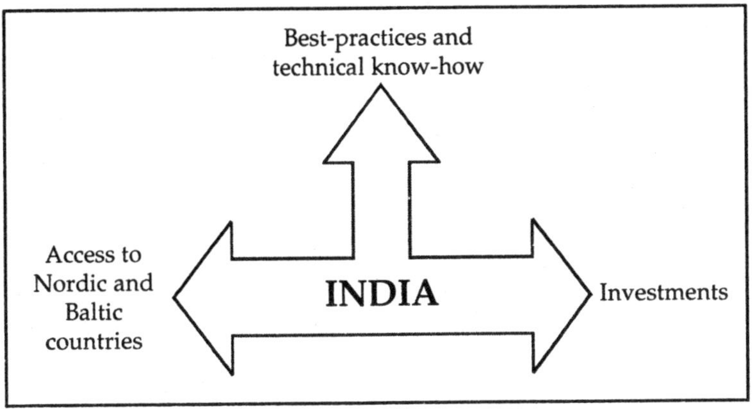

Source: Evalueserve Analysis 2009, p. 6.

चित्र **4.12:** Sweden's Attractiveness to India

प्रमुख क्षेत्र है। भारत अपने आनुवांशिकीय समृद्धि और मानव पूँजी के बदले स्वीडन से उच्चतर तकनीकी और निवेश हासिल कर सकता है। हालाँकि संयुक्त कार्यक्रम के तहत दोनों देशों ने काफी विकास किया है, जिससे नवीन सहयोगात्मक सम्बन्ध विकसित हुए हैं। हाल के वर्षों में दोनों देशों के बीच वैज्ञानिकों का प्रशिक्षण तथा उनका आवागमन बढ़ा है तथा बुनियादी सुविधाओं

में सुधार हुआ है एवं संस्थाओं में लोगों ने सहयोग करना प्रारम्भ किया है। विशिष्ट मण्डल के नेतृत्वकर्ता इस बात पर सहमत हुए, कि तकनीकी को सूक्ष्म तरीके से उद्योग में स्थानान्तरित किया जाए। भारत-स्वीडन के बीच 12वीं संयुक्त आयोग की बैठक जो आर्थिक, औद्योगिक, तकनीकी एवं वैज्ञानिक सहयोग के लिए आयोजित की गई थी, इसमें भारत द्वारा एक अभूतपूर्व जैव-तकनीकी केन्द्र की स्थापना का सुझाव दिया गया। इसी प्रकार के 14वें संयुक्त आयोग की बैठक में स्वीडन ने भी इसी दिशा में सहयोग बढ़ाने हेतु एक कार्यसक्षम दल के गठन का सुझाव दिया, जिसे बाद में स्वीकार कर लिया गया।[35]

(ख) खाद्य प्रसंस्करण

भारत विश्व का दूसरा सबसे बड़ा खाद्यान्न उत्पादक राष्ट्र है तथा भारत प्रतिवर्ष 15.16 प्रतिशत प्रसंस्करण के सामान का उत्पादन करता है जो लगभग दो बिलियन अमेरिकी डॉलर के समतुल्य है परन्तु भारत का 25 प्रतिशत खाद्यान्न नष्ट हो जाता है क्योंकि भारत के पास पर्याप्त मात्रा में खाद्य प्रसंस्करण तकनीकी, भंडारण तथा यातायात सुविधाओं का अभाव है। ऐसे में स्वीडन, जो खाद्य प्रसंस्करण तकनीकी में बहुत उन्नत है तथा खाद्य प्रसंस्करण उद्योग में विश्व में चौथा स्थान रखता है, भारत को सहयोग कर सकता है। स्वीडिश कम्पनियाँ फल, सब्जी, मांस, मुर्गीपालन, डेयरी उत्पादन, दुग्ध, और दूसरे समुद्री भोजन को अपने प्रसंस्करण के माध्यम से भारत में बेचकर अधिक लाभ प्राप्त कर सकती हैं। इसके अतिरिक्त भारत में दूर-दराज के ठंडे क्षेत्रों में तैयार भोजन के खपत की भी व्यापक संभावनाएं हैं। 15वें भारत-स्वीडन संयुक्त आयोग की बैठक में स्वीडन खाद्य प्रसंस्करण उद्योग में भारत के साथ सहयोग करने के लिए सहमत हो गया है।[36]

(ग) स्वास्थ्य सेवाएं चिकित्सा, पर्यटन तथा चिकित्सकीय सूचनाएं

भारत ने चिकित्सकीय रिकार्ड को डिजिटल स्वरूप में रखने वाले केन्द्र तथा उत्पाद पेटेंट प्रणाली को अपनाकर नई औषधि की खोज तथा उसके सदुपयोग

का मार्ग प्रशस्त कर दिया है। इस प्रकार भारत-स्वीडन इस क्षेत्र में भी मिलकर कारगर सहयोग कर सकते हैं। सन् 2008-09 में भारत में लगभग 29 बिलियन अमेरिकी डॉलर केवल स्वास्थ्य पर खर्च हुआ। स्वास्थ्य सेवाओं की आवश्यकता, उनकी गुणवत्ता एवं बुनियादी सुविधाओं में सुधार तथा उनका विस्तार लगातार समृद्ध हो रहा है, इसलिए स्वीडन बहुत से आधारभूत चिकित्सा सेवाओं एवं कार्यक्रमों में, जैसे—हॉस्पीटल का निर्माण, मेडिकल कॉलेज का निर्माण तथा अन्य दूसरी सुविधाओं में अपना निवेश कर सकता है, क्योंकि अत्यधिक जनसंख्या एवं हाल के दिनों में चिकित्सकीय पर्यटन के बढ़ने की वजह से इन सेवाओं पर दबाव अधिक बढ़ गया है। भारत सरकार ने चिकित्सा सेवा को एक उच्च प्राथमिकता दी है एवं हॉस्पीटल तथा दूसरे क्रियाकलापों में 100 प्रतिशत प्रत्यक्ष विदेशी निवेश की अनुमति दी है। इसलिए इस बढ़ते हुए स्वास्थ्य उपकरणों एवं सामानों की पूर्ति के लिए स्वीडन, भारत में अपना निवेश कर सकता है।[37] स्वीडन दूरस्थ औषधि में अग्रणी है और इस क्षेत्र में स्वीडन का सहयोग भारत के लिए अहम है।[38]

(घ) अनुसंधान एवं विकास

स्वीडन विश्व का एक ऐसा राष्ट्र है जो अनुसंधान एवं विकास कार्यों में विश्व में सबसे अधिक निवेश करता है। यह निवेश लगभग सम्पूर्ण G.D.P. का 4.6 प्रतिशत है,[39] जबकि दुनिया में वैज्ञानिकों की सबसे बड़ी जमात भारत में मौजूद है पर विश्वस्तरीय शोध-सुविधाओं के अभाव में हम बड़ी उपलब्धियाँ हासिल नहीं कर पाते। यदि स्वीडिश कम्पनियाँ अपनी शोध एवं विकास की उन्नत सुविधाओं का कुछ हिस्सा भी भारत को मुहैया कर दें तो स्थानीय वैज्ञानिकों की मदद एवं कम खर्च में उच्चस्तरीय शोध हो सकता है। इस प्रसंग में यूरोपीय संघ ने पहल शुरू भी कर दिया है। विश्वव्यापी कार्यक्रम **"इरेस्मस मुंडस"** को भारत खिड़की के रूप में स्थापित किया गया है। इसके तहत भारतीय विद्यार्थियों को यूरोपीय संघ के किसी देश में जाकर अध्ययन एवं अनुसंधान करने की सुविधा प्राप्त होगी। इस कार्यक्रम पर लगभग 33 मिलियन यूरो खर्च करने का प्रस्ताव है।[40]

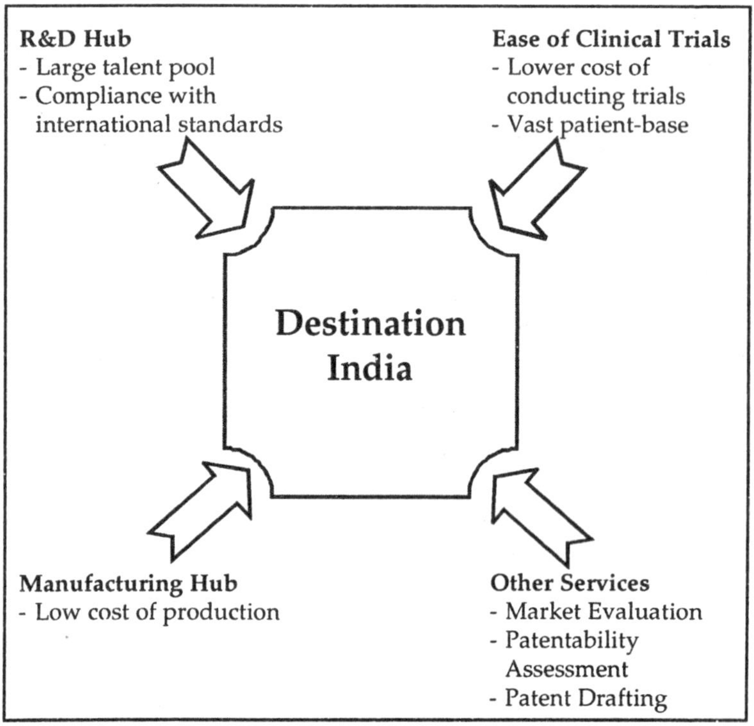

चित्र **4.13:** What attracts pharma firms to India?

Source : Evalueserve Analysis 2008, p. 7.

इस प्रकार यह चित्र दर्शाता है कि स्वीडन-भारत निश्चित तौर पर एक दूसरे की मदद से एक तकनीकी पटल बना सकते हैं।

(ङ) दूरसंचार, सूचना प्रौद्योगिकी तथा सॉफ्टवेयर विकास

सूचना अर्थशास्त्र जो सूचना प्रौद्योगिकी, औषधि, जैव-प्रौद्योगिकी को समेटता हुआ एक व्यापक शब्द है, के उदय से भारत को अपने द्विपक्षीय आर्थिक संबंधों के साथ सीधे सूचना युग में प्रवेश करने का सुअवसर प्राप्त हुआ। इसलिए भारत इस मौके का फायदा उठाकर औद्योगिक युग के दौरान गंवाए गए सहयोग के अवसरों की भरपाई कर सकता है।

तीसरी पीढ़ी के सुधारों में प्रवेश करते हुए भारत की भावी आर्थिक प्रत्याशाएं अधिकाधिक रूप से सुदृढ़ हुईं। भारत सूचना और संचार प्रौद्योगिकी के क्षेत्र में विश्व लीडर है, विशेषकर आउटसोर्सिंग (बाहर से काम कराने) के क्षेत्र में। एक प्रतिस्पर्धात्मक संसाधन आधार, दक्ष बाजार तथा वैश्विक बाजार की प्रवृत्तियों की दृष्टि से सूचना प्रौद्योगिकी का विकास एकदम उपयुक्त समय पर हुआ है। अनुमान है कि वर्ष 2020 ई. तक सॉफ्टवेयर भारत का सबसे बड़ा औद्योगिक क्षेत्र बन जाएगा, जब सकल घरेलू उत्पाद में इसका हिस्सा 28 प्रतिशत हो जाएगा। वर्ष 2008 ई. तक इस क्षेत्र की वृद्धि 80 बिलियन अमेरिकी डॉलर के बराबर हो जाने की आशा है। इसलिए यह एक ऐसा क्षेत्र है जो भारत-स्वीडन सहयोग के लिए काफी अवसर प्रदान करता है।

इसका शुरुआती संकेत भी उत्साहवर्धक है। दूरसंचार विभाग ने इसी वर्ष एक अतिशीघ्र वृद्धि का आँकड़ा दर्शाया है, जिसमें लगभग 2.2 बिलियन ग्राहक हर महीने दूर-संचार से जुड़ रहे हैं।[41] इस प्रकार दूरसंचार सेवा में भारत, स्वीडन के लिए एक व्यापक सुअवसर प्रदान करता है। भारत Sony Ericsson के लिए एक आकर्षक बाजार होता जा रहा है। पिछले दशक में सूचना-प्रौद्योगिकी ने आर्थिक व्यवस्था में काफी योगदान किया है, जिसका कारण यह है कि भारत उचित दर पर गुणात्मक सॉफ्टवेयर उपलब्ध कराता है। स्वीडन, जिसमें प्रौद्योगिकी दक्षता अधिक है, उससे भारत विशेष लाभ ले सकता है। इस क्षेत्र में सहयोग का एक सुझाव स्वीडन की तरफ से आया जिससे इस क्षेत्र में सहयोग बढ़ सके। प्रावधान के तहत बंगलोर को स्टॉकहोम तथा मुम्बई पुणे को उपासला के तर्ज पर बनाया जाना मुख्य था।[42]

भारत स्वीडन के बीच 15वें संयुक्त आयोग की बैठक जो जून 2008 ई. में नई दिल्ली में सम्पन्न हुई थी, जिसमें भारत द्वारा स्वीडन के सामाजिक सुरक्षा कर के ऊपर चिन्ता व्यक्त की गई थी, साथ ही एक सम्पूर्ण एवं व्यापक समझौते की बात की गई थी, तथा स्वीडिश पक्ष से इस सन्दर्भ में विचार करने की बात भी कही गई थी।[43]

(च) पर्यावरण प्रदूषण नियंत्रण तकनीकी

बढ़ते हुए औद्योगीकरण के साथ पर्यावरण का प्रदूषित होना अवश्यंभावी हो जाता है, इसलिए कड़े पर्यावरण मानदण्डों के लिए ऐसी तकनीकी की आवश्यकता है जो विकास एवं पर्यावरण के बीच संतुलन स्थापित करने में कारगर हो। ऐसी तकनीकी का भारत में बहुत उज्ज्वल भविष्य है। सन् 2000 ई. में विश्व में प्रदूषण नियंत्रण व्यवस्था में 2.7 बिलियन डॉलर खर्च हुआ जो 2002-2004 में बढ़कर 3.7 बिलियन अमेरिकी डॉलर हो गया। भारत में ऊर्जा दक्षता, यूरो 3 मानदण्ड, स्वास्थ्य, अवशिष्ट पदार्थ एवं जल-चक्र को देखते हुए ऐसा लगता है कि स्वीडिश कम्पनियों की भारतीय कम्पनियों के साथ अच्छी साझेदारी हो सकती है, क्योंकि स्वीडन के पास पर्यावरण सम्बन्धी समस्याओं से जूझने के लिए आधुनिक तकनीकी उपलब्ध है। 7 अक्टूबर 2002 ई. को स्टॉकहोम में आयोजित भारत-स्वीडन सेमिनार में भारत की तरफ से नैनीताल झील एवं उत्तराखंड को अन्य दूसरी झीलों के संरक्षण हेतु स्वीडन से सहयोग मांगा गया। स्वीडन ने इस दिशा में सकारात्मक सहयोग का आश्वासन दिया। इसी सेमिनार में प्रदीप मलिक ने अपने प्रभावशाली व्याख्यान में सहयोग के तीन क्षेत्रों को इंगित किया–

(1) पर्यावरण मुद्दे पर एक मिली-जुली वेबसाइट की स्थापना।
(2) भारत-स्वीडिश पर्यावरण शिखर सम्मेलन का प्रतिवर्ष आयोजन सम्पन्न करना।
(3) स्वीडन के किसी भी पर्यावरण समिति में किसी भारतीय का शामिल होना।[44]

इस प्रकार दोनों देश मौसम परिवर्तन सहित वैश्विक पर्यावरणीय चुनौतियों का मिलकर सामना करने, तथा उस पर सामूहिक राय बनाने को बढ़ावा देने के लिए प्रतिबद्ध हुए, ताकि सतत् विकास हेतु विश्व सम्मेलन के प्रस्तावों पर अमल किया जा सके।

(छ) ऊर्जा एवं पुनर्नवीकरण ऊर्जा के स्रोत

भारत की बढ़ी हुई ऊर्जा की आवश्यकता तथा उसमें बढ़े हुए निवेश के साथ यह आशा की जा सकती है कि इस क्षेत्र में भी सहयोग की प्रचुर संभावनाएँ हैं। स्वीडन जल ऊर्जा के क्षेत्र में समृद्धशाली राष्ट्र है। स्वीडन की जम्मू-कश्मीर के जल संयंत्र प्रोजेक्ट में सक्रिय भागीदारी भी है। स्वीडन ने Transmission कार्यक्रम में भी भाग लिया है। राजस्थान में तरुण भारत संघ के साथ मिलकर 850 गांवों में 4500 जल-संभरण संरचनाओं की स्थापना SIDA के सहयोग से किया जा चुका है।[45] दोनों देशों के बीच स्वच्छ विकसित अभियांत्रिकी के ऊपर भी कुछ आपसी वार्ता प्रगति पर है। पिछले बीस वर्षों से आधुनिक तकनीकी की मदद से स्वीडन विश्व में जैव ऊर्जा का उपयोग करने वाला सबसे बड़ा राष्ट्र है।[46] स्वीडन अपने इस अपार जैव-ऊर्जा से भारत को लाभान्वित कर सकता है तथा महाराष्ट्र एवं गुजरात में पवन-ऊर्जा के इस्तेमाल में भी विशेष सहयोग कर सकता है।

(ज) वस्त्र उद्योग

स्वीडन के वस्त्रोद्योग के उत्पादों के उपयोग का एक बहुत बड़ा बाजार भारत है क्योंकि कोटा के प्रावधानों के वजह से भारत अब तक इसका फायदा नहीं उठा सका है परन्तु अब कोटा की समाप्ति के बाद भारत के पास लाभ कमाने का बहुत उज्ज्वल भविष्य है। भारत के उच्च वस्तु उत्पाद, जैसे कि बिना रंगे हुए कपास, बिस्तर की चादरें, पॉलिस्टर फिलामेण्ट, धागा, स्टेपल धागा आदि Dumping विरोधी है। भारत एवं स्वीडन लुग्दी उद्योग में विशेष सहयोग कर रहे हैं तथा भारत की केन्द्रीय लुग्दी उद्योग एवं कागज अनुसन्धान केन्द्र स्वीडन में जंगल उत्पाद प्रयोगशाला के साथ सम्मिलित रूप से Memorandum of Understanding (MoU) की तलाश में हैं, ताकि जंगल की इमारती लकड़ियों से विशेष लाभ कमाया जा सके।[47]

विश्व-व्यापार संगठन में भारत-स्वीडन

दोनों ही राष्ट्र विश्व-व्यापार संगठन के संस्थापक सदस्य हैं तथा दोनों इस संगठन को मजबूत बनाना चाहते हैं। विश्व-व्यापार संगठन में विकसित देशों का समूह चाहता है कि भारतीय निर्यात चुनिंदा पर्यावरण मानकों के अनुरूप होना चाहिए, जबकि भारत का कहना है कि इस बारे में संयुक्तराष्ट्र पर्यावरण कार्यक्रम कोई अंतिम फैसला करे। स्वीडन ने कृषि, गैर-कृषि उत्पादों, सेवाओं की प्रमुखता एवं उनसे संबंधित उच्च परिणामों पर आशा व्यक्त की है। स्वीडन ने असुविधाजनक व्यापार पद्धति पर भी चिन्ता व्यक्त किया है, जिसमें व्यापार को संपूर्ण शक्ति लागू करने में बाधा उत्पन्न होती है। भारत ने भी कृषि, गैर-कृषि उत्पाद एवं सेवाओं पर बढ़ती हुई बाजार की पकड़ पर अमल करने की बात की है। सिंगापुर मुद्दे पर स्वीडन ने कानकुन समझौते के सुधारों पर बल दिया। उसका मानना था कि इससे भविष्य में अर्थपूर्ण चीजें आएँगी, जिससे विकासशील देशों की खास जरूरतों के साथ-साथ व्यापार एवं निवेश को भी बढ़ावा मिलेगा। भारत ने भी कानकुन के मंत्रिस्तरीय समझौते में तकनीकी सहायता एवं क्षमता बढ़ाने पर बल दिया है। भारत इस मंत्रिस्तरीय सम्मेलन को सफल बनाने के लिए हरसंभव प्रयास करेगा। दोनों देशों ने दोहा मंत्रिस्तरीय घोषणा के उद्देश्यों के क्रियान्वयन को सुनिश्चित करने के लिए संयुक्त आयोग की 15वीं बैठक में आपसी सहयोग बढ़ाने पर बल दिया। दोनों ने दोहा मंत्रिस्तरीय घोषणा को पूरी तरह से लागू करने तथा उसके सम्पूर्ण विकास करने का भी वादा किया है। दोनों देशों ने बहुत सी असफलताओं पर भी जैसे—TRIP, जन स्वास्थ्य, NSD विचार एवं इससे संबंधित मुद्दों पर चिन्ता व्यक्त की है। इन चुनौतियों को कारगर तरीके से हल करने के लिए स्वीडिश पक्ष ने व्यापार सुगमीकरण (Trade Facilitation) पर विशेष बल दिया और इस मामले पर भारत और स्वीडन के बीच वार्तालाप प्रारम्भ करने को प्रोत्साहित किया।[48]

जब हम भारत-स्वीडन की जनसंख्या और भौगोलिक स्थिति पर दृष्टि डालते हैं तो दोनों बेमेल साझेदार प्रतीत होते हैं क्योंकि भारत की जनसंख्या स्वीडन से सौ गुनी अधिक है और क्षेत्रफल सात गुना से भी ज्यादा है, लेकिन दोनों देशों की आर्थिक-नीति, आपसी-व्यापार, परस्पर-निवेश तथा सहयोग

के क्षेत्रों का विश्लेषण करने से यह स्पष्ट होता है कि दोनों देशों के बीच व्यापार एवं सहयोग के लिए अपार संभावनाएँ हैं। तेजी से उभरते हुए बाजार के रूप में भारत, स्वीडन के लिए एक बेहद आकर्षण का केन्द्र है। सन् 1991 ई. के आर्थिक सुधारों के बाद स्वीडन से बड़ी मात्रा में विदेशी निवेश प्राप्त हुआ। विश्व- व्यापार संगठन के मुद्दे पर इनका एक व्यापक समझौता है। दोनों देश सामान्य रूप से व्यापार के वातावरण को बढ़ावा देने, विशिष्ट उत्पादों के क्षेत्र में सुधार करने तथा बाजार की उन अड़चनों को दूर करने के लिए जो दोनों के बीच व्यापार के प्रवाह में बाधा डालती है, मिलकर कार्य कर रहे हैं। उदाहरण के लिए भारत में विदेशी निवेश की दृष्टि से औद्योगिक बुनियादी सुविधाओं में सुधार करके तथा दोनों देशों के नीतिगत संदेशों को स्पष्ट करके यह कार्य किया जा रहा है।

स्वीडन जो कि यूरोपीय संघ का सदस्य है, भारत के यूरोपीय बाजार के लिए मुख्य द्वार बन सकता है, जिससे भारत का यूरोपीय संघ से सम्बन्ध और अधिक मधुर होने के आसार बढ़ जायेंगे। इस प्रकार इसमें कोई संदेह नहीं है कि भारत और स्वीडन के बीच व्यापार हेतु बहुत व्यापक अवसर है क्योंकि दूसरे बाजारों में माँग तथा निवेश सुविधाओं में कमी आयी है, जबकि भारत अभी लगातार समृद्धि की ओर तेजी से अग्रसर है तथा स्थिरता एवं विशाल अवसर उन कम्पनियों एवं बहुराष्ट्रीय निगमों को देने के लिए तैयार है जो भारत में निवेश करना चाहते हैं।

NOTES

1. सुनील खिलनानी, *भारतनामा*, राजकमल प्रकाशन, नई दिल्ली, 2001, पृ. 92-93।
2. *Op Cit.*, पृ. 104।
3. For Detail See, Manmohan Singh, *Indias Expert Trandal*, London, Oxford University Press, 1969, p. 32.
4. बिपिन चन्द, मृदुला मुखर्जी, आदित्य मुखर्जी, *आजादी के बाद भारत 1947-2000*, दिल्ली, हिन्दी माध्यम कार्यान्वयन निदेशालय, दिल्ली विश्वविद्यालय, 2002, पृ. 485।
5. *Ibid.*, पृ. 645।

6. *Regional Surveys of the World Western Europe*, London, Europa Publications, Taylor and Francis Group, 2005, p. 653.
7. Joseph B. Board, Jr., *The Government and Politics of Sweden*, Boston, Houghtoh Mifflin Company, 1970, p. 229.
8. Theories, Piet, *The Elite in Welfare State*, New York, The Free Press, 1966, p. 125.
9. For Detail See, Gunnar Myrdal, *Beyond the Welfare State*, New Haven, Yale University Press, 1960.
10. Speech by the Prime Minister of Sweden, 'Economic and Social Policy: The Swedish Way', *New Zealand International Review*, March 2005, pp. 10-13.
11. See, *About Sweden*, Stockholm, 1966-67, p. 30.
12. *Op. Cit.* Joseph B. Board Jr., p. 243.
13. See, *About Sweden*, Stockholm, 1966-67, p. 55.
14. चित्र 4.1.
15. चित्र 4.2.
16. चित्र 4.3.
17. चित्र 4.4.
18. *India-Sweden Economic Relation*, Embassy of India in Sweden. http://www.indianembassy.se.
19. *Ibid.*
20. Speech by The Mrs. Chitra Narayanan, Ambassador of India, *'India and Sweden – New Vistas of Cooperation'*, at a Seminar in Stockholm, 7 October 2002.
21. *Swedish South Asian Studies Network*, Lund Univeristy, http://www.sasnet.lu.se
22. Speech by Mrs Inga Eriksson Fogh, Ambassador of Sweden, *Sweden-India Business Guide*, 2005-06, pp. 5-6.
23. चित्र 4.5 व 4.6.
24. *India-Sweden Economic Relation*, New Delhi, Confederation of Indian Industry (CII). http://www.ciionline.org.
25. चित्र 4.7.
26. चित्र 4.8.
27. चित्र 4.9 व 4.10.
28. चित्र 4.11 व 4.12.
29. Agreed minutes of the working group of the 14th session of the *Indo-Swedish Joint Commission for Economic Industrial, Technical and Scientific Cooperation*, Held in New Delhi, 1-2 April 2003.
30. *India-Sweden Economic Relation*, New Delhi, Ministry of Commerce, Governemnt of India. http://www.commerce.nic.in
31. *India-Sweden Economic Relation*, New Delhi, Confederation of Indian Industry (CII), Base Paper. http://www.ciionline.org.

32. *Economics Times*, 29-09-06.
33. *The Journal of Indian Electrical and Electronics Manufacturers Associatian* (IEEMA), New Dalhi, Vol XXVI, April 2006, pp. 103-104.
34. Speech-opening remarks by his Excellency Mr. Leif Pagrotsky, Sweden's Minister of Trade and Industry, at the *Indo-Swedish Joint Commission*, held in New Delhi, 2 April 2003.
35. Business Relation Between India and Sweden GettingaStrong-htpp://www.ciionline.org
36. Opening Remarks by Mr. Leif Pagrotsky Sweden's Minister of Trade and Industry at *Indo-Swedish Joint Commission* held in New Delhi, 1-2 April 2003.
37. *Indo-Swedish Business Collaboration*, Evalueserve Bussiness Research. Base Paper, November, 2009.
38. *आर्थिक समीक्षा 2009-10*, नई दिल्ली, वित्त मंत्रालय, भारत सरकार, पृ. 1984.
39. Speech by Dayanidhi Maran, *The Hindu*, Pondichary Print edition, 26 September 2005.
40. Economic and Social Policy : The Swedish Way, *New Zealand International Review*, March 2005, pp.12-14
41. नीदरलैण्ड (हेग) में आयोजित पाँचवें यूरोपीय संघ भारत शिखर सम्मेलन में *"यूरोपीय संघ भारत 'विश्व ग्राम' में साझेदार"* नामक प्रस्ताव पारित हुआ।
42. Depertment of Telecom India, Ministry of Science and Technology, http://www.dst.gov.in.
43. Speech by Johan Nordenfelt, *The Hindu*, Pondichary, 11 October 2005.
44. India Sweden Agree to Catalyse Cooperation in trade academia, http://www.indianembassy.se. June 2008.
45. Speech by Pradeep Mallick, *'Indian and Sweden New Vistas of Cooperation'* at a Seminar in Stockholm, 7th October 2002.
46. *Development Cooperation with India*, Swedish International Development Cooperation Agency (SIDA). http://www.sida.se.
47. *Op. Cit., IEEMA Journal*, pp. 105-106.
48. Bureau Report *Economic Times* 1 April 2008.

5

भारत–स्वीडन के बीच सामाजिक, सांस्कृतिक सम्बन्ध एवं वैज्ञानिक, तकनीकी सहयोग

भारत एवं स्वीडन की सामाजिक संरचना एवं सांस्कृतिक मानकों में काफी असमानताएँ हैं। जहाँ भारतीय समाज बहुलवादी संस्कृति से सम्पन्न राष्ट्र है तथा इसकी सांस्कृतिक धरोहर सदियों पुरानी है, वहीं स्वीडन एकरूप संस्कृति वाला राष्ट्र है जो सांस्कृतिक रूप से यूरोपीय संस्कृति का एक अंग है। इस प्रकार दोनों देश सामाजिक एवं सांस्कृतिक रूप से एक दूसरे से भिन्न हैं। जिससे ऐसा प्रतीत होता है कि उनके बीच सम्बन्धों की कोई तारतम्यता नहीं है, लेकिन जब हम इस विषय का गहन अध्ययन करते हैं तो ऐसा पाते हैं कि अन्य क्षेत्रों की भाँति इस क्षेत्र में भी भारत एवं स्वीडन एक दूसरे के समीप हैं। यद्यपि दोनों देशों के बीच सम्बन्धों का इतिहास बहुत पुराना नहीं है परन्तु भारतीय बहुलवादी समाज में साम्प्रदायिक सद्भाव, रहन–सहन की समरसता, जीवन के प्रति नये आयामों की सोच ने स्वीडन सहित विश्व के अन्य देशों को आकर्षित किया है और भारतवासियों की जीवन–शैली, चरित्र, भाषा, संगठन आदि को जानने के लिए प्रेरित किया है। जब से यूरोपीय देशों का सम्बन्ध भारत से स्थापित होना प्रारम्भ हुआ, विशेषकर औपनिवेशिक काल में पुर्तगाल, अंग्रेज, डच तथा फ्रांस आदि देशों से, तो भारतीय उनकी सामाजिक व्यवस्था से अवगत हुए एवं उनके प्रति जानकारी प्राप्त करने हेतु भारतीयों में विशेष जिज्ञासा बढ़ी। इसी क्रम में यूरोपीय समुदाय के अन्य देशों के बारे में भी जानने की प्रवृत्ति भारतीयों में प्रबल हुई।

तथ्यों, अनुसंधानों से यह ज्ञात हुआ है कि इस सम्बन्ध में विकास का क्रम बहुत धीमा रहा और मुख्य रूप से 18वीं एवं 19वीं सदी में भारत की देव-भाषा संस्कृत के प्रति यूरोप में जिज्ञासा उत्पन्न हुई। सर्वप्रथम जर्मनी एवं फ्रांस में इस क्षेत्र में शोध-कार्य प्रारम्भ हुए एवं एक जर्मन प्रोफेसर फ्रेंज बॉप ने "भारत-यूरोपीय तुलनात्मक दर्शन अध्ययन केन्द्र" की स्थापना की। सन् 1816 ई. में उनके द्वारा लिखी गयी पुस्तक *"On The Conjugation System of the Sanskrit Language Compared with that of Greek, Latin, Persian and Germanic"* चर्चा का विषय बनी, तो संस्कृत भाषा के प्रति स्वीडन में भी आकर्षण बढ़ा क्योंकि द्वितीय विश्व युद्ध तक स्वीडन जर्मनी से भी सांस्कृतिक एवं वैज्ञानिक रूप से प्रभावित होता रहा। जर्मनी के वॉन विश्वविद्यालय में सन् 1818 ई. में संस्कृत के अध्ययन हेतु एक अलग पीठ (विभाग) की स्थापना की गई।[1]

स्वीडन में भी इस क्षेत्र में अध्ययन हेतु एक सोच विकसित हुई परन्तु औपचारिक रूप से इस दिशा में कोई कार्य नहीं प्रारम्भ हो सका। पहली बार सन् 1909 ई. में उपासला विश्वविद्यालय में तुलनात्मक भारतीय यूरोपीय दर्शन नामक केन्द्र की स्थापना की गई एवं कार्ल एफ जॉनसन को संस्कृत का प्रोफेसर नियुक्त किया गया तथा औपचारिक रूप से भारतीय अध्ययन का कार्य प्रारम्भ हुआ। हालाँकि इससे पहले भी 1883 ई. में हेल्मर एडग्रेन (1840-1903) द्वारा संपादित पुस्तक *"Grammar of Sanskrit with a Short Introduction to the Prakrit Dialect"* प्रकाशित हो चुकी थी परन्तु यह बहुत प्रसिद्ध नहीं हुई। संभवतः यह स्वीडिश भाषा में संस्कृत पर लिखी गई पहली पुस्तक थी। स्वीडन में संस्कृत के प्रति जागरूकता बढ़ने के साथ ही भारतीय समाज एवं संस्कृति को जानने के लिए उत्सुकता बढ़ने लगी। इस कड़ी में कालिदास द्वारा रचित अभिज्ञानशाकुन्तलम्, मेघदूत और मालविकाग्निमित्रम् का अनुवाद स्वीडिश भाषा में किया गया। इसी अवधि में स्वीडन के अन्य विश्वविद्यालयों जैसे गोथेनवर्ग, उपासला, लुण्ड और स्टॉकहोम विश्वविद्यालयों में भी भारत-यूरोपीय तुलनात्मक दर्शन का अध्ययन प्रारम्भ हुआ परन्तु इन सभी प्रयासों का औपचारिक परिणाम 20वीं सदी के प्रथम दशक में ही प्रकाश में आया और धीरे-धीरे यह आम लोगों में अध्ययन का एक

विषय बन गया। इस अवधि में भारत में साम्राज्यवादी शासन होने के कारण सरकारी तौर पर स्वीडन में इस क्षेत्र में किए जा रहे प्रयासों को भारत द्वारा कोई सहयोग नहीं प्रदान किया जा सका परन्तु जॉनसन एडग्रीन आदि के प्रयासों से स्वीडिश भाषा में भारतीय भाषा एवं संस्कृति पर कई पुस्तकें प्रकाशित हुईं, जिनमें मुख्य रूप से *Paccekkabuddha-Geschichten* (1908) एवं *Uttaradhvavana-sutra* 1922 उल्लेखनीय हैं। इन विद्वानों के पश्चात् जार्ल कारपेन्टर ने कार्यभार संभाला तथा अध्ययन एवं अनुसंधान के कार्यों को आगे बढ़ाया। इन्होंने मुख्य रूप से जैनवाद एवं प्राकृत भाषा को अपने अध्ययन का केन्द्र बिन्दु बनाया। इनकी प्रसिद्ध पुस्तक *Trita Aptya* सन् 1927 ई. में प्रकाशित हुई।

कारपेन्टर के पश्चात् हेल्मर स्मिथ ने उपासला विश्वविद्यालय में चल रहे तुलनात्मक अध्ययन केन्द्र का कार्यभार संभाला। वे सन् 1947 ई. तक इस पद पर बने रहे। स्मीथ ने शोध के दायरे को अधिक विस्तृत रूप दिया एवं अपने पूर्वजों के मार्ग से हटकर भारत-यूरोपीय तुलनात्मक अध्ययन को एक नया रूप दिया। वे पाली भाषा के एक महान् विद्वान् थे। उनके द्वारा कई प्रसिद्ध पुस्तकों का प्रकाशन किया गया, जिनमें *Khuddakapatha* (1915), *Buddhaghosa's Commentary on the Suttanipata* 3 Volume में तथा *Brought Out Aggavamsa's Saddaniti* 4 Volume में मुख्य हैं जो पाली भाषा में व्याकरण का स्थान रखती हैं। उन्होंने वी. ट्रिकनर द्वारा संपादित पुस्तक *Critical Pali Dictionary* के संपादन में भी सहयोग किया। स्मिथ ने (Indian-Metrics) भारतीय विषय पर शोध किया और अपनी पुस्तक *"Rhythmic Invonatry of the Purva-mimansa- Sutras"* 1953 का संकलन किया।[2]

स्टॉकहोम विश्वविद्यालय में मानव विज्ञान का अध्ययन सन् 1877 ई. में प्रारम्भ हुआ, जिसे सन् 1920 ई. में औपचारिक रूप प्रदान किया गया। इस अध्ययन में भारत भी एक आकर्षण का केन्द्र बिन्दु बना लेकिन यहाँ भी सन् 1960 ई. के दशक में इन सभी संस्थाओं को सरकारी संरक्षण प्रदान किया गया, जबकि इसके पूर्व ये अध्ययनकेन्द्र निजी संस्थाओं द्वारा संचालित किए जाते रहे। इन संस्थाओं की उपलब्धि का परिणाम यह है कि आज भारत एवं स्वीडन सामाजिक एवं सांस्कृतिक क्षेत्र में एक दूसरे के अधिक निकट आए

तथा इन्हीं के प्रयासों से भारत के कुछ विश्वविद्यालयों एवं निजी संस्थाओं में स्वीडन की भाषा एवं स्वीडन में संस्कृत के प्रति चिन्तन-मनन आरम्भ हुआ।

स्वीडन में भारतीय कला एवं संस्कृति के प्रति दिन-प्रति-दिन जिज्ञासा बढ़ने लगी एवं इस दिशा में निरन्तर नए लोगों द्वारा प्रयास किया जाने लगा। स्मिथ के अनुयायियों में डेनिस विद्वान् हेन्स हेनरिकसन, एवं स्टिग विकंडर जो लुण्ड एवं उपासला विश्वविद्यालय में एशियाई भाषाओं के अध्येता थे, इन्होंने भारत की संस्कृति एवं धर्म पर कई व्याख्यान प्रस्तुत किए तथा कुछ महत्वपूर्ण पुस्तकों एवं मोनोग्राफ का संपादन भी किया, जिनमें *"Aryan Men's Association"* on The God, Vayu I 1941 तथा *"The Fire Priests in Asin Minor and Iran 1946"* प्रमुख रूप से उल्लेखनीय हैं। इसके अतिरिक्त इन लोगों ने आर्यन सभ्यता को अपने अध्ययन का मुख्य केन्द्र बनाकर इस दिशा में कार्य किया।[3] एक तरफ जहाँ लुण्ड और उपासला विश्वविद्यालय भारतीय विद्या का शोध-केन्द्र बना, वहीं स्टॉकहोम विश्वविद्यालय में भी इस दिशा में कार्य प्रारम्भ हुआ। द्वितीय विश्व युद्ध के आते-आते स्टॉकहोम के जाने-माने विद्वान् अर्नस्ट आर्वमैन (1891-1959) ने इस दिशा में गौरवपूर्ण कार्य किया, और उनकी बहुचर्चित पुस्तक *"Rudra: Investigations Into Ancient Indian Ethos and Beliefs"* 1922 में प्रकाशित हुई। उन्होंने भारतीय दर्शन पर कुछ महत्वपूर्ण लेख भी लिखे जिसमें "Primitive Conceptions of The Soul With Special Reference To India (1926-27) एवं "Death and Immortality in Vedic Belief" (1927-28) बहुत महत्वपूर्ण हैं। इसके अतिरिक्त आर्वमैन ने धर्म और धार्मिक विश्वासों पर भी बहुत से शोध किए जो उनकी मृत्यु के पश्चात् प्रकाशित हुए। उनके इस उल्लेखनीय कार्यों से भारतीय विद्या के प्रति स्टॉकहोम में लोग बहुत आकर्षित हुए, जिसके परिणामस्वरूप भारतीय भाषा, धर्म, संस्कृति, कला, योग-विद्या आदि विषयों पर महत्वपूर्ण शोध हो रहे हैं।

इस प्रकार भारत की स्वतन्त्रता से पूर्व स्वीडन में भारतीय भाषा, परम्परा एवं समाज, तथा कला एवं संस्कृति के विषय में अध्ययन आरम्भ हो चुका था और स्वीडन के कई प्रमुख विश्वविद्यालयों में भारत-यूरोपीय विद्या-दर्शन

अध्ययन का मुख्य केन्द्र बिन्दु बन गया था, वहीं स्वीडिश भाषा, समाज, कला एवं संस्कृति के बारे में भारत में अध्ययन विलम्ब से आरम्भ हुआ।

वर्तमान समय में स्वीडन के चार प्रमुख विश्वविद्यालयों गोथेनवर्ग, लुण्ड एवं स्टॉकहोम में भारतीय विद्या पर पूर्णरूप से कार्य चल रहा है, जिसमें मुख्य रूप से भारतीय परम्परा, संस्कृति, मध्ययुगीन भारतीय भाषाएँ, हिन्दी, तमिल, आदि मुख्य हैं। आज इन विषयों के प्रति स्वीडन में बहुत अधिक जागरूकता है। "Budhist studies" को वर्तमान समय में स्वीडन में एक प्रमुख स्थान प्राप्त है। उपासला विश्वविद्यालय में बहुत निष्ठा के साथ भारतीय भाषाओं के अनुवाद का कार्य चल रहा है। 1976 में *Gothenburg University us Iconographic Dictionary of The Indian Religions* प्रकाशित किया जिसमें हिन्दू, बुद्ध, एवं जैन धर्म तथा पालि, तमिल और संस्कृत भाषाओं के शब्दों का अनुवाद उपलब्ध है। एक महत्वपूर्ण तथ्य यह भी है कि स्वीडन में उत्तर भारत की अपेक्षा दक्षिण भारत अधिक आकर्षण का केन्द्र रहा है। ऐतिहासिक एवं सांस्कृतिक धरोहर के कारण तमिलनाडु एवं कर्नाटक के प्रति स्वीडिश विद्वानों का आकर्षण अधिक रहा है। यही कारण है कि स्वीडन की कुछ निजी संस्थाओं एवं विश्वविद्यालयों के लोग इस क्षेत्र में शोध का कार्य कर रहे हैं, जिसका विषय यहाँ की संस्कृति, धर्म, इतिहास एवं दर्शनशास्त्र है। स्वीडिश एजेंसी फॉर रिसर्च कोऑपरेशन विथ डेपलपिंग कन्ट्रीज (SAREC) शोध-कार्यों को आगे बढ़ाने में विशेष रुचि ले रही है[4] और भारत के ग्रामीण क्षेत्रों के रहन-सहन, राजनीति, कला, संस्कृति एवं परम्पराओं आदि पर अधिक चिन्तन-मनन हो रहा है। दिलचस्प बात यह है कि भारत की राजनीतिक व्यवस्था, धर्मनिरपेक्षता, सरकार, राजनीतिक दलों एवं सामाजिक व्यवस्था के अध्ययन में स्वीडन के विद्वान् बहुत रुचि ले रहे हैं और इन विषयों पर स्वीडन के लगभग सभी प्रमुख विश्वविद्यालयों में शोध-कार्य चल रहे हैं, तथा कई महत्वपूर्ण पुस्तकों का प्रकाशन हो चुका है। अध्ययन, अध्यापन एवं अनुसंधान के क्रम में स्वीडिश विश्वविद्यालयों तथा भारत के प्रमुख विश्वविद्यालयों जैसे काशी हिन्दू विश्वविद्यालय के राजनीतिशास्त्र विभाग के बीच एक Memorendum of Understanding (MoU) पर हस्ताक्षर हुआ है जिसके अंतर्गत शिक्षकों, छात्र एवं छात्राओं का आदान-प्रदान होता है।[5] स्टॉकहोम विश्वविद्यालय के

राजनीति विज्ञान के डॉ. हेनरिक वर्गलुण्ड ने *Hindu Nationalism and Democracy : A Study of the Political Theory and Practice of the Bharatiya Janata Party* नामक एक चर्चित पुस्तक लिखी है जिसमें उन्होंने भारतीय धर्मनिरपेक्षता एवं राजनीतिक व्यवस्था पर प्रकाश डाला है। इसी प्रकार जवाहरलाल नेहरू विश्वविद्यालय का स्टॉकहोम विश्वविद्यालय के साथ भारतीय प्रौद्योगिकी संस्थान एवं भारतीय विज्ञान संस्थान बंगलोर का रॉयाल इंस्टिट्यूट ऑफ टेक्नोलौजी स्वीडन के साथ एवं कोरलिंस्का इंस्टिट्यूट का तिरूअनंतपुरम चिकित्सा विज्ञान संस्थान के साथ, छात्र-छात्राओं के आदान-प्रदान (Exchange programmes) चल रहे हैं।[6]

सांस्कृतिक सम्बन्ध

सांस्कृतिक क्षेत्र में भारत एवं स्वीडन के बीच सम्बन्धों का इतिहास काफी पुराना है, परन्तु इन सम्बन्धों पर गहन विचार-विमर्श विलम्ब से प्रारम्भ हुआ। इस दिशा में सन् 1987 ई. में जब स्वीडन में "भारत महोत्सव" का आयोजन हुआ तो स्वीडन वासियों में भारतीय कला, संस्कृति, रहन-सहन, संगीत, नृत्य, सिनेमा एवं साहित्य के प्रति आकर्षण बढ़ा। चूंकि यह महोत्सव स्टॉकहोम, गोथेनवर्ग, लुण्ड एवं उमेया जैसे शहरों में मनाया गया इसलिए यहाँ के लोग भारतीय संस्कृति से विशेष रूप से अवगत हुए।[7] स्वीडिश संस्कृति के प्रति भी भारतीयों में जिज्ञासा बढ़ी और स्वीडिश इंटरनेशनल डेपलपमेंट कोऑपोरेशन एजेंसी (SIDA) के सहयोग से भारत में भी कई स्थानों पर भारत महोत्सव के तीन साल बाद "स्वीडिश महोत्सव" मनाया गया, जिसके लिए SIDA ने 6.5 मिलियन SEK खर्च किया।[8] "स्वीडिश महोत्सव" में स्वीडिश फिल्म, संगीत, कला, एवं साहित्य आदि मुख्य आकर्षण के केन्द्रबिन्दु थे।

भारत एवं स्वीडन के बीच सांस्कृतिक सहयोग कई उद्देश्यों से स्थापित किया गया, जिसमें मुख्य रूप से भारत की विविध प्रकार की संस्कृतियों को दर्शाना और उन्हें जीवित रखने का प्रयास करना मुख्य है। यही कारण है कि भारत में SIDA के सहयोग से चलाए जा रहे विकास कार्यक्रमों में विचारों की स्वतन्त्रता, लोकतांत्रिक प्रक्रिया को सुदृढ़ करना, पंचायती राज संस्थाओं को सशक्त करना, एवं वंचित वर्ग को अधिक सहायता पहुँचाना आदि बातों पर

विशेष बल दिया जाता है। स्वीडन में भारतीय संगीत एवं फिल्म के प्रति बहुत आकर्षण है। दक्षिण भारत में संगीत शिक्षा के लिए विशेष प्रोजेक्ट चलाए जा रहे हैं जो स्टॉकहोम रॉयाल कॉलेज ऑफ म्यूजिक एवं तमिलनाडु तथा कर्नाटक में स्थित संगीत विद्यालयों द्वारा सम्पन्न किए जा रहे हैं। इस कार्यक्रम का लक्ष्य पाश्चात्य संगीत के साथ मिलाकर भारतीय संगीत को एक नया स्वरूप देना है। सिनेमा के क्षेत्र में दोनों देशों में महिलाओं एवं बच्चों से संबंधित चलचित्र को विशेष प्राथमिकता दी जा रही है। नई दिल्ली, मुम्बई, पुणे, अहमदाबाद एवं कोलकाता में जान ट्रोयल की फिल्म "Women Portraits From The Eighties" दिखलाई गई जिसकी काफी सराहना हुई । उदयपुर में आयोजित "बाल फिल्म महोत्सव" में कला, संस्कृति, फिल्म और संगीत के क्षेत्र में सहयोग और अधिक बढ़ाने हेतु **नेशनल सेंटर ऑफ फिल्म फॉर चिल्ड्रेन एण्ड यंग पिपुल इन न्यू देल्ही** और **फिल्म इंस्टिट्यूट इन स्टॉकहोम** के बीच एक व्यापक समझौता हुआ है। दोनों तरफ से संगीत के चार क्षेत्र ग्रामीण संगीत, जैज (Jazz), रॉक और कला संगीत से सम्बन्धी एक व्यापक समझौता सम्पन्न हुआ है।[9] ग्रामीण संगीत में प्राचीन पारम्परिक संगीत, वाद्य संगीत एवं आधुनिक संगीत के साथ व्यक्तिगत नृत्य तथा इसके विपरीत आधुनिक नृत्य कलाओं को जोड़ा गया है। प्रत्येक दो वर्ष पर एक "जैज उत्सव" और एक "जैज यात्रा" भारत में सम्पन्न होती है। स्वीडिश संगीत दल को सन् 1992 की "जैज यात्रा" में भाग लेने के लिए भेजा गया जिसके लिए दो प्रसिद्ध वर्गों का चयन किया गया, जिनमें से एक जैज के पुराने प्रसिद्ध यूरोपियन संगीतकार थे, जबकि दूसरा वर्ग संगीत की कला को बिना जनता से सम्पर्क खोए प्रस्तुत करने वाला था।[10]

सांस्कृतिक आदान-प्रदान में स्वीडिश-भारतीय अनुवाद प्रोजेक्ट सबसे सफल है। दो उपन्यासों, "संस्कार" लेखक डा. यू. आर. अनंत मूर्त्ति एवं "ऐ लड़की" कृष्णा सोबती का स्वीडिश भाषा में अनुवाद हुआ, जो बहुत लोकप्रिय हुआ। दो स्वीडिश साहित्य कृतियों का भी हिन्दी एवं कन्नड़ में अनुवाद हो चुका है। कुछ भारतीय कलाकार स्वीडिश संघ के आमंत्रण पर स्वीडिश शहरों में अपना कार्यक्रम पेश कर चुके हैं। आज स्वीडन में भारतीय सिनेमा बहुत ही लोकप्रिय है और वार्षिक फिल्म उत्सव में भारतीय फिल्मों का

प्रदर्शन एक आम बात हो गई है।[11] साहित्य के क्षेत्र में दोनों देशों में अनुवाद का कार्य प्रारम्भ हुआ है एवं भारत-स्वीडन के बीच भाषा एवं साहित्य से संबंधित सामग्रियों का आदान-प्रदान हो रहा है। अनिता अग्निहोत्री की पुस्तक *"Forest Interludes"* का स्वीडिश भाषा में अनुवाद हुआ तथा Agnetapleijel के उपन्यास *"Dogstar"* एवं Lars Lundkvist की कविता *"Tove olga Aurora"* का हिन्दी में अनुवाद हो चुका है।[12] जनवरी 2010 में एक महत्वपूर्ण घटनाक्रम के तहत हिन्दी, मलयालम और अंग्रेजी भारतीय कविता का स्वीडिश अनुवाद में एक संचयन जिसका अंग्रेजी अनुवाद में शीर्षक है 'बिफोर द नाईट फ्लोज इनटु द नाईट' संग्रह में 50 भारतीय कवियों की दो सौ कविताओं का स्वीडिश अनुवाद प्रकाशित है। तेजी ग्रोवर के सहयोग से किये गये अनुवाद में हिन्दी के 18 कवि शामिल हैं। जिनमें अज्ञेय, शमशेर, मुक्तिबोध, विनोद कुमार शुक्ल, कमलेश आदि हैं। यह पुस्तक भारत स्वीडिश अनुवाद प्रोजेक्ट के अंतर्गत प्रकाशित हुई है।[13] हाल ही में SIDA ने "ग्रामीण का गृह" "Home of Folk" तथा आदिवासी एवं उनकी तिरस्कृत कला को बढ़ावा देने का महत्वपूर्ण कार्य किया है, साथ ही गुड़गाँव में एक संग्रहालय की स्थापना भी की है जहाँ पर पंजाब, हिमाचल प्रदेश एवं हरियाणा तथा उत्तरी राज्यों के ग्रामीण एवं आदिवासी कलाकृतियों का एक अद्‌भुत संग्रहालय है। SIDA ने इस विशाल संग्रह के शुभंकर को बनाने पर भी सहमति दे दी है, जिसका शीर्षक होगा "भारतीय ग्रामीण आदिवासी कलाकृतियाँ एवं अपरिचित सर्वश्रेष्ठ कृतियाँ।[14] साहित्य के ही क्षेत्र में नोबेल पुरस्कार एक ऐसा माध्यम है जो भारत-स्वीडन के आपसी सम्बन्धों को बेहतर बनाने तथा भारतीय उपलब्धियों को जानने का एक अच्छा अवसर प्रदान करता है। हालांकि कुछ लोग भारतीय सफलताओं एवं तथ्यों के बारे में परिचित हैं, फिर भी कुछ लोगों के नाम गिनाने का यह उचित अवसर है। भारत में 6 लोगों ने नोबेल पुरस्कार प्राप्त किया है, जिनमें रवीन्द्र नाथ टैगोर जिन्होंने स्वीडन की दो बार यात्रा की। बाकी लोगों में जाने माने भौतिक वेत्ता प्रो. सी. वी. रमन को सन् 1930 में ऑप्टिक्स के क्षेत्र में "रमन प्रभाव" के लिए नोबेल पुरस्कार से सम्मानित किया गया। अमर्त्य सेन को कल्याणकारी अर्थशास्त्र में, मदर टेरेसा को शांति के लिए तथा एस चन्द्रशेखर को आस्ट्रो फिजिक्स के लिए।

भारतीय भौतिक वेत्ता एस. एन. बोस का आइन्सटीन के साथ प्रकाश-कणों पर सम्मिलित कार्य को "बोस आइन्सटीन" प्रभाव के नाम से जाना जाता है। हाल के समय में अमर बोस जो मैसाचुसेट्स इंस्टिट्यूट ऑफ टेक्नोलौजी (MIT) में विद्युत अभियांत्रिकी के प्रोफेसर हैं, ने यू.एस. स्टीरियो सिस्टम के पारम्परिक सिद्धान्त को सुधारा और बोस स्पीकर के नाम से विशेष स्पीकर बनाया जो सजीव संगीत के भावात्मक प्रभाव को प्रसारित करता है। अरुण नेगवी जो वेल प्रयोगशाला के भूतपूर्व अध्यक्ष थे, कम्प्यूटर नेटवर्क के जगत में मानवीय अन्तर्क्रिया (Human Interfaces) के मशीन एवं डिजिटल टेलीविजन के पेटेण्ट के हकदार हैं। दूसरे भारतीय विनोद धामी ने पेंटियम चीप बनाया। ये सारी उपलब्धि भारत की हैं जिसे 1200 और 500 ई.पू. की उपलब्धियों के साथ जोड़ा गया जहाँ पर भारत ने शून्य, ऋण के चिह्न, बीजगणित के सिद्धान्त, रेखागणित, और खगोल विज्ञान का ज्ञान स्वीडन के साथ विश्व को भी कराया।[15] मई 2009 में भारतीय मूल के अमेरिकी वैज्ञानिक वेकेंटरमन रामकृष्णन को दो अन्य वैज्ञानिकों के साथ रसायन विज्ञान का 2009 का नोबेल पुरस्कार प्राप्त हुआ, उनका अध्ययन राइबोसोम की संरचना तथा कार्य पर केन्द्रित है।[16] इस प्रकार ये सारे तथ्य एवं उपलब्धियाँ दोनों देशों को सांस्कृतिक एवं तकनीकी रूप से जोड़ने में अत्यन्त सहायक साबित हुई हैं तथा दोनों देश एक दूसरे के अनुभवों से लाभान्वित हो रहे हैं। आज यह परिलक्षित होता है कि भारत-स्वीडन सांस्कृतिक क्षेत्र में एक-दूसरे के बहुत निकट हैं एवं निरन्तर इस दिशा में विकास की ओर अग्रसर है। इस सन्दर्भ में दोनों देशों में स्थित दूतावासों, विभिन्न सरकारी, गैर सरकारी संगठनों का योगदान सकारात्मक एवं सराहनीय है।

वर्तमान समय में दोनों देशों के सम्बन्धों को प्रगाढ़ करने के लिए कई नए क्षेत्रों में विकासात्मक सहयोग जारी रखने पर प्रतिबद्धता व्यक्त की गई है। इस सन्दर्भ में इंगित किए गए क्षेत्र निम्नलिखित हैं :

1. **लोकतंत्र**, मानवाधिकार एवं लिंगगत समानता।
2. **शिक्षा एवं** निरक्षरता उन्मूलन।
3. **पर्यावरण संरक्षण** एवं सतत् विकास।
4. **स्वास्थ्य** सुरक्षा एवं एच.आई.वी./एड्स उन्मूलन।

5. दोनों देशों के नागरिक समाजों के बीच सहयोग।
6. भारत-स्वीडन के बीच वैज्ञानिक एवं तकनीकी सहयोग।

1. लोकतंत्र, मानवाधिकार एवं लिंगगत समानता

संस्कृति एवं मानव विकास के लिए आज जिन मुद्दों पर अधिक बल दिया जा रहा है उनमें लोकतंत्र, मानवाधिकार एवं लैगिंक समानता सबसे मौलिक तत्व है क्योंकि इनके अभाव में मानव का सर्वांगीण विकास असम्भव है। लोकतंत्र में जहाँ व्यक्ति को राजनीतिक, आर्थिक, सामाजिक एवं आत्म-निर्णय की स्वतन्त्रता प्राप्त होती है, वहीं मानवाधिकार के द्वारा इस स्वतन्त्रता की रक्षा की जाती है। अत: ये दोनों ही सिद्धान्त एक दूसरे के पूरक हैं एवं इनके अभाव में समग्र-सामाजिक विकास असम्भव है। लेकिन जब लैगिंक समानता पर विचार करते हैं तो इसके अभाव में लोकतंत्र अमूर्त्त एवं मानवाधिकार अपूर्ण प्रतीत होता है। अत: लैंगिक समानता, लोकतंत्र व मानवाधिकार के बीच एक कड़ी है जो दोनों सिद्धान्तों के आधार-स्तम्भ को मजबूत करता है। इसी व्यावहारिक पक्ष को देखते हुए भारत एवं स्वीडन के बीच इन बिन्दुओं पर मुख्य रूप से विचार-विमर्श किया गया है और दो दशक से भारत में स्वीडन के द्वारा चलाए जा रहे विकासात्मक कार्यक्रमों में मानवाधिकार, लैंगिक समानता, महिला सशक्तीकरण को मुख्य स्थान प्राप्त है।[17] SIDA के सहयोग से भारत में कार्यरत सभी गैर-सरकारी संगठन लोकतंत्र, राजनीति एवं आर्थिक अधिकार, स्वास्थ्य सुरक्षा बल अधिकार तथा एच.आई.वी./एड्स रोग के उन्मूलन हेतु विशेष आर्थिक सहायता एवं सहयोग कर रहे हैं। इस उद्देश्य को पूरा करने हेतु स्थानीय स्तर पर पंचायती राज संस्थाओं को सशक्त करने का प्रयास भी किया जा रहा है। इसी क्षेत्र में कार्यरत सोसायटी फॉर पार्टिसिपेट्री (PRIA) को भी SIDA द्वारा विशेष आर्थिक सहायता दी जा रही है, जिसके द्वारा यह गैर-सरकारी संगठन भारत के बारह राज्यों में पंचायतों को अपने-अपने क्षेत्रों में जिला प्रखण्ड एवं गाँव स्तर पर सुदृढ़ करने में महत्वपूर्ण भूमिका निभा रहा है। इसके अतिरिक्त SIDA महिलाओं के उत्थान के लिए भी विभिन्न गैर-सरकारी संगठनों को आर्थिक सहायता एवं अनुदान दे रहा है ताकि वे राजनीति में पूर्ण प्रतिनिधित्व करने योग्य बन सकें। SIDA का एक महत्वपूर्ण उद्देश्य यह है कि महिलाओं

के सशक्तीकरण के लिए हर संभव प्रयास किया जाए जिससे सामाजिक असमानता को दूर किया जा सके। इस उद्देश्य से वह राजस्थान में कार्यरत गैर-सरकारी संगठन ASTHA एवं 20 अन्य प्रमुख गैर-सरकारी संगठनों को भी सहयोग दे रहा है।[18]

2. शिक्षा एवं निरक्षरता उन्मूलन

भारत की सबसे बड़ी संपत्ति इसका मानव संसाधन हैं। अतः भारत-स्वीडन विकासात्मक सहयोग कार्यक्रमों में शिक्षा को शीर्षस्थ प्राथमिकता दी गई है, या दी जा रही है। इस सहयोग में मुख्य जोर सरकार द्वारा चलाए जा रहे कार्यक्रमों में उसकी सहायता करना है। विशेष रूप से उनको जो लिंग समूहों, क्षेत्रों के बीच असमानताओं को कम करने एवं सबसे निर्धन व सुविधाहीन लोगों के पक्ष में होते हैं। इस क्रम में राजस्थान में स्वीडिश अन्तर्राष्ट्रीय विकास एजेंसी (SIDA) की सहायता से एक प्रयोगशाला परियोजना "लोकजुंबिश" शुरू की गई, जिसका लक्ष्य है जनसक्रियता और जनसहभागिता के जरिए सबको शिक्षा उपलब्ध कराना। लोकजुंबिश परियोजना में विकेन्द्रीकरण के सिद्धान्तों और प्राधिकार के हस्तान्तरण को समाहित करके प्रयोगात्मक प्रबन्धन ढाँचा खड़ा किया गया। स्थानीय समुदायों और स्वैच्छिक संगठनों के साथ साझेदारी करना, स्कूल चिह्नित करना, सामुदायिक केन्द्र, स्कूल भवन कार्यक्रम के लिए डिजाइन विकसित करना और जनसक्रियता बढ़ाना लोकजुंबिश परियोजना के अंग हैं।[19] राजस्थान में ही एक अन्य परियोजना "शिक्षाकर्मी" है जो SIDA के सहयोग से चलायी जा रही है। इस परियोजना के तहत राजस्थान के दूरदराज और सामाजिक-आर्थिक रूप से पिछड़े गांवों में प्राथमिक शिक्षा के गुणात्मक सुधार और इसके सर्वव्यापीकरण के उद्देश्य से खासकर लड़कियों को ध्यान में रखते हुए शुरू की गई थी। इस परियोजना ने यह खुलासा किया है कि प्राथमिक शिक्षा के सर्वव्यापीकरण का लक्ष्य हासिल करने में एक बड़ी बाधा स्कूलों से शिक्षकों के गायब रहने की प्रवृत्ति है। इस परियोजना के अंतर्गत राजस्थान के 150 ब्लॉकों के 3692 गाँव हैं। इस योजना में 2.74 लाख बच्चों को दिन में स्कूलों तथा प्रहर पाठशालाओं में प्राथमिक शिक्षा दी जाती है। इस परियोजना की सफलता से इसे राष्ट्रीय और अन्तर्राष्ट्रीय स्तर पर पहचान मिली है।[20] इस प्रकार यह स्पष्ट है कि स्वीडिश विकास सहयोग का मुख्य उद्देश्य सभी को

बुनियादी शिक्षा उपलब्ध कराने के भारत सरकार के प्रयासों को सुदृढ़ बनाना है। बुनियादी शिक्षा में सहयोग के अलावा स्वीडिश साउथ एशियन स्टडीज नेटवर्क (SASNET) उच्च-शिक्षा और अनुसंधान में विशेष सहयोग के लिए प्रतिबद्ध है तथा दोनों देशों के बीच शैक्षिक आदान-प्रदान एवं व्यापार तथा तकनीकी की प्रतिस्पर्धा में वृद्धि हेतु विशेष प्रयास कर रहा है। SASNET का उद्देश्य है कि शोध तथा शैक्षणिक पाठ्यक्रम गोष्ठियों एवं महत्वपूर्ण कार्यक्रमों के माध्यम से ज्ञान को बढ़ावा दिया जाए। आज भारतीय संस्कृति, राजनीति एवं अर्थशास्त्र का आधारभूत स्नातक पाठ्यक्रम स्वीडन के बहुत से विश्वविद्यालयों में पढ़ाया जा रहा है। लुण्ड एवं उपासला विश्वविद्यालय इनमें मुख्य हैं। एक तरफ जहाँ आधुनिक भारतीय अध्ययन के परास्नातक पाठ्यक्रम को विकसित किया जा रहा है, वहीं दूसरी तरफ स्वीडन के बारे में परास्नातक पाठ्यक्रम स्वीडिश विश्वविद्यालयों में पढ़ाया जा रहा है, जिसमें वे भारतीय विद्यार्थी जा सकते हैं जो स्वीडन या स्कैन्डिनेविया में कार्य करने के इच्छुक हैं। प्रसिद्ध नार्डिक विश्वविद्यालय भारत में नार्डिक संस्थान की स्थापना कर रहा है, जिसका एक छोटा दफ्तर एवं एक छोटा अतिथि-गृह नई दिल्ली में स्थापित होगा। इस केन्द्र का कार्य SASNET की ही भांति नार्डिक देश एवं भारत के साथ अनुसंधान में सहयोग एवं शैक्षणिक समुदायों के आदान-प्रदान को बढ़ावा देना है।[21]

3. पर्यावरण संरक्षण एवं सतत् विकास

पर्यावरण सुरक्षा वर्तमान समय की एक ज्वलंत समस्या है। आज विश्व के समक्ष एक प्रमुख चुनौती है कि कैसे पर्यावरण एवं विकास में सामंजस्य स्थापित किया जाए, क्योंकि दोनों एक दूसरे से जुड़े हुए हैं, एक दूसरे पर निर्भर हैं तथा एक-दूसरे को प्रभावित भी करते हैं। अगर पर्यावरण विकास के लिए आधार प्रदान करता है तो विकास पर्यावरण के रख-रखाव, पोषण और इसके संवृद्धि में सहायता देता है। पर्यावरण विकास की प्रक्रिया में सहायक है। यह विकास के लिए आवश्यक परिस्थितियाँ पैदा करता है। पर्यावरण की प्रगति एवं इसका संरक्षण विकास परियोजना के मुख्य कार्य होते हैं। इसलिए संसार का ध्यान पर्यावरण सुरक्षा, संसाधनों, राशनिंग, विवेकशीलता तथा जनसंख्या नियंत्रण पर हो गया है। आज मनुष्य का ध्यान गैरट और हारडिन के 'इकॉनामिक

रेस्नलिटि' के सिद्धान्त, जिसके अनुसार मानव अधिक से अधिक लाभ प्राप्त करने का प्रयत्न करता है, से इतर रोबर्ट हैलब्रेनर के 'क्राइसिस ऑफ सरवाइवल' की ओर हो गया है।[22] ऐसे में विश्व के प्राय: सभी देश पर्यावरण की सुरक्षा हेतु सतत् प्रयास कर रहे हैं। भारत एवं स्वीडन इस क्षेत्र में एक दूसरे के महत्वपूर्ण सहयोगी हैं। स्वीडन द्वारा पर्यावरण सुरक्षा हेतु सरकारी संस्थाओं, नागरिक समाजों एवं गैर-सरकारी संगठनों को पर्यावरण सम्बन्धी जानकारी देने के साथ-साथ उन तकनीकों के बारे में भी अवगत कराया जाता है कि कैसे कचड़े एवं अवशिष्ट पदार्थों से पर्यावरण की सुरक्षा की जा सके।[23] इसी उद्देश्य के क्रियान्वयन हेतु एक पर्यावरण कोष की स्थापना भी की गई है तथा SIDA द्वारा हैदराबाद स्थित पर्यावरण संरक्षण प्रशिक्षण एवं अनुसंधान परिषद् को विशेष आर्थिक सहायता प्रदान की जा रही है, जिसके द्वारा सरकारी एवं गैर-सरकारी क्षेत्रों में चल रहे पर्यावरण सम्बन्धी अध्ययन को विशेष सहायता एवं प्रोत्साहन दिया जाता है। दोनों देशों द्वारा टाक्सि केमिकल को व्यवस्थित करने का भी कार्य किया जाता है। सेंटर फॉर साइन्स एण्ड इनवायरनमेंट (CSE) और SIDA के सहयोग से दिल्ली शहर को वायु-प्रदूषण से बचाने का विशेष अभियान भी चलाया जा रहा है। दिल्ली में कम्पेक्ट नेचुरल गैस (CNG) के प्रचलन में भी SIDA ने महत्वपूर्ण सहयोग दिया था। पेयजल की स्वच्छता पर भी SIDA द्वारा विशेष कार्यक्रम चलाए जा रहे हैं। इस दिशा में विशेष जानकारी मुहैया कराने हेतु CSE द्वारा 'डाऊन टू अर्थ' नामक पत्रिका का प्रकाशन किया जा रहा है। SIDA एवं तरुण भारत संघ ने जल-संरक्षण की व्यवस्थाओं पर विशेष बल दिया है ताकि राजस्थान जैसे मरु प्रदेश में जल की कमी को दूर किया जा सके। इसका उदाहरण हमें राजस्थान के अलवर जिले के आठ सौ गाँवों में देखने को मिलता है जहाँ 4500 जल संभरण संरचनाओं का निर्माण किया गया है, जिससे शुद्ध पेयजल को जन-जन तक पहुँचाया गया है। दक्षिण भारत के चार राज्यों में भी SIDA एवं ऑक्सफॉम इंडिया के सहयोग से जल-प्रबन्धन के क्षेत्र में महत्वपूर्ण कार्यक्रम शुरू किए गए हैं।[24] वर्ष 2006 एवं 2009 का स्टॉकहोम जल पुरस्कार क्रमश: दो प्रसिद्ध भारतीय सुनिता नारायणन एवं विंदेश्वरी पाठक को प्रदान किया गया। इस प्रकार भारत-स्वीडन द्वारा पर्यावरण संरक्षण के जिन मुद्दों पर विशेष ध्यान दिया गया है उनका वर्णन निम्नलिखित है—

(i) पर्यावरण से संबंधित मौलिक सिद्धान्तों एवं उनके बारे में जानकारी का आदान-प्रदान करना।

(ii) जल-आपूर्ति, गंदे जल का शुद्धिकरण तथा जल-संभरण एवं प्रत्येक प्रकार के दूषित पदार्थों से जल की सुरक्षा।

(iii) सम्पोषित ग्रामीण एवं शहरी विकास।

(iv) पर्यावरण सम्बन्धी नियमों में सुधार।

(v) पर्यावरण सुरक्षा के लिए प्रतिबद्धता।

(vi) पर्यावरण की जानकारी हेतु सतत् प्रयास।[25]

4. स्वास्थ्य सुरक्षा और एच. आई. वी./एड्स उन्मूलन

यद्यपि स्वतन्त्रता प्राप्ति के पश्चात् भारत निरन्तर प्रगति के मार्ग पर अग्रसर है लेकिन गरीबी, भुखमरी, निरक्षरता समाज में आज भी व्याप्त है। यही कारण है कि आज भी बहुत से लोगों को स्वच्छ एवं सन्तुलित भोजन तथा बेहतर चिकित्सा सेवा उपलब्ध नहीं है। उपलब्ध आँकड़ों के हिसाब से प्रत्येक तीन भारतीयों में एक भारतीय अत्यधिक गरीब है एवं तीन में से दो व्यक्ति प्रतिदिन 2 यू. एस. डॉलर से भी कम में अपने जीवन का निर्वाह कर रहे हैं। दुनिया के एक चौथाई गरीब लोग भारत में ही निवास करते हैं। फलस्वरूप यहाँ के लोगों में अच्छे स्वास्थ्य के लिए बहुत कुछ करना है, यद्यपि हाल के वर्षों में भारत में जीवन प्रत्याशा 52 से बढ़कर 63 हो गई है एवं शिशु मृत्यु-दर कम होकर आधे पर आ गयी है, तथापि लोगों को भोजन एवं स्वास्थ्य सुविधाओं का अभाव है जिससे नाना प्रकार की बीमारियों से लोग संक्रमित हो रहे हैं। आज लगभग 5 मिलियन से ज्यादा लोग एच. आई. वी./एड्स के शिकार हो गए हैं, इसलिए उत्तम स्वास्थ्य भारत में एक गंभीर समस्या है। इस समस्या के निवारण में स्वीडन, विशेषकर SIDA द्वारा प्रशंसनीय सहयोग दिया जा रहा है। स्वास्थ्य सम्बन्धी कार्यों को सम्पन्न करने में SIDA द्वारा बच्चों एवं महिलाओं को मुख्य केन्द्र-बिन्दु बनाया गया है। अभी हाल ही में स्वास्थ्य संरक्षण के उद्देश्य से SIDA के सहयोग से दो गैर-सरकारी संगठन MAMTA (भारत का) एवं RFSU (स्वीडन) के बीच सम्बन्ध स्थापित हुए हैं। ये दोनों गैर-सरकारी संगठन स्वास्थ्य-सुरक्षा एवं स्वास्थ्य अधिकार सम्बन्धी जानकारी लोगों को उपलब्ध

कराते हैं। साथ ही उनके द्वारा लिंग समानता स्थापित करने तथा बाल अधिकारों के संरक्षण पर विशेष बल दिया जाता है। SIDA राजस्थान के विभिन्न गैर-सरकारी संगठनों के साथ मिलकर स्वास्थ्य सम्बन्धी कार्यों को सम्पन्न कर रहा है, जिसका उद्देश्य जन-स्वास्थ्य संबंधी समस्याओं का क्षेत्रीय स्तर पर ही, इन संगठनों के माध्यम से निवारण करना है।[26] राजस्थान के अलावा SIDA द्वारा भारत के आठ राज्यों (जिनमें चिकित्सा सुविधाएँ निम्न स्तर की हैं) में स्वास्थ्य सुधार सम्बन्धी कार्य किए जा रहे हैं तथा मणिपुर में एच.आई.वी. /एड्स के प्रकोप से लोगों को बचाने हेतु महत्वपूर्ण कार्यक्रम चलाए जा रहे हैं। SIDA के सहयोग से ही उत्तर-पूर्वी राज्यों में सत्रह गैर-सरकारी संगठन एक नेटवर्क स्थापित करके स्वास्थ्य सम्बन्धी सेवाओं को मुहैया कराने के उद्देश्य से सामूहिक प्रयास कर रहे हैं। ज्ञात हो कि SIDA पहली ऐसी संस्था है जो उत्तर-पूर्वी भारत में इस प्रकार के कार्य को सम्पन्न कर रही है। महिलाओं एवं बच्चों के उत्तम स्वास्थ्य के लिए SIDA द्वारा एकीकृत बाल विकास सेवा (ICDS) एवं चाइल्ड सरवाइवल एण्ड सेफ मदरहुड (CSSM) दो मुख्य कार्यक्रम चलाए जा रहे हैं, जिसका कार्यान्वयन यूनाइटेड नेशन्स चिल्ड्रेन इमरजेंसी फंड (UNICEF) के विशेष सहयोग से हो रहा है।[27] इस प्रकार स्वीडन एवं वहाँ की संस्थाएँ भारतवासियों के उत्तम स्वास्थ्य के लिए सतत् प्रयासरत हैं, एवं उनके द्वारा इस दिशा में चलाए जा रहे विभिन्न कार्यक्रम बहुत ही लाभदायक साबित हो रहे हैं। वर्ष 2009 में स्वास्थ्य के क्षेत्र में दो महत्वपूर्ण समझौते भारत स्वीडन के बीच संपन्न हुये। एक समझौते के तहत फरवरी सन् 2010 ई. के प्रथम सप्ताह को भारत स्वीडन स्वास्थ्य सप्ताह के रूप में मनाया गया।

5. दोनों देशों के नागरिक समाजों के बीच सहयोग

नागरिक समाज से तात्पर्य विभिन्न संगठनों और संस्थानों के पारस्परिक सम्बन्धों से निर्मित एक व्यापक और विकासमान समाज से है जिसके अंतर्गत परिवार, समुदाय, उत्पादन, व्यापार, धर्मार्थ और सेवार्थ हर प्रकार के संगठन और संस्थान आते हैं। व्यक्ति इससे किसी दबाव के तहत न जुड़कर स्वेच्छा और कर्तव्य भाव से जुड़ता है। नागरिक समाज मूलतः नागरिक स्वतन्त्रता और जिम्मेदारी

तथा सीमित और जवाबदेह सरकार की विचारधारा के इर्द-गिर्द खड़ा होता है। यह राज्य की दखलंदाजी से व्यक्ति की सुरक्षा करता है तथा एक व्यापक सामाजिक और आर्थिक व्यवस्था से जोड़ता है। नागरिक समाज त्यक्ति की स्वतन्त्रता को उच्छृंखलता में बदलने से तथा समुदायवाद को समुदाय की तानाशाही में बदलने से रोकता है, जबकि राजनीतिक समाज बल प्रयोग का कानूनी अधिकार रखता है। राजनीतिक समाज का मुख्य उद्देश्य यह होना चाहिए कि वह नागरिक अधिकारों तथा कानून का शासन बनाए रख कर नागरिक समाज की सुरक्षा करे तथा इसके महत्व को किसी भी प्रकार कम न होने दे।[28] इस प्रकार यह सर्वविदित है कि नागरिक समाज लोकतांत्रिक प्रक्रिया का मर्म है, इसीलिए भारत-स्वीडन साझेदारी में इसका केंद्रीय स्थान है। भारत-स्वीडन सम्बन्धों के बारे में और अधिक जागरूकता एवं पारस्परिक समझ के साझे उद्देश्य को प्राप्त करने में उसकी निर्णायक भूमिका है। दोनों ही देश एक मजबूत नागरिक समाज की प्रमुखता को स्वीकृति देते हैं एवं विकासात्मक लक्ष्य को प्राप्त करने के लिए विस्तृत रूप से नागरिक सहयोग की अपेक्षा करते हैं। पिछले दस वर्षों में भारत में गैर-सरकारी संगठनों की संख्या बढ़ी है और उनके विकास के अवसर विस्तृत हुए हैं। बहुत से क्षेत्रों, जैसे स्थानीय स्तर पर सुविधाओं का विस्तार तथा लोग एवं गरीबों के सशक्तीकरण में गैर-सरकारी संगठन ज्यादा सफल हुए हैं। कई गैर-सरकारी संगठनों ने सरकार पर निगरानी करने का गुरुदायित्व अपनाया है जिसके परिणामस्वरूप सरकारी नीतियाँ धीरे-धीरे बदल रही हैं, जिनके ऊपर इन गैर-सरकारी संगठनों का प्रभाव स्पष्ट दिखाई पड़ता है। भारत एवं स्वीडन के गैर-सरकारी संगठनों का सहयोग सामाजिक-आर्थिक विकास, मानवाधिकार एवं युवा मुद्दों पर केन्द्रित है, लेकिन दोनों देशों के नागरिक समाजों के बीच और अधिक सहयोग बढ़ाकर इन मुद्दों पर और अधिक ध्यान केन्द्रित किया जा सकता है। SIDA को चाहिए कि वह नए क्षेत्र में नई साझेदारी एवं नए सहयोग के माध्यम से दोनों देशों के सामाजिक नागरिक सम्बन्धों को बढ़ाने का प्रयास करे तथा भारत एवं स्वीडन के बीच में गैर-सरकारी अभिकर्ताओं के अनुभवों का आदान-प्रदान तथा त्रिकोणीय सहयोग के अंतर्गत दूसरे देशों में सहयोग के नए आयामों की तलाश करे एवं विभिन्न तरीकों से इन सम्बन्धों को मधुर बनाने का प्रयास करे।[29]

उपरोक्त वर्णित कार्यक्रमों में SIDA द्वारा सहयोग की प्रतिज्ञा को निम्नलिखित सारणी में देखा जा सकता है।

Table 5.1: Development Co-operation with India in 2009

Costs	*SEK*
Health	19810000
Education	3664000
Human rights and democratic governance	29875000
Conflict, peace and security	1187000
Humanitarian assistance	10054000
Infrastructure	30657000
Trade, business and finance system	3294000
Natural resources and environment	15802000
Other	8183000
Total	**122527000**

Source: 2005 SIDA Annual Report.

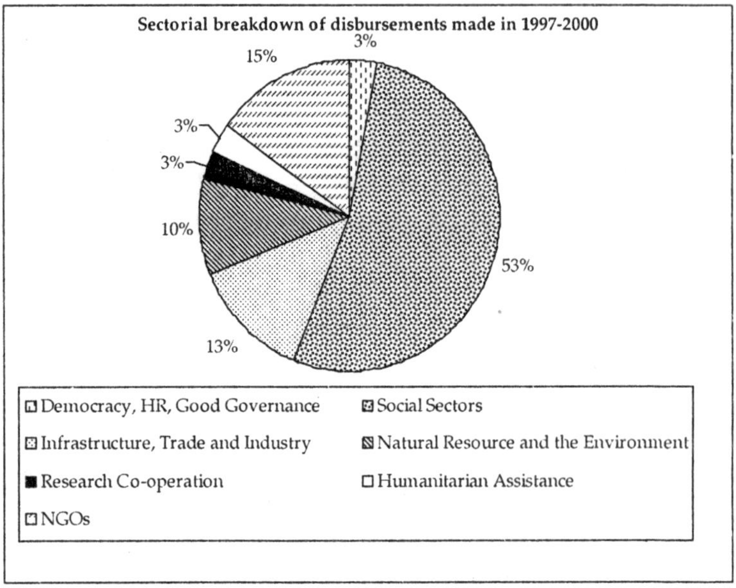

Fig. 5.1: Indo-Swedish Development Co-operation

Source: Development Co-operation between Sweden and India, Emnassy of Sweden, New Delhi, September 2001.

6. भारत-स्वीडन के बीच वैज्ञानिक एवं तकनीकी सहयोग

भारत-स्वीडन के बीच जहाँ सामाजिक एवं सांस्कृतिक क्षेत्र में सम्बन्ध स्थापित हुए, वहीं ज्ञान-विज्ञान एवं तकनीकी क्षेत्र में भी दोनों देश सहयोग के एक सूत्र में बँधे हुए हैं। SIDA स्वीडन की एक ऐसी सरकारी संस्था है जिसने शिक्षा, संस्कृति, स्वास्थ्य, पर्यावरण, लोकतंत्र एवं मानवाधिकार आदि क्षेत्रों में भारत-स्वीडन को एक दूसरे के समीप लाने में सहयोग किया। वहीं दो अन्य सरकारी संस्थाओं स्वीडिश एजेंसी फॉर रिसर्च कोऑपरेशन विथ डेपलपिंग कन्ट्रीज (SAREC) एवं बोर्ड फॉर इंडस्ट्रीयल एंड टेक्नीकल सपोर्ट (BFTS) ने तकनीकी के क्षेत्र में दोनों देशों को निकट लाने में महत्वपूर्ण योगदान किया है। इन संस्थाओं द्वारा भारत में 'विज्ञान तथा तकनीकी' के क्षेत्र में कई शोध-कार्य प्रारम्भ किए गए हैं। सन् 1975 ई. में SAREC की स्थापना हुई एवं सन् 1979 ई. में इसने एक स्वायत्त संस्था के रूप में कार्य करना प्रारम्भ किया। स्वीडिश सरकार के निर्देशानुसार SAREC को शोध-कार्यों को बढ़ावा देने एवं लघु-शोध के क्षेत्र में आनी वाली समस्याओं के समाधान का कार्य सौंपा गया। यह कार्य विशेष रूप से उसके द्वारा विकासशील देशों में चलाए गए मुख्य कार्यक्रमों के आधार पर किया गया जिसमें द्विपक्षीय शोध-कार्यक्रम मुख्य थे।[30] इस संस्था का सन् 1993-94 ई. का बजट लगभग 405 मिलियन SEK था, या 55 मिलियन यू.एस. डॉलर था, जिसमें 30 प्रतिशत द्विपक्षीय शोध-कार्यक्रम पर व्यय हुआ। SAREC द्वारा भारत में जैव-प्रौद्यौगिकी एवं गैर-परम्परागत ऊर्जा के क्षेत्र में सर्वाधिक कार्य हुआ है जो मुख्यतः सन् 1980 ई. से लेकर सन् 1995 ई. के बीच में किया गया है। इस कार्य को सम्पन्न कराने में भारत का भी योगदान एक निश्चित सीमा तक सराहनीय रहा। कृषि के क्षेत्र में SAREC द्वारा वर्ष 1989-92 ई. तक 25.5 मिलियन SEK खर्च किया गया। इसी प्रकार गैर-परम्परागत ऊर्जा एवं तकनीकी क्षेत्र में SAREC के सहयोग से Indian Council of Agricultural Research (ICAR) एवं Swedish Institutions Department of Chemical Technology, Royal Institute of Technology Stockholm के बीच उद्देश्यपूर्ण सहयोगात्मक सम्बन्ध स्थापित हुए हैं।[31] इस क्षेत्र में SAREC द्वारा वर्ष 1990-91 ई. तथा वर्ष 1994-95 ई. के बीच 10.6 मिलियन SEK खर्च किया गया। लघु-उद्योग

के क्षेत्र में भी इस संस्था द्वारा विशेष कार्य किया गया। Indian Institute of Science (बंगलोर) एवं Anna University का सम्बन्ध स्वीडन के Department of Chemical Technology एवं Royal Institute of Techonology से स्थापित हुआ। इसमें SAREC द्वारा वर्ष 1994-97 ई. में लगभग 2.7 मिलियन SEK खर्च किया गया। पर्यावरण एवं ऊर्जा के क्षेत्र में भी SAREC द्वारा विशेष सहयोग किया गया तथा Tata Energy Research Institute, New Delhi ने SAREC के सहयोग से महत्वपूर्ण कार्य किया है। इसमें सन् 1994-95 ई. एवं सन् 1996-97 ई. में लगभग 8 लाख हजार SEK खर्च हुआ साथ ही जैव-प्रौद्योगिकी तथा खाद्य-प्रसंस्करण उद्योग को प्रोत्साहन देने हेतु Central Food Technology Research Institute (मैसूर) एवं Indian Institute of Technology, New Delhi का सम्बन्ध लुण्ड विश्वविद्यालय के Bio-technology विभाग से स्थापित हुआ। इस क्षेत्र में भी SAREC द्वारा वर्ष 1991-1996 ई. में 6 मिलियन SEK का सहयोग दिया गया। इसी प्रकार वानिकी के क्षेत्र में दोनों देशों के बीच महत्वपूर्ण समझौते सम्पन्न हुए तथा National Chemical Laboratory, Pune, तथा Department of Forest Genetics, Swedish Univesrsity of Agricutural Science, Uppsala के बीच सहयोग आरम्भ हुए। वानिकी के विकास में भी SAREC द्वारा 2 मिलियन SEK खर्च किया गया।[32]

इसी प्रकार SAREC संस्था द्वारा बीसवीं सदी के अन्तिम दशक में भारत में विज्ञान एवं तकनीकी के क्षेत्र में कई महत्वपूर्ण शोध-कार्यक्रम चलाए गए जो आज भी निरन्तर जारी हैं। SAREC के प्रयासों से वैज्ञानिक-तकनीकी क्षेत्र में भारत में हुए विकास-क्रम के विस्तृत नेटवर्क को चित्र 5.2 में प्रदर्शित किया गया है। SAREC की भाँति स्वीडन की एक दूसरी संस्था Board for Industrial and Technological Support (BITS) है, जो स्वीडन एवं विकासशील देशों के बीच वैज्ञानिक एवं तकनीकी के क्षेत्र में आर्थिक सहयोग एवं अनुदान देती है। यह संस्था स्वीडन में प्रशिक्षण कार्यक्रम चलाती है तथा विकासशील देशों को तकनीकी क्षेत्र में विशेष सहायता देकर वैज्ञानिक कार्यों को सम्पन्न कराने में सहयोग करती है।[33] इस संस्था का मुख्य उद्देश्य तकनीकी ज्ञान का विकास के सन्दर्भ में प्रयोग करना है तथा विकासशील राष्ट्रों में इस

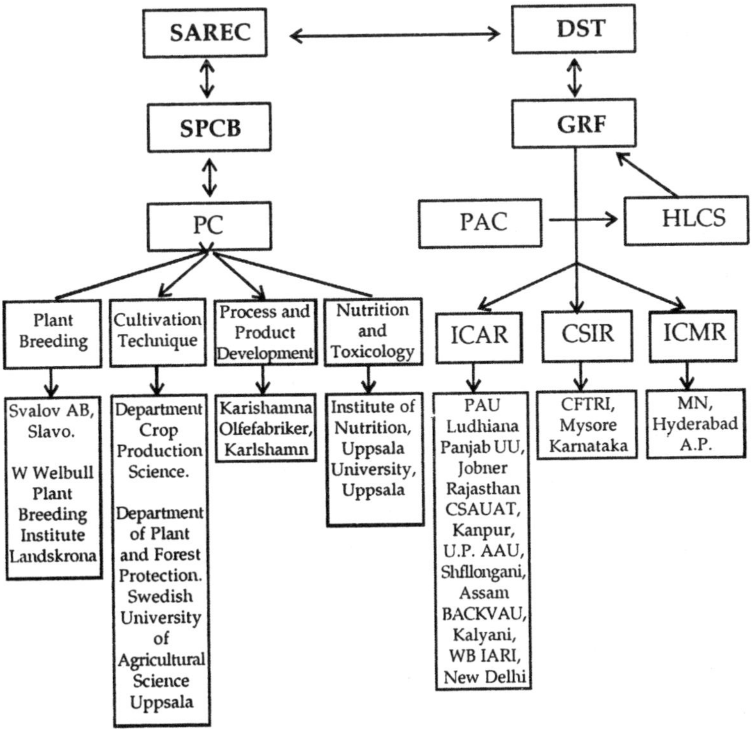

CSIR	Council of Scientific and Industrial Research
DST	The Department of Science and Technology
GRF	General Research Fund
HLCS	High Level Committee of Scientists
ICAR	Indian Council of Agricultural Research
ICMR	Indian Council of Medical Research
PAC	Project Advisory Committee
PC	Programme Coordinator
SAREC	Swedish Agency for Research Cooperation with Developing Countries
SPCB	Swedish Programme Coordinating Board

चित्र 5.2: SAREC

Source: Ingvar Ohlsson, Indo-Swedish collaborative research programme on cruciferous oil seeds, 1977-1991, SAREC's Project Report, 1992.

ज्ञान को प्रसारित करना है, ताकि इन देशों में धीरे-धीरे वैज्ञानिक एवं तकनीकी विकास संभव हो सकें। भारत में BITS द्वारा वैज्ञानिक एवं तकनीकी विकास के लिए मुख्य रूप से चार सहयोग कार्यक्रम चलाए जा रहे हैं।

(a) रेलवे मेन्टेनेंस प्रोजेक्ट
(b) मैपिंग ऑफ सेडीमेंट्री बेसिन ऑफशोर एलाँग द इस्टर्न एण्ड वेस्टर्न कोस्ट ऑफ इंडिया
(c) एयर क्वालिटी मैनेजमेंट इन अरबन एरिया
(d) इंडियन पार्टिसिपेशन इंटरनेशनल ट्रेनिंग प्रोग्राम

भारतीय रेल एवं स्वीडिश रेलवे दोनों लोक-उद्यम की संस्थाएँ हैं। रखरखाव के क्षेत्र में स्वीडन ने Air Brake व्यवस्था के एक पायलट प्रोजेक्ट पर अध्ययन किया। इस कार्य में 2.4 मिलियन SEK, BITS द्वारा खर्च किया गया तथा स्थानीय स्तर पर होने वाले खर्च को भारतीय रेलवे ने वहन किया। इस संपूर्ण कार्य को तीन चरणों में किया गया जिस पर कुल 1 मिलियन SEK खर्च हुआ। इस कार्य से भारतीय रेल की कार्यक्षमता में वृद्धि हुई और रखरखाव कार्य को सुचारू रूप से करने के लिए कई केन्द्र स्थापित किए गए जो आज भी भारतीय रेल को सहायता पहुँचा रहे हैं।

दूसरे स्तर पर स्वीडन (BITS) द्वारा बेसिन मानचित्रण का कार्य किया गया जिसका उद्देश्य भारतीय भू-भाग में तेल उत्पादन करने वाली निजी कम्पनियों को भू-भागीय सूचना प्रदान करना था। BITS ने इस क्षेत्र में 19 महीने का एक विशेष प्रोजेक्ट बनाया जिस पर 9.7 मिलियन SEK खर्च किया। इस प्रोजेक्ट के माध्यम से तेल एवं प्राकृतिक गैस के उत्पादन में विशेष लाभ मिला।

तीसरे स्तर पर शहरी क्षेत्र में वायु-संरक्षण कार्य को प्रारम्भ किया गया जो सर्वप्रथम बंगलोर से शुरू हुआ। इस सरंक्षण कार्य में शहरी पर्यावरण प्रोजेक्ट बंगलोर, पारिस्थितिकी एवं पर्यावरण मंत्रालय कर्नाटक तथा भारतीय विज्ञान संस्थान (IIS) बंगलोर शामिल हुए। इस कार्य को सम्पन्न करने के लिए BITS ने 0.5 बिलियन SEK खर्च किया। वायु-संरक्षण के गुणवत्ता प्रबन्धन के बारे में BITS का मानना था कि भारत के कुछ अन्य शहरों में भी इस प्रकार

के कार्य करने की आवश्यकता है, परन्तु दु:ख की बात यह है कि अन्य शहरों में वायु-संरक्षण की दिशा में BITS के किसी भी प्रस्ताव को नहीं अपनाया गया। सन् 1995 ई. तक भारत में इस प्रकार के मात्र छः प्रस्ताव ही इस दिशा में आगे बढ़ाए जा सके। BITS द्वारा चलाए जाने वाले सहयोगात्मक कार्यक्रमों में तथा अन्तर्राष्ट्रीय प्रशिक्षण कार्यक्रम में भारतीयों की सक्रिय सहभागिता भी प्रमुख है। इस प्रशिक्षण कार्यक्रम में कुल 22 क्षेत्रों को चुना गया, जिनमें कुल पचास विषय निर्धारित किए गए थे। इन पचास विषयों में छब्बीस का सम्बन्ध प्रबन्धन से, चौदह का उद्योग, वाणिज्य, ऊर्जा एवं पर्यावरण तकनीकी से, पाँच विषयों का सामाजिक विज्ञान एवं मानविकी से तथा शेष पाँच विषयों का सम्बन्ध स्वास्थ्य एवं सुरक्षा से था। सन् 1980 ई. से लेकर 1995 ई. तक कुल 483 भारतीय नागरिकों ने इस प्रशिक्षण कार्यक्रम में भाग लिया। प्रशिक्षण कार्य में BITS ने 29 मिलियन SEK खर्च किया। इस प्रशिक्षण कार्यक्रम के परिणामस्वरूप भारत में विभिन्न क्षेत्रों में कार्यरत लोगों को अपने-अपने कार्यों को सुचारू रूप से सम्पन्न करने में विशेष सहायता मिली।[34]

इस प्रकार बीसवीं सदी के अंतिम दशक में विज्ञान-तकनीकी एवं शिक्षा के क्षेत्र में भारत-स्वीडन के बीच बेहतर सम्बन्ध थे तथा इस क्षेत्र में स्वीडन द्वारा सराहनीय सहयोग दिया गया जिससे भारत की तकनीकी क्षमता में वृद्धि हुई। 21वीं सदी के प्रारम्भ में भी दोनों देशों के बीच कई महत्वपूर्ण समझौतों पर हस्ताक्षर हुए। जुलाई सन् 2000 ई. में द्विपक्षीय निवेश संरक्षण पर दोनों देशों में आम सहमति बनी जिसके बाद एक महत्वपूर्ण समझौता हुआ, जिसमें दोनों पक्षों ने एक दूसरे देश में किए जाने वाले निवेश की सुरक्षा की गारंटी ली एवं निवेश से होने वाली आय को बिना किसी रोकथाम के हस्तान्तरण पर भी सहमति हुई।[35] जनवरी सन् 2004 ई. में स्वीडिश प्रधानमंत्री गोरान परसन ने भारत की यात्रा की तथा विज्ञान के क्षेत्र में दोनों देशों के बीच 'Cutting Edge', जैव-तकनीकी एवं पर्यावरण तकनीकी के क्षेत्र में नए समझौते हुए तथा रेलवे, अंतरिक्ष, खनन, आदि क्षेत्रों में सहयोग बढ़ाने हेतु निरन्तर वार्ता जारी रखने पर भी सहमति हुई।[36] दिसम्बर सन् 2005 ई. में संचार मंत्री दयानिधि मारन ने स्वीडन की यात्रा की। मारन ने संचार के क्षेत्र में स्वीडन द्वारा भारत को दिए जाने वाले सहयोग की सराहना करते हुए कहा कि स्वीडन द्वारा भारत के

100,000 गाँवों को वर्ष 2006 ई. तक E-Governance से जोड़ने का कार्यक्रम मुख्य रूप से उल्लेखनीय है। स्वीडन के इस प्रयास की प्रशंसा करते हुए मारन ने पुन: कहा कि स्वीडन कम्प्यूटर तकनीकी के क्षेत्र में विश्व में तीसरा स्थान रखता है। स्वीडन सूचना तकनीकी एवं कम्प्यूटर के क्षेत्र में भारत को निरन्तर सहयोग कर रहा है और इस कार्य में Ericsson कम्पनी अभूतपूर्व सहयोग कर रही है।[37] दिसम्बर सन् 2005 ई. में आयोजित नोबेल पुरस्कार समारोह में भारत की तरफ से भाग लेने हेतु तत्कालीन विज्ञान एवं प्रौद्योगिकी मंत्री कपिल सिब्बल ने स्वीडन की यात्रा की, जहाँ पर उनकी मुलाकात स्वीडन के शिक्षा, अनुसंधान एवं संस्कृति मंत्री लैप पैस्त्रोत्स्की से हुई, जिसमें एक व्यापक समझौते पर सहमति हुई। विशेष वार्ता में इस पर विचार हुआ कि वैज्ञानिक एवं तकनीकी सम्बन्धों के क्षेत्र में विकास दोनों देशों के हित में होगा। मौजूदा समझौते के फलस्वरूप दोनों देशों के बीच वर्तमान मैत्रीपूर्ण सम्बन्धों के विकास का संवर्धन होगा। समझौते के कुछ महत्वपूर्ण प्रावधान इस प्रकार हैं :

(क) वैज्ञानिकों, स्नातक छात्रों, अनुसंन्धानकर्मियों, अन्य विशेषज्ञों और विद्वानों का निरन्तर आदान-प्रदान (आवागमन),

(ख) वैज्ञानिक एवं तकनीकी जानकारी तथा प्रलेखीकरण का आदान-प्रदान,

(ग) दोनों देशों के हित वाले विषयों पर द्विपक्षीय वैज्ञानिक एवं तकनीकी संगोष्ठियों, कार्यशालाओं और पाठ्यक्रमों का आयोजन,

(घ) औद्योगिक अनुसन्धान तथा विकास को सुगम बनाना और संयुक्त उद्यमों के सृजन को उत्प्रेरित करना, तथा

(ङ) परस्पर सहमति के अनुसार सहयोग के अन्य तरीकों को निर्दिष्ट करना।[38]

समझौते के सम्पन्न होने के कुछ ही महीने बाद अप्रैल सन् 2006 ई. में स्वीडिश शिक्षा संस्कृति एवं अनुसंधान मंत्री लैप पेस्त्रोत्स्की ने भारत की यात्रा की जहाँ उनकी मुलाकात विज्ञान और प्रौद्योगिकी मंत्री कपिल सिब्बल से हुई। दोनों पक्षकार विज्ञान एवं प्रौद्योगिकी के क्षेत्र में आने वाली समस्याओं के निराकरण हेतु एक संयुक्त समिति के गठन पर सहमत हुए।[39] वर्ष 2008 ई. में दोनों देशों के बीच एक व्यापक तकनीकी समझौता संपन्न हुआ तथा अपने

पारस्परिक ज्ञान एवं अनुभव का आदान-प्रदान करने तथा अनुसंधान एवं विकास के क्षेत्र में सहयोग करने पर दोनों देश सहमत हुए।[40] भारत और यूरोपीय संघ के बीच नवम्बर सन् 2009 ई. में संपन्न 10वें शिखर सम्मेलन के बाद स्वीडिश प्रधानमंत्री फ्रेडरिक रैनफेल्ट और भारतीय प्रधानमंत्री डॉ. मनमोहन सिंह ने पर्यावरण एवं रक्षा के क्षेत्र में एक MoU पर हस्ताक्षर किये।[41]

NOTES

1. Sigbried Leenhand, 'Indian Studies in Sweden : Past & Present', *Indo-Swedish Colloqium*, Seminar at Jawaharlal Nehru University, New Delhi, 6 March 1980, pp. 1-2.
2. *Ibid.*, pp. 3-4.
3. *Ibid.*, p. 6.
4. *Ibid.*, pp. 8-10.
5. Nitin Mathur, 'Shining India Charm Sweden Inc.', *The Financial Express*, New Delhi, 13 August 2004.
6. *India-Sweden Relation*, Ministry of External Affairs. http://www.mea.india.nic.in, p. 4.
7. Vatsala Sahai, *Sharing Challenges : The Indo-Swedish Devlopment Cooperation Programme*, Stockholm, Ministry for Foriegon Affair, 1996, p. 395.
8. *Ibid.*
9. The Swedish Institute Memorandom of Understanding on *Indo-Swedish Coopoeration in the Fields of Culture and Education for the Year 1995-1996*, Stockholm, April 1995.
10. *Op. Cit.* Vatsala Sahai.
11. *Sweden Cultural Troups*, Ministry of External Affairs. http://www.mea.india. nic.in
12. *Democracy and Human Right*, Embassy of Sweden. http://www.swedenabroad. com, pp. 3-4.
13. अशोक वाजपेयी का लेख *कभी-कभार यूरोप में हिन्दी साहित्य*, जनसत्ता संपादकीय पृष्ठ, दिल्ली, 10 जनवरी 2010।
14. *Ibid.*
15. Speach by the Mrs. Chitra Narayanan, Swedish South Asian Network, *India and Sweden— 'New Vistas of Cooperation'* at a Seminar in Stockholm, 7 October 2002.
16. *The Hindu*, 21 May 2009.
17. *Democracy and Human Right's*, Embassy of Sweden. http://www.swedenabrad. com, p. 1.
18. *Development Cooperation between Sweden and India*, SIDA. http://www.sida.se

19. *भारत 2004*, नई दिल्ली, प्रकाशन विभाग, सूचना और प्रसारण मंत्रालय, पृ. 315-316.
20. *Ibid.*, भारत 2004, पृ. 317.
21. *Ibid. India-Sweden New Vistes of Cooperation*, Swedish South Studies Network, http:/www.sasnet lu.se, 7 October 2005.
22. एन. डी. अरोड़ा, *राजनीतिक सिद्धान्त*, नई दिल्ली, हर आनंद पब्लिकेशन, 2002, पृ. 337-378.
23. *Devlopment Cooperation with India Environment Protection*, Embassy of Sweden. http://www sida.se, pp.1-2.
24. *Ibid.*, p. 3.
25. *Strategy For Devlopment Cooperation with India*, Embassy of Sweden, http//:www.swedenabrond.com, pp. 8-9.
26. Development Co-operation with India, Health & HIV/AIDS, Embassy of Sweden. http://www.swedenabroad.com, pp. 1-2.
27. *Ibid*. p. 2.
28. पार्थ जे. शाह, *नागरिक मार्गदर्शक श्रृंखला 1*, सेंटर फॉर सिविल सोसाइटी, नई दिल्ली, 2005, पृ. 46-47.
29. *'Strategy for Development Cooperation with India'*, Embassy of Sweden. http://www.swedenabroad.com, pp. 9-10.
30. M.R. Bhagavan, *'Partnership in Knowledge', Scientific, Technical and Cultural Cooperation between India and Sweden*, SAREC Report 1992, Stockholm.
31. *Annual Report 1993-94*, SAREC, Stockholm.
32. *Annual Report 1996-97*, SAREC, Stockholm.
33. *International Training Programmes*, BITS, Stockholm, 1994.
34. Indian Railways and Sweden Rail, *Joint Report on Maintenance Management Project in Indian Railways Pilot Project Air Brakes*. November-December 1994 submited to BITS in 1995.
35. *Bileteral Investment Protection Agreement* (BIPA), Ministry of External Affair, http://www.mea.india.nic.in, July 2000.
36. *Ibid*.
37. *'India and Sweden have decided to Cooperate and Forge Alliances in Key Area'*, http://www.indiadaily.com/editorial.
38. *India and Sweden Sign An Agreement on Cooperation in Science and Technology*, Ministry of Science and Technology. http://www.dst.gov.in
39. *The Hindu*, News Update Service. http://www.hindu.com/9/12/2005
40. Annual Report 2008-09, Ministry of External Affairs, Government of India p. 79.
41. बिजनेस भास्कर, नई दिल्ली, 5 नवंबर 2009.

6
उपसंहार

ऐतिहासिक दृष्टि से भारत-स्वीडन का आपसी सम्बन्ध लगभग 200 वर्ष पुराना है, लेकिन इसकी औपचारिक शुरुआत भारत की स्वतन्त्रता प्राप्ति के पश्चात् होती है। भारत-स्वीडन के बीच लम्बी भौगोलिक दूरी, भू-भागीय विषमता, भाषा, जलवायु, जनसंख्या, आर्थिक एवं तकनीकी विकास के स्तर में असमानता के बावजूद स्वाभाविक मित्रता के लिए कई मूल्यगत समानताएँ हैं। दोनों लोकतन्त्र के मूल्यों, मानवाधिकार और परमाणु अप्रसार के पक्षधर हैं। दोनों ने विदेश नीति के सन्दर्भ में एक ऐसा मार्ग अपनाया है जिसमें काफी हद तक समानताएँ हैं। दोनों की आर्थिक नीति एवं दर्शन लगभग समान है तथा दोनों के उद्देश्यों में भी एकरूपता है। दोनों देशों में लोक-उद्यम मजबूत स्थिति में हैं तथा व्यापारिक नेता दोनों क्षेत्रों में आपसी सहयोग से काम करने में प्रबुद्ध हैं। दोनों देश लोक-कल्याणकारी राज्य के माध्यम से सामाजिक विकास के लक्ष्य को पूरा करना चाहते हैं।

अन्तर्राष्ट्रीय स्तर पर दोनों विश्वशांति एवं न्यायपूर्ण विश्व के पक्षधर हैं, जिनकी पृष्ठभूमि गुटनिरपेक्ष/तटस्थता से जुड़ी हुई है। ऐसे में इन पारस्परिक समानताओं एवं मूल्यों की वजह से सम्बन्ध मधुर होना स्वाभाविक है। जहाँ एक तरफ विश्व के बदलते राजनीतिक बदलाव तथा भारत-स्वीडन की अपनी-अपनी आवश्यकताएँ एक-दूसरे को निकट लाती हैं तो दूसरी तरफ उनकी विदेश-नीति के निर्धारित लक्ष्य एवं सिद्धान्त उनके बीच बेहतर सम्बन्धों के लिए एक मजबूत आधार प्रदान करते हैं। जब हम स्वीडन की तटस्थता की नीति की तुलना भारत की गुटनिरपेक्षता की नीति से करते हैं एवं भारत तथा स्वीडन द्वारा उन नीतियों के क्रियान्वयन हेतु समय-समय पर किए गए उपायों

का सर्वेक्षण करते हैं तो ज्ञात होता है कि सैद्धान्तिक एवं व्यावहारिक स्तरों पर ये दोनों देश एक दूसरे के अधिक निकट हैं। स्वीडन की असंलग्नता की नीति को युद्ध में तटस्थता के माध्यम से वर्णन किया गया है। चूँकि भारत एवं स्वीडन की विदेश नीति में गुटनिरपेक्षता/तटस्थता केन्द्रबिन्दु हैं; इसलिए दोनों देशों की विदेश नीति के अन्य पहलुओं को इस विस्तृत सीमा के अन्दर आसानी से विश्लेषित किया जा सकता है। गुटनिरपेक्षता, तटस्थता नहीं है। द्वितीय विश्वयुद्ध के बाद प्रारंभिक वर्षों में पश्चिमी विद्वान् एवं राजनेता गुटनिरपेक्षता शब्द को स्वीकार करने के प्रति सशंकित थे तथा कुछ समय तक तटस्थता शब्द का ही प्रयोग किया गया जिसके पश्चात् ही तटस्थता एक आकर्षण बना। महत्वपूर्ण बात यह है कि अब भी यह शब्द गुटनिरपेक्षता के वर्तमान साहित्य से अदृश्य नहीं हुआ है। कुछ विद्वानों का मानना है कि इन दोनों विचारों के बीच कुछ भी समान नहीं है; जबकि कुछ लोग ऐसा मानते हैं कि ये दोनों समान हैं और कम से कम अपने प्रारम्भिकता में समरूप हैं।

जब हम स्वीडन की तटस्थता पर विचार करते हैं, जिसके द्वारा स्वीडन दोनों विश्वयुद्ध से एवं शीतयुद्ध की गुटीय राजनीति से अपने को अलग रखा तथा अपनी आजादी एवं सुरक्षा को पूर्व-पश्चिम के संघर्ष के बीच बरकरार रखा। स्वीडन की तटस्थता के आवश्यक बिन्दु के बारे में दो मुख्य विशेषताएँ परिलक्षित होती हैं। प्रथम—राज्यों के बीच लड़ाई के समय में तटस्थ शक्ति को अन्तर्राष्ट्रीय कानून के मुताबिक कोई ऐसी प्रतिक्रिया व्यक्त नहीं करनी चाहिए जिससे उपर्युक्त बातों में दखलंदाजी हो। द्वितीय—शांति के समय उसे एक ऐसी नीति का अनुसरण करना चाहिए जो पूरे विश्व में इस बात की प्रेरणा जगाए कि वह दृढ़-संकल्प है एवं हमारे अन्दर क्षमता है कि हम युद्ध के समय एक तटस्थ एवं स्वतन्त्र राज्य बने रहें।

इसलिए ये बातें इस बात की ओर संकेत करती हैं कि स्वीडन की विदेश नीति भविष्य में होने वाले सम्भावित झगड़ों से अपने आपको अलग रखेगी एवं स्वीडन विवादों के शान्तिपूर्ण समाधान के लिए प्रयास करेगा तथा शान्तिकाल में विश्व-विकास हेतु हरसंभव प्रयास करेगा। भारत द्वारा अपनायी गई गुटनिरपेक्षता की नीति का भी मूलतः यही आधार है।

इस सैद्धान्तिक समानता के अलावा दोनों देशों की विदेश नीति के अन्य आधारभूत सिद्धान्तों में भी समानताएँ देखने को मिलती हैं, जिनमें मुख्य रूप से

शांति, रंगभेद की समाप्ति, परमाणु-अप्रसार तथा निरस्त्रीकरण, संयुक्त राष्ट्र के लक्ष्यों के प्रति प्रतिबद्धता तथा पूर्ण समर्थन, पर्यावरण-सुरक्षा, लोकतंत्र एवं मानवाधिकार को सुदृढ़ करने जैसे मुद्दे प्रमुख हैं।

आज दुनिया का सामना जिन जटिल अन्तर्राष्ट्रीय समस्याओं से हो रहा है, जैसे अन्तर्राष्ट्रीय कानूनी व्यवस्था को मजबूत करना, आतंकवाद का मुकाबला करना, क्षेत्रीय और अन्तर्राष्ट्रीय विवादों का शांतिपूर्ण समाधान, न्यायपूर्ण विश्व का निर्माण आदि। इन सभी मुद्दों पर दोनों देशों द्वारा अपनाए गए मूल्य और दृष्टिकोण समान हैं, जो इनके बीच सहयोग के लिए एक ठोस आधार प्रदान करते हैं। फलस्वरूप, अन्तर्राष्ट्रीय मामलों के दीर्घावधि रुझानों, घटनाओं, निर्णायक मुद्दों एवं क्षेत्रीय प्रश्नों के सम्बन्ध में इनकी बातचीत स्पष्ट और बराबरी की होती है। दोनों देशों के बीच राजनैतिक सम्बन्धों में मुख्य बल साझा उद्देश्यों को परिभाषित करने और उन्हें प्राप्त करने पर दिया जाता है। उदाहरणस्वरूप यूरोप और दक्षिण एशिया दोनों में ही क्षेत्रीय एकीकरण और स्थिरीकरण जैसे प्रश्न तथा विश्व में जहाँ कहीं भी आतंकवादी घटनाएँ हों वहाँ आतंकवाद का प्रतिरोध करने की आवश्यकता पर बल, तथा विचारों का आदान-प्रदान प्रमुख है। इस सन्दर्भ में दोनों देश अन्तर्राष्ट्रीय कानूनी व्यवस्था को मजबूत करने की आवश्यकता पर बल देते हैं तथा दोनों ही अन्तर्राष्ट्रीय स्तर पर संयुक्त राष्ट्र की भूमिका के केन्द्रीय महत्व के बारे में लगभग समान विचार रखते हैं। दोनों ही राष्ट्र शांति कार्यों में प्रमुख योगदान देते हैं। स्वीडन जहाँ अफ्रीका में शांति स्थापना में विशेष सहायता दे रहा है, वहीं भारत संयुक्त राष्ट्र के शांति कार्यों में सबसे अधिक सैनिक सहायता देने वाला राष्ट्र है। स्वीडन विशेष रूप से बोस्निया, हर्जेगोविना और बाल्कन क्षेत्र में भारत द्वारा दिए गए शांति-सेना के योगदान की सराहना करता है। स्वीडन और भारत दोनों यह इच्छा रखते हैं कि दक्षिण एशिया में शांति कायम हो। स्वीडन भारत द्वारा पाकिस्तान के साथ द्विपक्षीय सम्बन्धों को सामान्य बनाने और कश्मीर सहित सभी बकाया मतभेदों के शांतिपूर्ण समाधान की दिशा में किए जाने वाले सभी प्रयासों का समर्थन करता है। दोनों राष्ट्र अशांत क्षेत्रों में शांति और स्थिरता कायम करने की वैश्विक रणनीति के एक भाग के तौर पर पुनर्निर्माण की प्रक्रिया के प्रति भी कटिबद्ध हैं। दोनों ही राष्ट्र नैतिक रूप से और ठोस सहायता

के रूप में अफगानिस्तान में हामिद करजई के अधीन नए प्राधिकरण "ट्रांजिशनल आथॉरिटी" का समर्थन करते हैं। जहाँ तक दक्षिण एशिया क्षेत्र में विवादों के समाधान का प्रश्न है, भारत-स्वीडन दोनों ही श्रीलंका में शांति प्रक्रिया का समर्थन करते हैं। नेपाल की स्थिति के सम्बन्ध में दोनों का ही विश्लेषण समान है और दोनों वहाँ के संकट को बातचीत के आधार पर हल किए जाने का समर्थन करते हैं जो बहुदलीय लोकतंत्र पर आधारित हो। जहाँ तक यूरोपीय संघ में स्वीडन के शामिल होने का प्रश्न है, भारत भी इसका पूर्ण समर्थन करता है क्योंकि भारत का मानना है कि यूरोपीय संघ न्यायपूर्ण विश्व के नवनिर्माण में सहायक होने के साथ-साथ, क्षेत्रीय एवं सदस्य राष्ट्रों की समृद्धि में भी सहायक साबित होगा एवं सामूहिक प्रयास से वर्तमान समय में उठने वाली समस्याओं का बेहतर तरीके से समाधान किया जा सकता है। क्षेत्रीय स्तर पर यूरोपीय संघ एक ऐसी आवाज के साथ यूरोप में स्थिरता और शांति सुनिश्चित करने की दिशा में कार्यरत है जिसे संपूर्ण विश्व में महत्व दिया जाता है। वैश्विक स्तर पर यूरोपीय संघ विश्व के सभी क्षेत्रों में सहयोग हेतु एक महत्वपूर्ण साझेदार है। यह विश्व का सबसे बड़ा व्यापारिक भागीदार है और अन्तर्राष्ट्रीय सम्बन्धों के मानवीय पहलुओं को बढ़ावा देने के लिए विशेष रूप से सक्रिय है, जैसे कि सामाजिक भाईचारा, मानवाधिकार, लोकतंत्र, नागरिक समाजों का उन्नयन आदि। भारत भी, जो कि दक्षिण एशिया में एक प्रबल शक्ति है; क्षेत्रीय स्तर पर इसी प्रकार की भूमिका निभाता है और निरन्तर विश्व-व्यापार तथा अन्तर्राष्ट्रीय सहयोग में विश्व लीडर बनने की ओर अग्रसर है।

वर्तमान समय में अन्तर्राष्ट्रीय कार्यसूची में सर्वाधिक महत्वपूर्ण मुद्दा आतंकवाद का दमन करना है। इस समस्या के समाधान में भारत-स्वीडन घनिष्ठ और प्रभावशाली तरीकों से सहयोग करते हैं। यूरोपीय संघ ने भी अपनी सीमाओं के भीतर आतंकवादी संगठनों पर प्रतिबंध लगा रखा है, जिनमें *अलकायदा एवं लश्कर-ए-तैयब्बा* मुख्य हैं। स्वीडन सहित यूरोपीय संघ भी भारत के ड्राफ्ट "कॉम्प्रिहेन्सिव कन्वेंशन ऑन टैररिज्म" का संयुक्त राष्ट्र संघ में समर्थन करते हैं।

मनुष्य द्वारा उत्पादित विनाशकारी उत्पादों, प्राकृतिक आपदाओं, एवं इनसे क्षरित होती धरती, वैश्विक पर्यावरण-प्रदूषण का विकराल होता रूप,

दोनों ही देशों हेतु समान चिंता का विषय है। वर्ष 2002 में संपूर्ण यूरोप में व्यापक और विनाशकारी बाढ़ आना तथा भारत में उसी समय उससे भी ज्यादा अनर्थकारी सूखा पड़ना "ग्लोबल वार्मिंग" (Global Warming) की ओर इंगित करता है। इस बढ़ते प्रकोप के स्थायी समाधान हेतु दोनों देश विश्व स्तर पर प्रयास करने पर बल देते हैं। दोनों देश दूसरे पर्यावरण सम्बन्धी मुद्दों पर भी समान दृष्टिकोण रखते हैं, जैसे कि आनुवांशिक रूप से संशोधित फसलों द्वारा प्रस्तुत किए गए संभावित खतरों के मामले में। इस प्रकार इन मुद्दों के स्वरूप को देखते हुए इसका स्थायी समाधान वैश्विक होना अनिवार्य है न कि स्थानीय।

जहाँ तक दोनों देशों के बीच आर्थिक एवं व्यापारिक सम्बन्धों का सवाल है यह स्वतन्त्रता पूर्व से ही प्रारम्भ हो चुका था, जब 1903 ई. में स्वीडिश कम्पनी एरिक्सन ने मानव चालित स्विच बोर्ड भारत को देना प्रारम्भ किया। यह सम्बन्ध 1990 ई. के अन्त तक सामान्य रूप से चलता रहा लेकिन सन् 1991 ई. में आर्थिक सुधारों के बाद यह सम्बन्ध और अधिक व्यापक हुआ है और अभी भी इसके विस्तार की वास्तविक संभावनाएं हैं। आज भारत दुनिया का सबसे तेज रफ्तार से बढ़ रहा मुक्त बाजार वाला लोकतंत्र है। यह व्यापार के क्रमिक उदारीकरण के जरिए एक आयात-प्रतिस्थापन अर्थव्यवस्था से अधिक निर्यात अभिमुखीकरण वाला देश बनकर उभरा है। भारत ने विश्व व्यापार में अपनी हिस्सेदारी को 1992 के 0.5 प्रतिशत से बढ़ाकर 2009 में 1.5 प्रतिशत कर लिया है। पिछले पन्द्रह वर्षों के दौरान भारतीय अर्थव्यवस्था औसतन 8 प्रतिशत प्रतिवर्ष की दर से बढ़ी है। उधर स्वीडन ने भी यूरोपीय संघ के सदस्यों में सबसे तीव्रतम गति से विकास किया है। स्वीडन ने सम्पूर्ण क्रय-शक्ति के आधार पर 2.5 प्रतिशत की वृद्धि की है। वर्तमान वर्षों में उसके निर्माण उद्योग का वार्षिक उत्पादन लगभग 6 प्रतिशत है जो अमेरिका एवं इंग्लैण्ड के सम्मिलित प्रभाव से ज्यादा है। यह प्रवृत्ति इंगित करती है कि यह उच्च संभाव्यता वाला आर्थिक क्षेत्र है। भारत में अग्रणी निवेशक होने के साथ-साथ स्वीडन भी भारतीय निवेशकों खासतौर से आई.टी. कम्पनियों के लिए एक बड़ा लक्ष्य होता जा रहा है। चूँकि भारत दोनों दिशाओं में व्यापार और निवेश का एक मुख्य साझेदार है, अतः स्वीडन भी इस विचार से सहमत है कि भारत की आर्थिक सुधार प्रक्रिया अच्छी चल रही है और इसे निरन्तर जारी रहनी चाहिए।

आने वाले वर्षों में भारत के पास आर्थिक वृद्धि की विशाल संभाव्यता मौजूद है। स्वीडन इस रुझान को समर्थन प्रदान करने के प्रति कटिबद्ध है। इसके लिए व्यापार और आर्थिक विकास के प्रति समर्थन प्राप्त करना होगा। भारत के बढ़ते बाजार की आवश्यकताओं को पूरा करने हेतु व्यापक साझेदारी की आवश्यकता होगी, जिस पर आगे का आर्थिक विकास और अन्दर आने वाला निवेश निर्भर करेगा। इसे ध्यान में रखते हुए भारत और स्वीडन सामान्य रूप से व्यापार के वातावरण को बढ़ावा देने, विशिष्ट उत्पादों के क्षेत्र में व्यापार में सुधार करने तथा बाजार की उन विभिन्न अड़चनों को दूर करने के लिए जो दोनों देशों के बीच व्यापार के प्रवाह में बाधा डालती है, मिलकर कार्य कर रहे हैं।

सन् 1990 के दशक में शुरू हुए खुले बाजार एवं बाजार संलग्न नीतियों ने भारत-स्वीडन व्यापार एवं आर्थिक सहयोगों में गतिशीलता प्रदान की है। आज भारत में स्वीडन का निर्यात चार गुना बढ़ चुका है और भारत-स्वीडन के व्यापार को विश्व में 20वें सशक्त व्यापार के रूप में चिह्नित किया गया है। पिछले कुछ वर्षों से भारत में स्वीडिश निवेश भी तीव्र गति से बढ़ा है, अद्यतन आँकड़े के अनुसार स्वीडन, भारत में निवेश करने वाले राष्ट्रों में 11वें स्थान पर है। दोनों ही साझेदारों ने यह निश्चय किया है कि वैश्वीकरण का लाभ सभी को उपलब्ध हो, जिसका अर्थ विश्व के सबसे अमीर और गरीब लोगों के बीच खाई को कम करना और आधुनिक प्रौद्योगिकी के लाभों तक इन सर्वाधिक गरीब लोगों की पहुँच में वृद्धि करना है। अतः भारत-स्वीडन, विश्व व्यापार संगठन के अन्य देशों के साथ यह सुनिश्चित करने के लिए कार्य कर रहे हैं कि विकासशील देशों को वे दवाएं सुलभ हो सकें जिनकी उन्हें गंभीर स्वास्थ्य समस्याओं से मुकाबला करने के लिए आवश्यकता है और ऐसे मूल्यों पर जिन्हें वे वहन कर सकें। भारत-स्वीडन विश्व के सबसे गरीब लोगों की ओर से एक नए खतरे का मुकाबला करने की दिशा में भी सक्रिय हैं और यह खतरा है— तथाकथित 'डिजिटल डिवाइड', 'अमीरों और गरीबों', 'शिक्षितों और अशिक्षितों', 'सुविधा-सम्पन्न तथा सुविधा-विहीनों' के बीच अंतर बढ़ने की संभावना जो सूचना क्रांति की वजह से भयावह रूप ले सकती है।

इस प्रकार यह स्पष्ट है कि दोनों देशों के पारम्परिक मूल्यों में काफी समानताएँ हैं, इसलिए भविष्य में बेहतर सम्बन्ध की अपेक्षा बढ़ जाती है। यूरोपीय संघ भारत में सबसे अधिक निवेशकर्ता और देश का सबसे बड़ा व्यापारिक भागीदार भी है। इसलिए स्वीडन, भारत के लिए यूरोपीय बाजार का मुख्य-द्वार बन सकता है, जिससे भारत की यूरोपीय संघ से सम्बन्ध मधुर होने की संभावना बढ़ जाएगी। अत: आर्थिक सहयोग करना दोनों के लिए अत्यन्त महत्वपूर्ण है क्योंकि इस सम्बन्ध से दोनों की अर्थव्यवस्थाएँ मजबूत होंगी और विश्व-स्तर पर उनकी स्थिति को ऊँचा स्थान मिलेगा।

भारत और स्वीडन के बीच सामाजिक एवं सांस्कृतिक सम्बन्ध ऐतिहासिक रूप से प्राचीन है। भारत का स्वीडन सहित यूरोप के अन्य देशों के भाषा एवं संस्कृति पर भी भारतीय प्रभाव है। जुलाई 1987 ई. में फोर्ब्स पत्रिका ने एक वैज्ञानिक अनुसंधान के परिणाम प्रकाशित किए जिसमें निष्कर्ष दिया गया कि 'संस्कृत सभी यूरोपीय भाषाओं की जननी है और कम्प्यूटर सॉफ्टवेयर के लिए सर्वाधिक उपयुक्त भाषा है'। यह भारत और स्वीडन के बीच सम्बन्धों का प्रतीक है जो एक ही समय बहुत प्राचीन होने के साथ-साथ जीवंत और पूर्णत: आधुनिक भी है।

भारत जहाँ विश्व के सबसे बड़े एवं जीवंत लोकतंत्र के रूप में विख्यात है, वहीं स्वीडन भी एक मजबूत लोकतांत्रिक बुनियाद पर टिका है। अत: दोनों राष्ट्र अपने-अपने संवैधानिक ढाँचों में मजबूती से जुड़े हैं। दोनों देशों की जनता का विश्वास लोकतांत्रिक प्रक्रिया में है जिसे वे स्वतन्त्रता, आजादी और समृद्धि की गारंटी प्रदान करने वाली प्रक्रिया के रूप में देखते हैं। दोनों देशों में कानून का शासन, प्रेस की आजादी तथा मानवाधिकार का मुख्य स्थान है। इसलिए दोनों के ही लिए इसे जीवित रखना तथा सम्पूर्ण विश्व में इसका प्रसार करना प्राथमिक उद्देश्य है। अत: राजनीतिक, आर्थिक और व्यापारिक सम्बन्धों के अलावा एक मजबूत और सहायक सांस्कृतिक सम्बन्धों की नींव उनके लोकतांत्रिक मूल्यों पर टिकी है। दोनों साझेदार सार्वभौमिक मानवाधिकारों पर संयुक्त राष्ट्र की घोषणा के हस्ताक्षरकर्ता हैं। तथा यह मानते हैं कि "मानवाधिकारों का सम्मान" उनके सहयोग का मुख्य आधार है। पारम्परिक रूप से स्वीडन, भारत में सर्वाधिक निर्धन और सुविधाहीन लोगों के जीवन की गुणवत्ता में

सुधार हेतु मिलकर कार्य करने के लिए प्रतिबद्ध है। स्वीडन सन् 1965 ई. से (SIDA की स्थापना के समय) भारत में विकास कार्यों को सम्पन्न करने में हर एक प्रकार की सहायता प्रदान कर रहा है। पहचान किए गए क्षेत्रों में प्राथमिक शिक्षा, प्राथमिक स्वास्थ्य और देखभाल, ग्रामीण विकास, सिंचाई, वानिकी, पर्यावरण, पुनर्वास और जल-संभरण प्रबन्धन (वाटर शेड मैनेजमेंट) आदि प्रमुख हैं। इन सहयोगी परियोजनाओं का एक शानदार उदाहरण भारत की सबसे पुरानी पर्वतमाला अरावली की पहाड़ियों में दुबारा हरियाली की स्थापना करना तथा उत्तरांचल के झीलों का संरक्षण है।

स्वीडन, भारत सहयोग के तहत नए पहलुओं के लिए भी सहायता प्रदान करता है जैसे एच. आई. वी./एड्स जागरूकता और रोकथाम तथा खाद्य-प्रसंस्करणों का उत्पादन एवं विपणन आदि। भारत की सबसे बड़ी सम्पत्ति इसके मानव संसाधन हैं, अत: उनके विकास में सहायता करना स्वीडन-भारत सहयोग की शीर्षस्थ प्राथमिकता है। इस सहयोग में मुख्य जोर सरकार के अपने कार्यक्रमों में उसकी सहायता करने पर दिया जाता है, विशेष रूप से उन कार्यक्रमों में जो निरक्षरता उन्मूलन, लिंग, समूहों तथा प्रादेशिक असमानताओं को कम करने के लिए तथा सबसे निर्धन व सुविधाहीन लोगों के पक्ष में होते हैं। इस सम्बन्ध में गैर-सरकारी संगठनों द्वारा क्रियान्वित की जाने वाली शिक्षा परियोजनाओं में भी स्वीडन सहायता करता है। इस क्रम में राजस्थान में SIDA की सहायता से एक प्रयोगात्मक परियोजना "लोकजुंबिश" शुरू की गई है, जिसका लक्ष्य जनसक्रियता और जनसहभागिता के जरिए सबको शिक्षा उपलब्ध कराना है। राजस्थान में ही एक अन्य शिक्षा परियोजना "शिक्षाकर्मी" है, जो SIDA के सहयोग से चलाई जा रही है। इस परियोजना का मुख्य उद्देश्य राजस्थान के दूरदराज के और सामाजिक-आर्थिक रूप से पिछड़े गाँवों में प्राथमिक शिक्षा के गुणात्मक सुधार और उसका सर्वव्यापीकरण खासकर लड़कियों को ध्यान में रखते हुए करना है। दोनों देशों के बीच सांस्कृतिक आदान-प्रदान के निरन्तर प्रवाह हेतु संस्कृति, संगीत, लोक-कला एवं फिल्मों का प्रदर्शन; सन् 1987 ई. से प्रत्येक दो-तीन वर्ष बाद स्वीडन में "भारतीय महोत्सव" तथा भारत में "स्वीडिश महोत्सव" के रूप में आयोजित किया जाता

है ताकि दोनों देशों के बीच एक सतत् संवाद कायम रहे तथा दोनों देशों के बीच सांस्कृतिक सम्बन्ध हमेशा गतिशील एवं जीवंत बना रहे।

विज्ञान एवं तकनीकी के क्षेत्र में भी दोनों देश सहयोग के एक सूत्र में बँधे हुए हैं। इस सहयोग में स्वीडन की दो सरकारी संस्थाओं स्वीडिश एजेंसी फॉर रिसर्च कोऑपरेशन विद डेपलपिंग कंट्रीज (SAREC) एवं बोर्ड फॉर इंडस्ट्रीयल एंड टेक्नीकल सपोर्ट (BITS) द्वारा वैज्ञानिक सहयोग एवं अनुदान दिया जा रहा है। यह सहायता मुख्यत: द्विपक्षीय शोध एवं स्वीडिश विकास शोध-कार्यक्रम के तहत दिए जाते हैं।

इस प्रकार उपरोक्त विश्लेषण से यह स्पष्ट है कि भारत और स्वीडन के पारस्परिक सम्बन्ध परम्परा से ही व्यापक एवं मधुर रहे हैं। दोनों देश महत्वपूर्ण अन्तर्राष्ट्रीय समस्याओं जैसे पर्यावरण-संरक्षण, परमाणु अप्रसार तथा मानवाधिकारों की सुरक्षा जैसे मुद्दों पर मिलकर सहयोग करने के लिए कटिबद्ध रहे हैं। इसका उदाहरण सन् 1972 ई. में स्टॉकहोम में आयोजित विश्व पर्यावरण सम्मेलन तथा सन् 1985 ई. में भारत में आयोजित 6 राष्ट्रों के निरस्त्रीकरण सम्मेलन में देखा जा सकता है। सम्बन्ध सुमधुर होने की एक वजह यह भी है कि ज्वलंत समस्याओं के समाधान में स्वीडिश प्रधानमंत्री ओलाफ पाल्मे एवं राजीव गाँधी के विचारों में काफी समानताएँ थीं।

श्रीमती इन्दिरा गाँधी और ओलाफ पाल्मे की असामयिक मृत्यु एवं बोफोर्स तोप घोटाले से दोनों देशों के मधुर सम्बन्धों में एक अवरोध सा उत्पन्न हुआ, जिससे सन् 1988-90 ई. की अवधि में दोनों देशों के सम्बन्धों में ठहराव सा प्रतीत होने लगा, परन्तु इन दोनों देशों ने 20वीं सदी के अन्तिम दशक में एक नई संभावना के साथ अन्तर्राष्ट्रीय समुदाय में पदार्पण किए। इस सदी के अन्तिम दशक में भारत में शुरू हुए आर्थिक सुधारों की प्रक्रिया ने विश्व के साथ-साथ स्वीडन को भी भारत के साथ व्यापार एवं निवेश का एक व्यापक अवसर दिया। आज भारत अपने ज्ञान, तकनीकी एवं सेवा के विस्तार के सहारे अन्तर्राष्ट्रीय परिदृश्य में एक महत्वपूर्ण देश के तौर पर उभरा है। हाल के दिनों में इसने दुनिया के देशों को विश्व के महत्वपूर्ण मुद्दों पर भारत की राय जानने के लिए मजबूर किया है! स्वीडन भी भारत के इस सकारात्मक बदलाव से प्रभावित हुआ है। आज भारत स्वीडन के लिए एक सर्वोच्च प्राथमिकता वाला

राष्ट्र है (ब्राजील, द. अफ्रीका के साथ), ऐसी घोषणा स्वीडन के प्रधानमंत्री गोरान परसन स्वीडिश संसद में कर चुके हैं उनका मत है कि भारत और स्वीडन को हर स्तर पर अपने सहयोग को गहरा एवं विस्तृत करना चाहिए। आज स्वीडन भारत के साथ केवल अपने निर्यात को बढ़ाना नहीं चाहता वरन् भारत के साथ आयात भी करना चाहता है। इसी उद्देश्य को ध्यान में रखकर स्वीडन ने Open Trade के नाम से एक महत्वाकांक्षी कार्यक्रम भी शुरू किया है, जिसका उद्देश्य है, जहाँ तक संभव हो विकासशील देशों से आयात को सुविधाजनक एवं सरल बनाया जाए। भारत में स्वीडिश राजदूत Ms. Inga Eriksson Fogh ने कहा कि उदारीकरण के बाद बहुत से राष्ट्रों ने भारत से संसाधनों को खींच लेने का निर्णय किया है, लेकिन स्वीडन ने भारत में ठहरने का निर्णय लिया। इसमें कोई संदेह नहीं है कि भारत और स्वीडन के आपसी व्यापार के बहुत व्यापक अवसर हैं, क्योंकि दूसरे बाजारों में माँग की कमी तथा निवेश सुविधाओं में कमी आयी है, जबकि भारत स्थिरता एवं विशाल अवसर उन कम्पनियों को देने को तैयार है जो भारत में निवेश करना चाहती हैं।

जनवरी 2004 ई. में स्वीडिश प्रधानमंत्री ने भारत की यात्रा की। यह एक अलग स्वीडन था जहाँ अब विकास करने के लिए मदद या तृतीय विश्व की एकता या सामरिक समझौते की बात नहीं की गई। उनकी दृष्टि सामरिक समझौते से काफी बाहर तथा मुख्य रूप से व्यापार, तकनीकी एवं निवेश पर थी। स्वीडिश प्रधानमंत्री गोरान परसन के मत में स्वीडन एक नया भारत खोजने की कोशिश कर रहा है जहाँ बोफोर्स प्रेरित दुर्गन्ध नहीं रहेगी, क्योंकि इसी ने हमारे स्वतन्त्र एवं सहयोगी मूल्यों का नाश किया था। नवम्बर 2009 ई. में स्वीडन के प्रधानमंत्री फ्रेडरिक रैनफेल्ड ने यूरोपीय संघ के अध्यक्ष की हैसियत से भारत की यात्रा की तथा 10वें भारत यूरोपीय संघ शिखर सम्मेलन में भाग लिया। उन्होंने कहा कि स्वीडन भारत के साथ आने वाले वर्षों में व्यापक, विस्तृत और बेहतर संबंध चाहता है। इसी सम्मेलन में भारत और यूरोपीय संघ के बीच नागरिक परमाणु समझौता संपन्न हुआ। इस प्रकार सन् 1988-90 ई. एवं सन् 1998 ई. में (परमाणु परीक्षण) भारत-स्वीडन के बीच सम्बन्धों में आया ठहराव दूर हो गया एवं दोनों देश अब निश्चित रूप से विकास एवं विश्वशांति के मार्ग पर एक साथ मिलकर चलने को प्रतिबद्ध हुए।

भारत के लिए एक महत्वपूर्ण बात यह भी है कि पश्चिम में इसकी छवि एक अलग राष्ट्र की है। जीवंत लोकतंत्र, धार्मिक स्वतंत्रता, व्यक्तियों की स्वतंत्रता एवं आपसी सद्‌भाव विश्व में इसको एक अलग एवं विशिष्ट स्वरूप प्रदान करते हैं। आज सशक्त अर्थव्यवस्था के आत्मविश्वास से पूर्ण भारत सभी राष्ट्रों को आकर्षित कर रहा है। आज जबकि सम्पूर्ण विश्व निरन्तर विश्व-ग्राम में बदलता जा रहा है, जिसके फलस्वरूप विश्व के समक्ष साझे खतरे और अवसर सामने आ रहे हैं। इन खतरों को कम करने और अवसरों का आदर्शतम उपयोग करने की दृष्टि से विश्व के दो अग्रणी देशों स्वीडन, जो दुनिया का सबसे विकसित, सभ्य समाज तथा उच्चतर तकनीकी श्रेष्ठता से सम्पन्न राष्ट्र है तथा भारत जो दुनिया का दूसरा सबसे बड़ा जनसंख्या वाला राष्ट्र, खरीद शक्ति की तुलना की दृष्टि से विश्व की चौथी सबसे बड़ी अर्थव्यवस्था तथा सबसे विविधतापूर्ण लोकतांत्रिक राष्ट्र है; को परस्पर सहयोग करना चाहिए क्योंकि दोनों देशों के पारम्परिक मूल्य समान हैं, आर्थिक दर्शन और उद्देश्य एक जैसे हैं; वैश्विक सहयोग, साझा मूल्यों और समान दर्शन पर आधारित हैं तथा आतंकवाद, पारदेशीय अपराधों, नशीले पदार्थों पर रोक लगाने, पर्यावरण-संरक्षण, सतत् विकास, लोकतंत्र एवं मानवाधिकारों को बढ़ावा देने तथा यह सुनिश्चित करने के लिए कि वैश्वीकरण का लाभ सभी को समान रूप से सुलभ हो। दोनों देश न्यायपूर्ण विश्व, संसाधनों का उचित बंटवारा, तकनीकी हस्तान्तरण, पूँजी-निवेश एवं भेदभाव रहित आर्थिक व्यवस्था की स्थापना में परस्पर सहयोग कर सकते हैं।

इस प्रकार यह कहा जा सकता है कि दोनों देशों के सम्बन्धों का जो वर्तमान स्वरूप है उसे भविष्य में और अधिक सुमधुर होने की संभावना है। फिर भी भारत-स्वीडन के बीच आर्थिक सम्बन्धों की जो वर्तमान सम्भावित क्षमता है उसका पूरा लाभ नहीं उठाया जा सका है। इसलिए इस क्षेत्र में उच्च प्राथमिकता दिए जाने की तत्काल आवश्यकता है। सम्बन्धों की व्यापकता एवं मधुरता को बढ़ाने के लिए सरकारी स्तर पर वार्तालाप एवं दोनों देशों की जनता के बीच समान सोच एवं आदान-प्रदान बढ़ाने की आवश्यकता है। जहाँ तक व्यापार सम्बन्धी मुद्दे हैं, वहाँ राज्य-सरकारों की बढ़ती हुई आकांक्षाओं की तरफ ध्यान दिया जाना चाहिए। भारत के वर्तमान आर्थिक पहलू के निर्माण के

दौरान स्वीडन को आधारभूत संरचनाओं के विकास, यातायात, दूरभाष, जहाजरानी, सूचना-प्रौद्योगिकी, पर्यावरण-संरक्षण, तकनीकी एवं सेवाओं के निर्यात की प्रगति के प्रति खास ध्यान देना चाहिए।

अंतत: विकासात्मक कार्यक्रमों में स्वीडन द्वारा दिए जा रहे सहयोग के आधार पर हम यह कह सकते हैं कि स्वीडन का उद्देश्य न केवल सरकार एवं उद्योग धंधों से बेहतर सम्बन्ध स्थापित करना है वरन् समाज, संस्कृति एवं लोगों के बीच भी रचनात्मक सम्बन्ध विकसित करना है। यह कदम दोनों देशों के विकास के साथ-साथ पूरे विश्व में शांति एवं विकास का मार्ग प्रशस्त करेगा।

ग्रन्थ सूची

PRIMARY SOURCES

Reports and Year Books

Annual Report 1985-2004, New Delhi, Ministry of Commerce, Government of India.

Annual Report 1985-2005, New Delhi, Ministry of External Affairs, Government of India.

Arora, D.S. Economic cooperation and trade expansion between India and Scandinavia. *Foreign Trade Review*, Vol. 8, No. 3, October-December 1983, New Delhi, Ministry of External Affairs, Government of India.

Commission on Global Governance. *Our Global Neighbourhood*, New York, Oxford University Press, 1995.

Foreign Affairs Record, From 1976 to 2004, New Delhi, Ministry of External Affairs, Government of India.

India 2004-2006, New Delhi Publications Division, Ministry of Information and Broadcasting, Government of India.

Lok Sabha, Joint Committee Report on Bofors, 1988, p. 238.

Mehta, M.K. Indo-Nordic Economic Relationship—*Indian and Foreign Review*, Vol. 20, No. 18, 1983.

Ohlosson, C. *Indo-Swedish Collaborative Research Programme*, Stockholm, SAREC Report, 1971, 91, Documentation, 1992.

Regional Survey of the World South Asia, London, Europa Publications, 2005.

Regional Surveys of the World Western Europe, 7th Edition, London, Europa Publications, Taylor and Francis Group, 2005.

Statistics Sweden, *National Statistical Office* : Stockholm Website: http://www.scb.se/

Stockholm International Peace Research Institute, Sweden (SIPRI) Year Books, New York : Oxford University Press, 1990-2000: URL www.sipri.se.

Sweden-India Business Guide, 2005-06, 2006-07, Embassy of Sweden.

Swedish Institute; Stockholm, website : http://www.si.se.

UN, *The World Economic Survey*, 1985-2004.

UN, *Year Book of the United Nations*, 1985-2000.

Documents

Asian Strategic Review: 1995-2001. New Delhi; Institute of Defence Studies and Analysis.

Documents on Swedish Foreign Policy, 1983-1993, Stockholm, Ministry for Foreign Affairs.

Foreign Policy of India : Text of Documents, 1947-64, New Delhi : Publications Division, Ministry of Information and Broadcasting, Government of India, 1966.

Jawahar Lal Nehru's speeches 1957-63, Five vols. New Delhi Publication Division, Minsitry of Information and Broadcasting, Government of India, 1964.

Ministry of Foreign Affairs. *Statement of Government Policy Presented at the Parlimentary Debate on Foreign Affair*, Stockholm (UD), 22 February 1995.

Ministry of Foreign Affairs. *Declaration by the Foreign Minister in the Foreign Affairs Debate in the Riksdog*, Stockholm, U.D., 17 February 1997.

Ministry of Foreign Affairs. *Statement of Government Policy in the Parliamentry Debate on Foreign Affairs*, Stockholm, U.D., 15 February 2006.

Our future with Asia a Swedish Asia strategy for 2000 and beyond. Ministry for Foreign Affairs, Stockholm, 1999.

Parliamentry Debates 1954-2002.

Prime Minister Atal Bihari Vajpayees Reply to Discussion in Rajya Sabha on Nuclear Test, 25 May 1998, New Delhi : Ministry of External Affairs : Publications Division— Government of India, 1998.

Rajiv Gandhi Selected speeches and writing, Four vols, New Delhi; Publication Division, Ministry of Information and Broadcasting, 1988.

Sharing Challenges : *"The Indo-Swedish Development Cooperation Programme"*. Stockholm, Ministry for Foreign Affairs, 1995.

SECONDARY SOURCES

Books

Abrahamsen, Samual, *Sweden's Foreign Policy*, Washington, Public Affairs Press, DC. 1957.

Alapuro, Risto, *et al.*, *Small States in Comparative Perspective*, Oslo: Norwegian University Press, 1985.

Alder-Karlsson, Gunnar. *Functional Socialism : A Swedish Theory for Democratic Socialization*. Stockholm; Prisma, 1969.

Ames, J. W. *Without Boundaries: Co-operative Sweden Today – and Tomorrow*. Manchester : Co-operative Union, 1971.

Andersen, Svein S. and Kjell A. Eliassen, eds. *The European Union. How Democratic Is It?* London, Sage, 1996.

Andren, Nils. *Power-Balance and Non-alignment*. Stockholm, Almqvist & Wiksell. 1967.

Anton, Thomas J. *Policy Making and Political Culture in Sweden*, in Scandinavian Political Studies, IV, 1969.

Arie M. Kacowicz, Ole Elgstrom (ed.). *Stable Peace Among Nations*, Maryland, Rowman & Little Efield Publishers. 2000.

Arnett, Eric (ed.), *Nuclear Weapons After the Comprehensive Test Ban ; Implication for Modernisation and Proliferation*; New York; Oxford University Press, 1996.

Asthana, Vandana. *Indian Foreign Policy and Subcontinental Politics*; New Delhi; Kanishka Publishers, 1999.

Bandyopadhyaya, J., *The Making of India's Foreign Policy*, New Delhi; Allied Publishers, 1984.

Bernbasm, Karl. *Swedish Foreign Policy*. Stockholm, The Swedish Institute, 1963.

Berridge, G.R. *Diplomacy : Theory and Practice*. Hampshire; Palgrave, 2002.

Bhagwati, Jagdish, *In Defense of Globalization. New Delhi*, Oxford University Press, 2004.

Bhatt, S. and Mani, V.S. (ed.), *India on Threshold of the 21st Century*, New Delhi; Lancer Books, 1999.

Boalt, Gunnar, and Bergryd, Ulla. *Political Value Patterns and Parties in Sweden*, Stockholm : Almqvist and Wiksell, 1981.

Bonow, Mauritz. *International Co-operation for Self-reliance : Some Swedish Experiences*. Stockholm; Swedish Co-operative Centre, 1975.

Bosworth, Barry P., and Rivlin, Alice M., (eds.), *The Swedish Economy*, Washington; Brookings Institution, 1986.

Campbell, C., Linden, R. *Politics and Government in European Today*, Boston, Houghton, 1995.

Chengappa, Raj. *Weapons of Peace*, New Delhi; Harper Collins Publishers, India, 2000.

Childs, Marquis. *Sweden : The Middle Way on Trial*, New Haven: Yale University Press, 1985.

Childs, Marquis. *Sweden : The Middle Way*, New Haven: Yale University Press, 1936.

Chopra Pran (ed.). *The Crisis in Foreign Policy : Perspective and Issues*. New Delhi: Wheeler Publishers, 1993.

Cox, Aidan and Healey, *John: European Development Cooperation and the Poor*. London, Macmillan Press in Overseas Development Institute, 2000.

Crosland, C.A.R. *The Future of Socialism*, London: Jonathan Cape, 1956.

Dahl, Robert A. *Democracy and Its Critics*. New Haven: Yale University Press, 1982.

Dutt, V.P., *India and The World*, New Delhi; Sanchar Publishing House, 1991.

Dutt, V.P., *India's Foreign Policy in a Changing World*, Delhi; Vikas Publications, 1999.

Dutt, V.P., *India's Foreign Policy*, New Delhi: Vikas Publications, 1984.

Edited by Research Board. *How Sweden is Governed*. Delhi, Research Publications in Social Science, 1964.

Eliasson, Gunanr. *Is the Swedish Welfare State in Trouble?*, Stockholm : Industriens Utrednings-Institute (IUI), 1985.

Eliasson, Gunnar. *Policy Making in a Disorderly World Economy*, Stockholm : Industriens Utrednings-Institute (IUI), 1983.

Erikson, Robert. *Welfare Trends in Sweden Today*, Stockholm; Swedish Institute, 1985.

Fleishur, Frederic. *The New Sweden. The Challenge of a Discriplined Democracy*, New York : David Makay Company, 1967.

Fry, John, (ed.) *Limits on the Welfare State*, Farnsborough; Saxon House. 1979.

Geldenhuys, Deon. *Deviant Conduct in World Politics*. Hampshire, Palgrave Macmillan, 2004.

Goldman, Kjell; Berglond, Sten; Stostedt, Gunnar. *Democracy and Foreign Policy the case of Sweden*, Brookfield, Gower Publishing Company Limited, England; 1986.

Goldman, Kjell. *International Norms and Bar between States: Three Studies in International Politics*, Stockholm, Laromede, Isforlagen, 1971.

Greon, Maire; O. Coweles; Desmond Dinan. *Development in the European Union*. Paperback, Palgrane, Macmillian; 2004.

Gujral, I.K. *Continuity and Change : India's Foreign Policy*, New Delhi; Macmillan, 2003.

Gupta, K.R., (ed.) *Comprehensive Nuclear Test Ban Treaty (CTBT)*, New Delhi; Atlantic Publishers and Distributors, 1999.

Gupta, M.G., *Indian Foreign Policy : Theory and Practice*, Agra; Y.K. Publishers, 1985.

Gustafsson, Agne. *Local Government in Sweden*, Stockholm: Swedish Institute. 1983.

Gutman, Amy and Dennis Thompson. *Democracy and Disagreement*. Cambridge, Harvard University Press, 1996.

Hadenius, Stig. *Swedish Politics during the 20th Century*, Stockholm; Swedish Institute.1985.

Hakovirta, H. *East-West Conflict and European Neutrality*, Oxford, Clarendon, 1988.

Haksar, P.N. *India's Foreign Policy and its Problems*. New Delhi, Patriot, 1989.

Hedborg, Anna. *The Swedish Welfare State Model*, presented at conference on 'Industrial Adjustment', Toronto, York University, 1986.

Held, David. *Democracy and the Global Order. From the Modern State to Cosmopolitan Governance.* Cambridge, Polity Press, 1995.

Henrekson, M. *An Economic Analysis of Swedish Government Expenditure,* Aldershot Press, 1992.

Irene Scobbic, *Sweden,* London, Ernest Benn Limited, 1972.

Jain, U.C.; Nair, Jeevan, *Foreign Policy of India.* Jaipur; Pointer Publishers, 2000.

Jayapalan, N. *International Relations.* New Delhi, Atlantic, 1998.

Jensen, Brikt, *The Swedish Approach to Labour Market Policy,* Uppasala, Swedish Institute, 1986.

John, Vogler and Charlotte Bretheration. *The European Union as a Global Acter,* U.K. Liverpool University Press. 1999.

Joseph B. Board, Jr. *The Government and Politics of Sweden,* Boston, Houghton Mifflin Company, 1970.

Kalam, Abdul A.P.J., Rajan, Y.S., *India 2020: A Vision for the New Millennium,* New Delhi; Penguin Books India Pvt. Ltd., 1998.

Karlsson, Christer. *The Legitimacy of the European Union.* Uppasala, Uppasala University Press, 1996.

Karns, Margaret P. and Karen, A. *International Organizations : The Politics and Processes of Global Governance.* New Delhi, Viva Books, 2005.

Khanna, S.K., *India: A Nuclear Power,* New Delhi; Commonwealth Publishers, 1998.

Khanna, V.N. *India's Nuclear Doctrine,* New Delhi; Samskriti, 2000.

Khosla, I.P. *India and the new Europe.* New Delhi, Konark, 2004.

Lindbeck, A. *Swedish Economic Policy,* London, Macmillan, 1975.

Majumdar, J. Anindyo (ed.), *Nuclear India into the New Millennium,* New Delhi; Lancers Books, 2000.

Mann, P., *India's Foreign Policy in the Post Cold War Era,* New Delhi; Harman Publishing House, 2000.

Mansingh, Lalit, Lahiri, Dilip *et al., Indian Foreign Policy : Agenda for 21st Century,* New Delhi; Konark Publishers Pvt. Ltd. (Vol.I) 1997, (Vol.II), 1998.

Mattoo, Amitabh (ed.), *India's Nuclear Deterrent : Pokhran II and Beyond,* New Delhi; Har Anand Publications Pvt. Ltd., 1999.

Meyerson, Per-Martin. *The Welfare State in Crisis : the Case of Sweden*, Stockholm; Swedish Institute, 1982.

Mills Lee. *Sweden and European Integration*, Aldershot, Ashgate Publishing Limited, 1997.

Mishra, K.P. (ed.), *Studies in Indian Foreign Policy*, New Delhi; Vikas Publications, 1973.

Mohan, C. Raja., *Crossing The Rubicon : The Shaping of India's New Foreign Policy*, New Delhi : Viking Publications, 2003.

Mosey, C. *Cruel Awakening : Sweden and the Killing of Olof Palme*, London, Hurst and Co., 1991.

Murray, Robert. *Brief History of the Church of Sweden : Origins and Modern Structure*. Stockholm : Verbum, 1969.

Murthy, B.S. *International Relations and Organisation*. Lucknow, Eastern Books, 2000.

Muthiah, K. *International Relations*. Mumbai, Himalaya Pub. House, 2002.

Nautiyal, Annpurna (ed.), *India and the New World Order*, New Delhi; South Asian Publishers, 1996.

Nehru, J.L., *Independence and After : A Collection of Speeches, 1946-49*, New York; 1950.

Nehru, J.L., *India's Foreign Policy : Selected Speeches, 1946-61*, New Delhi; Ministry of Information and Broadcasting, Publications Division, 1961.

Nilsson, Jakob. *The Council of the European Union in Theory and Practice*. Uppasala University, 1995.

Nugent, Neill. *The Government and Politics of the European Union*. 3rd ed. London, Macmillan, 1994.

Oakley, Stewart. *A Short History of Sweden*. New York: Praeger, 1966.

Odelberg, Wilhelm. *Swedish Scholars of the 20th Century*. Stockholm; Swedish Institute, 1972.

Odense, Arnkrone. *Postwar Foreign Policy of The Nardic Countries, Scandaniva*, Stockholm, Past and Present, 1959.

Ojha, B.M. *Bofors the Ambassador's Evidence*, Delhi, Konark Publication Pvt. Ltd. 1997.

Olof, Petersson (ed.). *Report from the Democratic Audit of Sweden 1997 Democracy Across the Border*. Kristianstads Boktry Ckeri AB, Columbia University Press, 1968.

Olsson, Sven E. *Growth to Limits : The Western European Welfare States, the Case of Sweden*, Stockholm; Swedish Institute for Social Research, 1986.

Oran, R. Governance in World Affairs, Ithaca N.Y. Cornell University Press, 1999.

Pesonen, Pertti, ed. *Scandinavian Political Studies*. Vol. I, 1966, Vol. II, 1967, Vol. III, New York, 1968.

Peterson, O. *Swedish Government and Politics*. Stockholm, 1994.

Pillai, K.R., (ed.), *Indian Foreign Policy in the 1990s*, New Delhi; Radiant Publishers, 1975.

Prakash, Chandra. *International Relation : Foreign Politics of Major Power and Regional Systems*. New Delhi, Vikas Publishing House, 1994.

Prasad, Bimal. *India's Foreign Policy : Studies in Continuity and Change*, New Delhi; Vikas Publishing House, 1979.

Prasad, Bimal. *Recent Essays on Indian Foreign Policy*, Delhi; Kalinga Publications, 1997.

Prasad, Bimal. *Studies in Indian Foreign Policy*, New Delhi; ABC Publishing House, 1993.

Raja Mohan, C. *Crossing the Rubicon ; The Shaping of India's New Foreign Policy*. New Delhi, Viking Books, 2003.

Rebert, Dahal, *Political Oppositions in Western Democracies*, New Haven : Yale University Press, 1966.

Robert D. Kaplan. *The Coming Anarchy*, New York, Random House, 2000.

Rosenau, James N. *Turbulence in World Politics. A Theory of Change and Continuity*. London, Harvester Wheatsheaf, 1990.

Salmon, T. *The Common Foreign and Security Policy and Defence*, Hull, Monnet Group of Expert, 1995.

Scott, D. Franklin, (ed). *Sweden the Nations History*, Carbondale and Edwardsville; Southern Illions University Press, 1988.

Singh, Jasjit (ed.), *Asia's New Dawn : The Challenges to Peace and Security*. New Delhi; Knowledge World in Association with IDSA, 2000.

Singh, Jasjit (ed.), *Nuclear India*, New Delhi: Knowledge World, 1998.

Singh, Jaswant. *Defending India*, Chennai; Macmillan India Ltd., 1999.

Sjoberg, Gideon, M. Donald Hancock, and Orion White, Jr. *Politics in the Post-welfare State : A comparison of United States and Sweden*. Bloomington, Indiana University, 1967.

Somme, Axel, (ed.) *A Geography of Nordic*, New York, Wiley and Sons, 1961.

Sukhwal, B.L. *India : A Political Geography*, Bombay; Allied Publishers, 1971.

Sundelius, B. (ed.). *The Committed Neutral : Swedish Foreign Policy*, Boulder, West View, 1987.

Swedish Institute of International Affairs (ed) *Sweden And the United Nations*. New York, Manhattan. Publishing Company, 1956.

Thakur, Ramesh. *The Politics and Economics of Indian Foreign. Policy*, Delhi: Oxford University Press, 1994.

Thorelli, Sarah, V. *The Constitution of Sweden*. Stockholm, Royal Ministry of Foreign Affairs, 1954.

Tingsten, Herbert. *The Debate on the Foreign Policy of Sweden, 1918-1939*. London : Oxford University Press, 1949.

Tingsten, Herbert. *The Swedish Social Democrats*, New Jersey: Badminister Press, 1973.

Tomasson, Richard F. *Sweden, Prototype of Modern Society*. New York: Random House, 1970.

Turner Barry (ed.) *Scandinavia Profiled*. London: Macmillan, 2000.

Verney, Douglas V. *Public Enterprise in Sweden*. Liverpool: Liverpool University Press, 1959.

Westerlind, Erik and Rune Beckman. *Sweden's Economy, Structure and Trends*. Stockholm, Prisma, 1964.

Wilensky, Harold. *The 'New Corporation', Centralization and the Welfare State*, Beverly Hills: Sage Press. 1976.

Wilensky, Harold. *The Welfare and Equality*, Berkeley, California, University Press. 1975.

Wilson, Dorothy. *The Welfare State in Sweden*, London: Heinemann. 1979.

Yadav, R.S. (ed.), *India's Foreign Policy Towards 2000 A.D.*, New Delhi: Deep and Deep Publications, 1996.

हिन्दी पुस्तकें

कुमार, महेन्द्र, *अन्तर्राष्ट्रीय राजनीति के सैद्धान्तिक पक्ष*, आगरा, शिवलाल अग्रवाल कम्पनी, 1976.

कोठारी, रजनी, *राजनीति की किताब*, नई दिल्ली, वाणी प्रकाशन, 2004.

खन्ना, वी.एन., *भारतीय विदेश नीति*, नई दिल्ली, विकास पब्लिशिंग, 2004.

खिलनानी, सुनील, *भारतनामा*, नई दिल्ली, राजकमल, 2001.

जैन, बी.एम., *अन्तर्राष्ट्रीय सम्बन्ध*, जयपुर, राजस्थान हिन्दी ग्रन्थ अकादमी, 2003.

जैन, बी.एम., *प्रमुख देशों की विदेश नीति*, जयपुर, राजस्थान हिन्दी ग्रन्थ अकादमी, 2000.

दीक्षित, जे.एन., *भारतीय विदेश नीति*, नई दिल्ली, प्रभात प्रकाशन, 2001.

पंत, पुष्पेश, *अन्तर्राष्ट्रीय सम्बन्ध*, मेरठ, मिनाक्षी प्रकाशन, 2004.

राजन, एम.एस., *गुटनिरपेक्षता : आन्दोलन एवं संभावनाएँ*, नई दिल्ली, हिन्दी माध्यम कार्यान्वयन निदेशालय, दिल्ली विश्वविद्यालय, 1991.

विपिन चन्द्र, *आजादी के बाद भारत (1947 से 2000)*, नई दिल्ली, हिन्दी माध्यम कार्यान्वयन निदेशालय, दिल्ली विश्वविद्यालय, 2001.

वी.पी., दत्त, *बदलती दुनिया में भारतीय विदेश नीति*, नई दिल्ली, हिन्दी माध्यम कार्यान्वयन निदेशालय, दिल्ली विश्वविद्यालय, 2004.

Articles

Agrawal, Subhash. 'India-Sweden Relations'. *Financial Express*, New Delhi, 15 January 2004.

Bajpai, Kanti. 'India's Nuclear Posture after Pokhran II'. *International Studies*, Vol. 37, No. 4, October-December 2000.

Balachandaran, G., 'A New Indian Foreign Policy, Pokhran II Nuclear Tests, Security and Other Questions'. *Mainstream*, Vol. 37, No. 29, 10 July 1999.

Balachandaran, G., 'CTBT and India'. *Strategic Analysis*, Vol. 19, No. 3, June 1996.

Bhattacharya, Anirudh. 'Sweden using India as dumping ground for waste'. *Pioneer*, 19 January 1995.

Birgit Karlsson. 'Neutrality and Economy: The Redefining of Swedish Neutrality'. *Journal of Peace Research*, Vol. 32, No. 1, pp. 37-48, 1995.

Cherian, John, 'Foreign Policy Directions'. *Frontline*, Vol. 16, No. 12, 9-22 October 1999.

Cunnar, Aselius. 'Swedish Strategic Culture After 1945', *Cooperation and Conflict*, Vol. 40, No. 1, April 2005.

Dubey, Muchkund. 'India-China: A Reappraisal of Their Relations'. *India Quarterly*, New Delhi, Vol. 31, No. 2, April-June 1993.

Dubey, Muchkund. 'Post-Cold War Scenario'. *World Focus*, Vol. 18, No. 9, September 1997.

Dubhashi, P.R. 'General Election in Sweden', *South Asia Politics*, Vol. 5, No. 8, November 2006.

Elena Dingnu-Kyrklund. 'Migration and Recognition of Diplomas in Sweden'. *European Journal of Education*, Vol. 40, No. 2, June 2005.

Fa, Tino De. '4000 Indian youngsters in Sweden : adopted ambassadors'. New Delhi, *Indian Express*, 30 October 1992.

Gupta, R.C. 'Polychlorinated biphenyls : Notes on a comparative experiment reflecting PCB pollution in Sweden and India'. *Pesticides* 11 (4)April 1977.

Iqbal, Badar Alam. 'Emerging trends in global external sector in the 90s'. *India Qarterly*, Vol 55, No. 3-4, July-December 1999.

Ivarsson, Inge, Alvistam, Clars Goran 'International Technology Transfer to local suppliers by Volvo trucks in India'. *Journal of Economic and Social Geography*. 95: 25-43, November 2004.

John, T.S. Madely. 'The Swedish Model is dead Long live the Swedish Model'. The 2000 Riksdag Election, *West European Politics*, Vol. 26, No. 2, April 2003.

Lundberg, Erik. 'The Rise and Fall of the Swedish Model', *Journal of Economic Literature*, Vol. xxiii: 1-36, 1985.

Lyytinen, Kalle, 'Review of the global internet economy'. *Journal of Economic Literature* 42(1) March 2004.

Marie Demker. 'A Magic Moment in Swedish Foreign Policy'. *Cooperation and Conflict*. London, Vol. 33, No. 2, 1998.

Mathur, Nitin. 'Shining India charm Sweden Inc'. *Financial Express*, 13 August 2004.

Muller, Leos. 'The Swedish East India trade and international markets : Re-exports of teas 1731-1813'. *Scandinavian-Economic History Review*, 51 (3) 2003.

Olf Hjertonsson. 'Sweden's Foreign Policy'. *Strategic Analysis*, New Delhi, April 1996.

Polachek, Solomon *et al.*, 'Review of Investment in women's human capital'. *Journal of The Economic Literature*, Vol. 35, No. 2; September 1997.

Raja Mohan, C. 'India and the new world order'. *Seminar* 5-29 September 2003.

Ruin, Olof. 'Participatory Democracy and Corporativism : The Case of Sweden', *Scandinavian Political Studies*, Vol. 9: 1974, 171-84.

Sen Gupta, Bhabani. 'Vajpayee's Foreign Policy : Who to Engage and Who Not to'. *Mainstream*, Vol. 37, No. 47, 13 November 1999.

Sethi, Manpreet. 'The Indian Nuclear Doctrine'. *Strategic Analysis*, Vol. 23, No. 7, October 1999.

Singh, Jasjit, (ed.), *'Asian Strategic Review 1998-99'*, New Delhi; Institute of Defence Studies and Analyses. 1999.

Singh, Jaswant. 'Nuclear India in Global Politics World Affairs'. *The Journal of International Issues*, Vol. 2, No. 3, July-September 1998.

Singh, Jaswant. 'Panchsheel in the 21st Century, Paper Presented at Seminar on Panchsheel and Global Diplomacy', organised by *IDSA*, New Delhi, 27-28, June 1994.

Singh, Ravinderpal, 'Perspective of the Swedish defence, industrial policies, problems, prospects and technology transfer relations with India'. *Strategic Analysis*, 14(8) November 1991, pp. 997-1034.

Speech of Goran Persson, the Prime Minister of Sweden. 'Economic and Social Policy : The Swedish Way'. *New Zealand International Review*, March 2005.

Ulf, Bjereld (ed). 'Foreign Policy Dimensions: A comparative between the United States and Sweden', *International Studies Quarterly*, Vol. 43, 1999.

Ulf, Bjereld. 'Critic or Mediator?' *Journal of Peace Research*, Vol. 32, No. 1, 23-35, 1995.

Wariavwalla, Bharat. 'India in 1987 : Democracy on trial'. *Asian Survey*, Vol. 25, No. 2, February 1988.

Periodicals and Journals

Asian News Digest, New Delhi.
Conflict and Resolution, California.
Cooperation and Conflict, Oslo.
Economic and Political Weekly, Mumbai.
Energy Policy, Lund, Sweden.
European Journal of Education, Oxford.
Foreign Affairs Reports, New Delhi : Indian Council of World Affairs.
Foreign Affairs, New York.
Front Line, Chennai.
India Electrical and Electronics Manufacture's Association, Delhi.
India Today, New Delhi.
International Studies Quarterly, Oxford.
Journal of Peace Research, Sweden.
Peace and Research, Paris.
Regional Science and Urban Economics, Uppasala, Sweden.
Scandinavian Political Studies (SPS), Oslo.
Seminar, New Delhi.
Strategic Analysis, New Delhi.
Strategic Digest, New Delhi.
West European Politics, London.
World Focus, New Delhi.

Newspapers

Dagens Nyheter, Sweden.
Svenska Dagbladet, Sweden.

The Economic Times, New Delhi.
The Financial Express, New Delhi.
The Hindu, New Delhi.
The Hindustan Times, New Delhi.
The Pioneer, Lucknow.
Expressen.
The Times of India, New Delhi.
नवभारत टाइम्स, नई दिल्ली.
जनसत्ता, नई दिल्ली.
हिन्दुस्तान, वाराणसी.

Select Websites

Confederation of Indian Industry (CII) : *http//www.clionline.org.*
Embassy of India : *http//www.indianembassy.se.*
Embassy of Sweden : *http//www.swedenabroad.com.*
Ministry of External Affairs (MEA), India: *http//www.mea.india.nic.in.*
Stockholm International Peace Research Institute (SIPRI) : *http//www.sipri.se.*
Swedish India Business Council (SIBC) : *http//www.sibc.se.*
Swedish International Development Agency (SIDA): *http//www.sida.se.*
Swedish South Asian Studies Network (SASNET) : *http//www.sasnet.lu.se.*
Swedish Trade Commisson : *http//www.swedishtrade.se.*

अनुक्रमणिका